Raw and
COSMO

'Teddy is such a lucky li[...]
mummy. I have no doubt [...]
way Elle speaks about him and honours him in all that
she does. A beautiful book, from a wonderful woman,
about a very special little boy'
GIOVANNA FLETCHER

'*Ask Me His Name* has touched me like no other book
has ever done. I did not want to put it down until it
was finished. An incredibly powerful, raw, honest
and emotional story of a wonderful family and the
heartbreaking loss of their beautiful baby boy, Teddy,
told through the words of his loving mum. This book
will stay with you long after you have put it down'
JOOLS OLIVER

'Bold, compelling and heartwrenchingly honest,
this story of how humans can cope in the darkest of
hours will blow you away'
MARINA FOGLE

'To be able to openly share the unthinkable and
write about Teddy with such truth, honesty, beauty
and humour takes huge courage. This is such an
important book that spoke to me on so many levels
– it will give you a deeper understanding about the
reality of grief and the true meaning of a mother's love'
IZZY JUDD, BESTSELLING AUTHOR
OF *DARE TO DREAM*

A Mother's Story of Hope

Ask

Me

His

Name

Learning to live and laugh again
after the loss of my baby

Elle Wright

Published by Lagom
An imprint of Bonnier Books UK
2.25, The Plaza,
535 Kings Road,
Chelsea Harbour,
London, SW10 0SZ

www.bonnierbooks.co.uk

Hardback – 978-1-788-700-34-4
Paperback – 978-1-788-701-79-2
Ebook – 978-1-788-700-33-7

A CIP catalogue of this book is available from the British Library.

Typeset by Envy Design Ltd

Illustration on p. 304 © Charlotte Peach

Printed and bound in Great Britain by Clays Ltd, Elcograf S.p.A.

1 3 5 7 9 10 8 6 4 2

A portion of the proceeds from the sale of this book will be donated to
Tommy's charity. Reg. (1060508)

For Nico, my darling husband; who loves me (and puts up with me!) like no one else could.

And for Boris, who helped me learn to smile again, when I thought I never would.

Contents

Introduction

I'M ELLE, WELL ELEANOR, BUT EVERYONE HAS COME TO CALL ME ELLE FOR THE MOST PART, APART FROM MY PARENTS AND A FEW CLOSE FAMILY MEMBERS. My mum loves my name and refuses to shorten it, as she insists she didn't give me, 'Such a beautiful name for it to be shortened!' That's fine by me, I'll answer to anything – many of the names not-so-nice when you have older brothers! Ah, yes, older brothers, of which I have two. I grew up in Dorset and, via London, have ended up in Surrey, where I live with my husband, Nico. We have a son, Teddy, but his story is a little different as he never got to come home with us after he was born, as he died at just three days old. I found myself catapulted into a narrative of motherhood that I never expected, one that I was terrified of living in. No one had warned me that this could happen; this wasn't how it was supposed to be. I didn't know how we would carry on being 'normal' without Teddy here, or how we would parent him, or how everyone would treat us – but, so far, it seems to have worked out OK.

That's why I am writing this book – to tell you that becoming a parent isn't always the journey we expect it to be, and to share with you my unexpected path into motherhood. It's a route that I hope no one else has to walk, but sadly I know that they do. So I am sharing our story to help them feel less like the only ones, and to hopefully help other people understand a little more about what being Teddy's mum has been like for me. Think of it as a parenting manual for the unlucky. (Yes, you'll also find lots more bad jokes here.)

So, this is me. I don't know why you have picked this book up – maybe it's because you're in this boat too, or maybe it's because you want to help someone who is. Whatever your reason, I hope this goes a little way to help.

Chapter 1

In the Beginning

I HAD A FANTASTIC CHILDHOOD, AND I REALISE I AM INCREDIBLY LUCKY TO GET TO SAY THAT. I can't really recall any bad memories, other than when my dear grandad passed away very suddenly when I was ten years old. The rest of my childhood was filled with lots of laughter, brilliant family holidays and occasional (OK, daily) bickering with my brothers.

I am the youngest of three, and my brothers are both older than me by at least four years. I think that being one of three children always made me think I would go on to be the mother of three children too. My mum was (and still is) so loving and nurturing; always taking time to encourage us in the things we were passionate about and never laughing off our ideas or telling us we couldn't try something. I always remember thinking my dad was super fun; whether it was because he rugby tackled us in the garden or threw us around in the pool on holiday, or the way he drove faster over bumpy roads to hear our squeals of excitement in the back of the car. That and it was the 1980s/early 1990s so he was always wearing Ray-Bans, and to me that made him legitimately supercool.

I always felt much younger than my brothers, as they were *so* close in age – my mum had two under two by the time she was twenty-five. Being the youngest isn't always the easiest. I think it's because I spent much of my formative years being told, 'You can't join in because…' (insert you're 'too small'/'too young'/'a girl', here). From a young age, I learnt to assert myself to ensure I would be included. This often resulted in my poor mum having to retrieve a three-year-old me from the highest piece of play equipment in a playground after I had inevitably got stuck – and the harsh reality set in that I was indeed 'too small' to join in with many things.

That said, I have always been close to my brothers, and I love them both dearly, and although we are still always squabbling, and are all very different people, we share the same common ground of our sense of humour. Taking the piss out of each other, and others, is the very foundation upon which our sibling relationship has thrived for over three decades. It's what we enjoy most!

I am not sure if it is just me out of the three of us that looks back over these years with such rose-tinted spectacles, but I honestly couldn't think of an upbringing I would rather have had. We lived and grew up in the same house from as young as I can remember, as I had been just three years old when we moved in. My parents still live there now, although it has changed a lot, and thankfully the pale peach leather 1980s' sofas made their exit years ago. We lived in a village in Dorset, and all attended schools nearby. Most of my friends lived in the same village – many are still there. As much as I loved it, it did strike me as a 'You'll never leave' kind of place and for that reason, for me anyway, I just always knew I *had* to get out. That said, I do love going 'home, home' to see my parents, and I visit them often, but there is always that fear of bumping into people from years gone by who I rather wouldn't make the time for idle chit-chat with (there, I said it!).

Fast forward to my early twenties and I was living and working not far from my parents, in Bournemouth, and was fairly happy with my life choices so far. I was managing a spa in a beautiful hotel, a job I loved, and I was living right near the beach, as well as close to my friends. Ideal.

I met my husband in 2008 at the office he worked in, by chance really. One of my clients at the spa had become more of a friend (in fact, she's very much a best friend all these years later), and she was in desperate need of having her nails done before a night out. So, I agreed to pop over to her office after I had finished work as she was so busy. I rang the buzzer and was let into the building where I proceeded to make my way upstairs to meet her.

When I arrived, I was greeted by a huge, empty but pretty spectacular office, with two guys sitting at their desks with headphones on. I awkwardly gestured towards one of them as if to say 'Please help me' with a panicked face. For a moment, I thought I might have got the wrong place/date/time? Then guy number one took his headphones off and said if I could sit over on the sofas then my friend would be out of a meeting pretty soon. I did as I was told.

Turns out that guy number two – the one who didn't

take his headphones off and just stared at me blankly – is now my husband. I learned a couple of years later, after I had actually been on a few dates with him, that he actually said to his colleague, after I had walked over to the other side of the office, 'Who the hell is she? I'd marry her tomorrow.' All of his friends make a huge joke of this now and it was even mentioned in his wedding speech. I am guessing the lesson he probably believes that has been learnt here is: be careful what you wish for...

We didn't just miraculously get together after that awkward first office meet. I had a boyfriend at the time, albeit a rather shit one, but a boyfriend I lived with nonetheless. Nico had recently moved to the area and had had various girlfriends in that timeframe too, I believe. (I am aware that makes him sound successful with the ladies, and I am probably doing him a huge favour here!) We both carried on as we were and I think I saw him at a few social occasions that had been organised by my friend. I always suspected he was very shy, or just rude, perhaps! If only I had known he just wanted to marry me, hey?

Fast forward again to August 2010. I was single, he was single, and on a (very) random night out in a questionable bar in Bournemouth there he was, standing at the bar with his friends. We chatted for a while and I thought nothing more of it. Until the next day, of course, when my friend texted me to explain that he had apparently come into work waxing lyrical about just how long he had chatted to me at the bar the previous evening. She told me I should go on a date with him. I said no.

The following week we had a girls' night down on Sandbanks Beach in Poole on a Thursday evening; a prosecco-fuelled event where I was enjoying a wonderful night watching the summer fireworks. He came to save the day with some more prosecco (I'll be honest, at this point this was the last thing I needed), and we chatted and watched the conveniently timed meteor shower that the universe laid on for us. Miraculously, drunk me managed not to make an utter tit of myself (well, actually, I think maybe I did, but he's a forgiving kind of guy!) and the following day he texted me and asked me to dinner. A week or so later, on 19th August 2010, we had our first date at a beautiful sea-front restaurant.

After that, we were pretty much always together. Something just clicked that evening at dinner, and as I drove home that evening after he had said goodbye with a simple kiss on my cheek, I knew he was also an utter gentleman. I don't think I have ever chatted so much to someone and found so much common ground. The poor waiter had to come to our table about five times to try and take an order before either of us had even looked at the menu!

Our relationship was unlike any other I had ever had; we didn't argue or bicker, we just got on really well. We still do to this day. Perhaps it is because we are both one of three children and both the youngest; we have endured the teasing and the hand-me-downs. Or perhaps it is just because we are so different in character. He always knows how to calm me down, and cheer me up. He'll run me a bath when I have had a tough day. It just works. It still amazes me that despite how very different our personalities are, we just have the same thoughts on so many subjects. I'm fiery and opinionated; he's calm and collected. I walk into a room and start cracking jokes; he surveys the situation and speaks to everyone politely. That's us in a nutshell. Most importantly our vision for our life together, the family life we both wanted to strive for, was the same. Our values are just the same, he just got me, and I felt so incredibly lucky that he did.

We moved in together the following May (after two tester holidays), and the next year, at the end of 2012, we moved to London to live and work. This was a brilliant time in our lives. Although I initially hated London when we arrived (new places, new job and few friends there), once I got into the swing of things I loved it; I think we both did. I am really glad we lived there for two years, it was like a major bucket-list item had been ticked off. It made me feel more worldly wise somehow, because it was a million miles away from the rural village life I had grown up in, and the laid-back coastal living I had become accustomed to. Our work hours were longer, our social engagements never-ending. I was going out almost every night, from Tuesday onward, which seemed perfectly socially acceptable. I made some brilliant new friends there, who I am happy to say are friends for life. One thing remained consistent though – my relationship with Nico. We were growing together, doing all of these exciting things together, and it was brilliant.

It was after living and working in London for eight months that we got engaged. On Friday, 5th June 2013, we headed back down to Bournemouth for a weekend with friends. He left work early (a miracle in itself, I should have known something was up) and we were back in Bournemouth in time to pick up fish and chips and head down to Sandbanks Beach for the sunset. Just as we got up to leave, it was there, on that very same stretch of beach that drunken me had almost ruined this one before it even got off the ground, that he got down on one knee and presented me with a beautiful sparkler while asking me to be his wife.

We got married ten months later, on 19th April 2014, in a church just down the road from his parents' house, and we had a marquee reception for our guests back at their family home. It was perfect, although I am pretty sure most people say that about their wedding day. Even now, I look at photographs of that day and I can't believe how happy I was. I can remember looking at those photos about six months after Teddy had died and asking myself, *I wonder if I will ever feel that deliriously happy again in my life?* I do hope so.

We honeymooned on the West Coast of America, starting in San Francisco and driving down the coast in a convertible Mustang. We stopped in various places, took in some breath-taking sights and ate far too much – exactly as you should do on honeymoon I suppose. I can recall us saying to each other that we wanted to do one action-packed trip together before we had children, a holiday of driving and doing exactly as we pleased before the back seat was filled with crying, whinging and 'Are we there yet?' We agreed that with a holiday like this we would really go out from our life as a couple with a bang!

We talked a lot on that holiday about starting a family and when we would start 'trying'. I had turned 29 two days after we got married, the day we had left for honeymoon, and my husband was due to turn 29 later that year. We felt that we had plenty of time – we had friends and family members who'd had children in their thirties so we weren't in a huge rush. We knew we both wanted a family and that was the most important thing to us. I couldn't envisage our lives without one.

First things first, we had to find the perfect family home. We began our hunt upon our return from honeymoon but, as much as we loved London, we couldn't afford a house. We could have just about afforded a flat the size of the one we were living in, if we changed locations and were prepared to get something that needed a bit of work. We weren't afraid of a project, in fact we both very much wanted one, but we didn't want to end up somewhere we would feel crammed in like sardines when a baby did come along. We wanted a house. So, we began to spread our net a little further afield. We looked at all of the train lines heading into

London (from the south, as both sets of parents lived in that direction) and we worked out how quickly we could both get into London – Nico's job was in Central London and, even though I was based at home, I regularly travelled all over the UK and into London.

After much deliberation, we settled on a small market town in Surrey – a beautiful historical little place – and from May onwards we looked at so many houses. We decided to keep open minds and not rule anything out, so we looked at lots of things that were highly impractical (or downright ugly), and by the end of August we had found 'the one'. We got our mortgage in principle, our offer was accepted and our dreams of owning a house on the dreamiest Victorian street you ever did see were coming to life! Well, I can tell you that a full building survey put an end to that, when the surveyor told us that the house had subsidence and we should probably drop our offer considerably if we didn't want to end up with the house falling down somewhere along the line. By the middle of October the whole thing had fallen through and we were heartbroken. Back to square one.

Now I am a big believer in fate. The estate agent had kept telling us that houses on this particular street didn't come up for sale; in fact, it had been almost two years since the last one had been bought and sold on that dreamy street. I think this is why we had fallen harder for that first house, we *had* to have it. After it all went tits-up we moped for a few days, but the following week Nico called me from work and I could sense the excitement in his voice straight away.

'Elle, the agent has just called me. A house on the other side of the road about two doors up is coming on the market.'

We have to buy it! That was my first thought. I didn't care, I didn't want to see it, I just wanted to buy that bloody house.

The following day I was on my way back to London from a work trip to Sussex, and I drove to see the house. I drove up that dreamy little street and I pulled my car up and parked as close as I could to that house – it was raining and dark and I had to get as good a view as possible. Now I know this all makes me sound utterly creepy, but we were under pressure and time was of the essence. House buying does strange things to you! The competitive side of me had to get this house – it's the same feeling that comes over me when I spend too much time on eBay! – and I wasn't about to let someone else get it. As I sat in my car and stared at that house (yes, still being creepy), a sense of warmth and knowing came over me. I knew I wanted to live in this street, it felt like I had been here before, like it was a really familiar place that I knew well. I went home to Nico that Friday evening and said, 'Yes, we have to have it.' By the end of the following day our offer had been accepted and the vendors said they wanted a quick sale and could be out within six weeks – meaning that we could be in by Christmas.

We actually first stepped into the house the following weekend, after we had the sale agreed and the mortgage approved. Luckily for us it was even better than the first house across the street that we had fallen so hard for. It had a bigger hallway, beautiful period features and it just felt 'right'. I couldn't wait to move in, and crossed my fingers that we really would be in by Christmas so that we could start to think about the family we both wanted.

We moved in on Saturday, 13th December 2014. Our chapter living in London was over and I couldn't have been happier. I could hear my footsteps when I walked up our street in the evening back from the train station; nothing else, just my feet touching the ground. No sirens, nor shouting, nor traffic. This was the peaceful, family-friendly setting we had been hoping for.

Now you might very well wonder, why has she gone into so much detail about this house? It is this house, this home, that has largely saved me in many of my darkest hours after Teddy died. I have poured my heart, soul and every ounce of creativity into these walls. It's a sanctuary in more ways than I could even put into words, which is so strange when I think back to myself sitting in the car staring at it through a rainy car window on a cold October evening and wishing it was mine. I truly believe that it is this house that enabled me to start to let the light in again. It gave me the courage to start to try and be myself again, it wrapped itself around me when I needed it the most and gave me a place to focus my mind, perusing a passion that I had rarely had time to indulge in when I was at work.

Once we moved into the house, the renovation began almost immediately (sorry, Nico!). Within a week I had ripped up floors in the bathroom and the kitchen, we were measuring up for various changes and our life was filled with excitement and change. After a break for Christmas, we were straight back to 'nest building'. We were so busy in the house, getting everything how we wanted it and trying to undo all the mistakes (in my opinion!) the previous owners had made.

I call it nest building because that's exactly what we were doing; we had made the decision, as the house sale was going through, that now was the time to start trying for a baby. Even though we were both under 30 (me just!), we thought it could take some time to conceive as in 2012 I had been diagnosed with intermittent PCOS (polycystic ovaries syndrome), which means my stress levels affect how my ovaries choose to behave. We wanted to give ourselves time to plan for a family as we knew it probably wouldn't happen overnight for us. Regardless of how long I feared it might take, I was ready to be a mummy.

In January, I started work as a sales manager for one of the biggest beauty brands there is (*cough* because I'm worth it *cough*). I immersed myself in my new role, travelling into London most days again, and in the work we were doing in the house. As soon as it was Monday, I blinked and Friday had rolled around. The weekends went by in a blur of DIY. We used all our spare time and money getting things done in the house.

After a couple of months I was exhausted, and not really looking after myself. I always ate fairly well but I just didn't feel that well. I guzzled down coffees to get me through my working week and often found myself too busy to eat properly. Although I loved the buzz of my job and the brand I was working for, I had put my well-being well and truly on the back burner.

I tried to address this through a new addition to my family – and I don't mean a baby. In mid-March 2015, we were joined by the other true love of my life: Boris the pug. Oh, how I had longed for Boris. For as long as I could remember, I didn't just need a dog, I needed a pug. He certainly needed a lot of care and attention, but he brought true joy into our lives, and he was such a good distraction from work and the DIY. Also, good preparation for a baby, I thought.

By our seventh month of trying, I still hadn't fallen pregnant. I had been so busy with the first whirlwind five months of the year that I hadn't really had time to get too upset about it. I had celebrated my 30th birthday and we had had our first wedding anniversary. Lots of champagne had been consumed and we had been having a wonderful time. Once all of the celebrations were over, though, I think it hit me. Why weren't we falling pregnant?

Was I just being impatient? Three close friends of mine had started trying for a baby around the same time; all three were now pregnant. Two of them I half-expected to be pregnant quickly as it wasn't their first baby, but the other friend, surely, she had as much chance as me? Why was I the only one still not expecting?

I tried to put it to the back of my mind, but that proves a difficult task when every five minutes you seem to be confronted with a well-meaning comment from friends or family of 'So you'll be starting a family soon then?' or 'Can we expect the pitter-patter of tiny feet soon?' I had to switch off from it all. Focus on work, focus on the house and on my relationship, which I certainly didn't want it to start putting a strain on. My close friends knew it was touchy subject, so thankfully they just stopped asking for the progress report on how things were going in that department. In my mind, it was fairly self-evident how things were going...

During the months that followed I decided to make a few lifestyle changes in order to help myself to increase my chances of falling pregnant. I stopped drinking all the coffees that the world had to offer – by this I mean I cut down to one a day. I did lots of research into fertility foods and the things that you should cut out and tried to follow them as best I could. I didn't drink alcohol before Thursday during the week; if I could make it to Thursday without having that glass of wine or a G & T then I was surely doing myself some good? They were all just little changes.

Having Boris helped too, as now it was the summer and the evenings were lighter, I could take him out on a long walk every evening – pugs hate the heat, evening walks in the summer are the only way! This was doing me more good than him. I was actually taking time at the end of my day to stop looking at my work laptop/iPad/phone and walk away from it all. Plus, I was getting exercise again, albeit gentle exercise, but something that wasn't just me charging from meeting to meeting. I finally felt relaxed and started to stress a little less about trying to be pregnant.

At the time, all of the changes we were making in the house were with family life in mind. I can remember constantly saying to Nico, 'When the baby comes though, we'll put this here.' Every time we changed or moved something, it was on my mind. I guess that is probably quite a natural instinct when you are hoping for a family – you are always looking ahead and seeing the vision of your future selves (and extra mini-selves) and planning for how that will work; what the dynamics will be like. It was no different for us when making changes to the house – I wanted to make sure it was just right for whatever little people came into the picture.

The changes I made to my lifestyle finally paid off and on 22nd September 2015, we found out I was pregnant. We were going to be parents; our wish had finally come true! I remember the day in so much detail. It was a Tuesday and my father-in-law's birthday, so we had arranged to go out for dinner that evening to celebrate. Nico and I were both off work that week; we both needed a break and had agreed we would take a week off to try and get some more work done in the overgrown garden. (It seems that when you buy a house with a fairly sizeable garden as first-time buyers that you generally completely underestimate the enormity of the task in hand, and indeed the time it will take to complete. We have learnt a simple formula now of estimating the time we think it will take us and then multiplying that by about ten. Therefore, if you believe something will take you a weekend to complete, fully expect to spend weekends working on that project for the next two and a half months of your life!)

We had been out in the garden the day before, the Monday. Ripping out shrubs and cutting back overgrown ivy. I was shattered, but I thought it was probably from work. I had been working non-stop up to that week off and I needed a break, mentally and physically. After lunch, I said to Nico that I was going to just listen to my body and have a lie-down. I slept for the rest of that afternoon, which was completely out of character for me – I have never been (and am still not) a napper. I felt like I had been hit by a ton of bricks.

I had already done two pregnancy tests earlier in the month; one just before we went to a friend's wedding (as I didn't want to hit the gin if I was indeed pregnant) which was about four weeks into my cycle, and the other the week before I had been off work. Both negative. Having PCOS meant I often had long cycles, usually 35 days or so, but they were sometimes even longer. I wasn't ever really sure when my period was coming, I just waited for it to come.

The following morning, after a 10 hour sleep, I woke up *still* feeling tired. It had been a really warm night and we had the bedroom window open. All I could smell was lavender, like someone had forcefully shoved a bunch under my nose – really strong lavender. I looked out of the window feeling slightly as though I was losing my marbles. Sure enough, I had cut my lavender back the previous weekend. There was none. I looked to the right of our garden, nothing. Then I looked to the left – two gardens down I could see an enormous lavender bush growing in my neighbour's front garden; still flourishing and covered in the last busy bees of the season. *No*, I thought to myself, *That cannot be what I can smell. Can it?*

I could remember reading something about a heightened sense of smell sometimes being an early sign of pregnancy. Then I thought about yesterday's bout of inescapable tiredness, and how even now I was *still* tired. I scrabbled around in my underwear drawer for the last of the pregnancy tests from a pack I had bought the previous week. I rushed to the bathroom and peed on that stick faster than I have ever wanted to pee on anything in my life. As I sat and waited, staring blankly at that little stick, sure enough that second line appeared. Clear as day. Almost six weeks since the first day of my last period – a positive pregnancy test!

I ran downstairs to tell Nico, only to remember that the reason I had woken up was because he had alerted me to his early morning trip to the local rubbish-tip that he was making (story of our lives, by the way). He was out. I had the most exciting news in the whole bloody world, and he was out?! I ran back upstairs and grabbed my mobile in an effort to call him straight away. Only to watch it out of the corner of my eye flashing on the bedside table. Great.

It must have only been half an hour or so, but waiting for him to get home felt like a lifetime. As I heard the door go I ran downstairs with a beaming smile. I had got myself up, showered and dressed – I wanted to look half decent for this momentous occasion! As I greeted him at the front door he said, 'Wow, you're up. I thought you were going to have a big lie-in as you were so tired?'

I was beaming from ear to ear and replied, 'Close your eyes and open your hands.' It's a little thing my grandma used to say to us when we were children before she gave us a treat! He rolled his eyes and obliged. I placed the positive pregnancy test into the palm of his hand.

As he opened his eyes I could see the expression change on his face as the penny dropped – as he realised what he was looking at. He began beaming, and I began to cry. I never thought anything could have topped our wedding day for that feeling of elation, yet here we were. We were going to be parents. We were both speechless, completely and utterly over the moon. That evening we went out for dinner at our favourite Italian restaurant with my in-laws and they guessed straight away when I said no to a glass of red. They cried, we cried; all was good with the world and I couldn't have been happier.

Chapter 2

All Change

I FOUND PREGNANCY WENT RELATIVELY EASY ON ME
– THAT SOUNDS SMUG, I KNOW. When I think about
my pregnancy and birth story in comparison to those
of my friends and acquaintances, I feel lucky. I was
what my sister-in-law would refer to frequently as 'a
pregnancy unicorn'. We had wanted for this pregnancy
to happen, so badly, like *so* many couples, that I
wanted to try and embrace the changes in my body
and enjoy the feelings and emotions of pregnancy (that
and eating, I wanted to enjoy *all* of the eating).

We found out I was pregnant just before I was
six weeks; this is relatively late I think, as many of
my friends seemed to know even before the four-

week mark. This was down to my mixed-up, lengthy cycles and the fact that the previous tests had all been negative. I honestly didn't believe my luck on that final test when that second line appeared. I kept holding it up to the light and performing over-exaggerated and elongating blinks to 'reset' my eyes, thinking that when I looked again it would be just one line.

I was bursting with excitement, bursting to tell people. We told our parents straight away, and then a handful of very close friends when I was about nine weeks along. I'll be honest, I didn't really consider the risk of miscarriage; silly, now I think back. In my head, from the moment we found out, that was it – we were going to be parents. It was like my positive thinking wouldn't allow me to even consider losing a pregnancy, which is ridiculous as now I know the statistics on miscarriage I think I will fear for the worst in every future pregnancy. The reason we waited until 12 weeks and our first scan to tell most people was because I didn't quite believe it was real. I couldn't believe it myself until I actually *saw* it for myself. I can remember feeling so nervous when we arrived for our first scan – that feeling of nervousness and excitement that swelled up inside me, and I didn't know whether to squeal with excitement or retire into the corner of the waiting room to cry.

Our scan was on a Monday morning. Nico came with me and we arranged that afterwards I would drop him into work, before my first meeting of the day in London. The scan felt like the most magical experience. We got to see our little baby floating around in there – kicking and wriggling, so full of life. It was real; *so very real*. I couldn't wait to tell people. I hurriedly took snaps of our scan pictures on my phone so that I could send them straight to my mum and my closest friends. Our baby, just hanging out in there, safe and sound. Listening to that heartbeat for the first time was incredible. I felt a wave of emotion surge through me; a feeling of happiness that I couldn't quite explain and still can't really. When I dropped my husband off at work I remember getting a text from him a little later that read, 'This is the greatest Monday morning ever. I wish all Monday's could feel this good.' I thought to myself, *So do I*.

Once we had told a few more people, the excitement really set in, as I am sure it does for most expectant couples. People started asking us 'So, will you find out what you're having?' and 'Have you thought of any names yet?' It felt so lovely to know that other people were as excited and positive as we were. I often wonder if I'll ever feel that excited or positive about another pregnancy, if we are lucky enough to be blessed with one. Have I been entirely robbed of that wonderful feeling, that blissful naivety that engulfs you and makes you walk around with a knowing smile that you are about to bring a new life into the world? I really, sincerely hope not. Those months were so enjoyable for me – even trying to juggle the pregnancy hormones with the exhaustion of work, and trying to shoehorn myself into any item of clothing that still fit.

We decided unanimously that we wouldn't find out the sex of the baby at the next scan. Neither of us needed to know. There was a chance that I might need a caesarean section because of some previous medical history, so I was having extra scans and was under close care of an obstetrician for the duration of the pregnancy. For me, I suppose, knowing that there was a chance we would know the exact date the baby would arrive meant I definitely didn't want to know the sex too. Where would be the element of surprise? Would I just be left to announce a weight and a name?

I know that there are lots of people who get great comfort in knowing all of these things and naming their baby before his or her entrance into the world. For me it felt too regimented, too planned. We had planned long enough to try and have this baby; so, for the first time in my life (ever) I decided to simply go with the flow. That felt good. When people asked 'So, what are you having?', with the assumption that all pregnant women in 2016 must have decided to determine the sex of their baby before birth, I simply (and quite annoyingly, I must admit) said, 'A baby. I'm having a baby.' I can tell you that one really pisses people off, just in case you're after any tips.

We thought about names *a lot.* I say 'we', I most definitely mean 'I'. Traditional names all appealed to me so much more than others. Both my husband and I have traditional names; he is Nicholas George (shortened to Nico as a baby, but definitely not Greek as so many people assume!) and I am Eleanor Frances (named after two aunts from both sides of the family). I can remember writing names down in lists in my phone, then going back into those lists and deleting them here and there once I had totally gone off them. That was the risk – I didn't want to 'go off' my firstborn child's name. I put so much thought and effort into those names, writing them in combinations with different middle names. Although there were far more girls' names on the list than boys' (girls' names seemed so much prettier, with so much more choice!), I was convinced I was having a boy. There were three front-runners on the boys' list, all of which my husband and I loved, and one of which came to be used.

Of course, when you are thinking of names, every single person wants to put their name into the hat, well not their name as such, but a name they think would be suitable. Why anyone, no matter how close to you they are, would think you would just allow them to name your firstborn child on your behalf is beyond me. 'Oh, yeah sure, I'm not really fussed, so you go ahead and name the baby,' said no expectant mother, ever. People are just trying to be nice, be involved and get excited with you. The biggest fear is always that you'll reel off some of your name ideas only to be met with horrified faces or a really fake grimace of a smile that tells you they've virtually had to hold themselves back from shouting, 'That's awful! Why would you name a child that?' So, after a while, I stopped sharing my ideas.

Teddy's name had both sentiment and family connections behind it. His full name, Edward Constantine, had been on the list since I was about nine weeks' pregnant, floating up there in the top of my ideas. Nico's grandfather on his mother's side had been Edward, and was always called Ted. My brother is called Edward, but has always been Ed, or Eddie when we were younger. Edward is a real family name on both sides, and a name we both loved, but we knew if we used it then any little boy we had would always be Teddy. I felt as though it was a name that could be used equally as a name for a little boy as for a grown-up; a name that wouldn't sound out of place being shouted across a classroom, or across a pub or a rugby pitch. The middle name Constantine came from our love of the North Cornish coastline, and in particular Constantine Bay. It really is one of those beaches that always takes my breath away whenever we visit, come rain or shine. We had both fallen in love with that bay during our many trips to Cornwall, and we knew it would be a place that we forever visited as a family. As a middle name, I felt it was the perfect mix of traditional and unusual. It's a name I will almost certainly use again, too. I simply love it.

As Christmas 2015 approached, my stomach swelled and I began to look most definitely pregnant (as opposed to the 'I have over-eaten' look). We celebrated Nico's 30th birthday at the beginning of December, and we celebrated a whole year in our first proper 'home' that we had worked so hard to get. By Christmas Day I was exactly 19 weeks' pregnant, and we were due to have our 20-week scan just after New

Year. I hadn't made any social media announcements in relation to being pregnant yet, and although our friends, family and work colleagues knew, that wider 'Facebook audience' hadn't a clue about our impending arrival. So, on Christmas Day, as we returned home from a wonderful day at my parents-in-law's, I changed into my leggings and comfy jumper and posed next to our Christmas tree for a perfectly festive announcement. I posted the photo on Instagram and shared it to my Facebook page. I can remember the comments of congratulations coming in thick and fast. That was it, we had told the world we were going to be parents.

We spent a quiet (and sober) New Year in Cornwall with my parents-in-law at their newly acquired family holiday home. I can recall our entire stay being filled with chatter of 'When we bring the baby here we can . . .' and 'Won't it be fun to walk down to the beach with the baby'. The next time we visited there would be three of us (well four, if you count Boris the pug). It was all too exciting. I scoffed fudge and pasties like there was no tomorrow – there was certainly no denying how pregnant I was beginning to look.

I went back to work in January with a spring in my step. It was funny to think that I only had three and a half months left before I went on maternity leave. Teddy's due date was towards the end of May, so I had decided to finish work mid-April. My job as a sales manager involved me driving around most days, being stuck in heavy traffic for long periods of time, in and around London. Some days I could do upwards of seven hours of driving, and that was starting to make me really tired, as much as I tried to fight it. If I wasn't in the car, I was on trains and Tubes in Central London, lugging bags of products and my laptop from meeting to meeting. So, finishing up a little earlier and giving myself four weeks at home before the baby arrived seemed like the most sensible idea.

Our 20-week scan was textbook. The baby was doing really well, all of the measurements and the results of the anomaly scan were good. We heard the heartbeat again and my heart sang with pride. All was going swimmingly.

When I was 22 weeks' pregnant we met up with my parents to buy the pram. It was the first thing we bought. My mum and dad had wanted to buy it for us, as they had been given a pram by their parents for my eldest brother's arrival in 1979. I think they were both as excited as we were as we went into John Lewis and Mothercare searching for 'the one'. It was actually one of my most enjoyable memories of pregnancy, shopping for our baby's pram with my parents. I could see how excited they were and how much they wanted to help us out. It made me feel so very lucky indeed.

A week later I experienced my first pregnancy shocker, as I would call it. I had been back to work full throttle after the Christmas break and had been catching up on emails, new year meetings and everything else on my ever-growing to-do list. I was driving back from London on the busy A3 and all of a sudden I got this pain under my ribs to the right-hand side – a pain like someone was stabbing me. I couldn't breathe and I panicked so much I thought I was going to crash the car. I couldn't even reach my arm out to change gear as that hurt so much too.

I tried to breathe as gently as I could until I eventually came to a layby where I could pull over. I sat there and waited for about ten minutes for the pain to pass thinking, *I hope the baby is OK*. It wasn't a pain where the baby was though, it was much higher; and it was so scary. I felt totally out of control and scared to start the car again. I made the rest of the 20-minute drive home very slowly, and called my mum as soon as I got in. It's what I always do whenever I am in a flat spin about something: call Mum, *She'll know what to do*.

I always feel so lucky that I can do that, and that she does indeed always know what to do.

The next morning, on Mum's advice, I went to the doctors. She took my blood pressure and chatted to me about what had happened. My blood pressure had gone from fairly low to high in the two weeks since I'd had my last appointment with the midwife. The doctor seemed quite worried about the pain I had experienced. She thought it might have been my gallbladder (which apparently is quite common in pregnancy, who knew?) or a trapped nerve. Either way, she advised me not to drive and signed me off work for the rest of that week and the following one.

I felt a mixture of utter panic and total relief. Panic that I would have to clear my diary and let people down, and relief that someone, an actual professional, had given me permission to slow down; to stop even. Stopping isn't something I am inherently good at – I had been hurtling along in my pregnancy, feeling good and working as hard as I had always done. This was my body telling me to give it a break, so I had to listen. I couldn't believe I had managed to burn out after two weeks back at work! I took the doctor's advice, and stopped.

Those two weeks at home were what I needed. I spent

some time reading and buying some bits and pieces online for the baby. I wanted to rest, but use the time to actually feel like I was starting to get myself organised for the baby's arrival, something I just didn't have the energy to do during weekends between working weeks. We had builders in the house as we had not long started a project upstairs to move the bathroom and guest room and create a nursery. The dust, noise and their insistence on leaving the front door ajar and on the latch (in bloody January, I might add!) was not conducive to relaxation. I spent my days either shut in the sitting room with the log burner roaring or with my mum, who visited to keep me company and bring me lunch.

When I returned to the doctor she signed me off for another week as my blood pressure was still high and she still hadn't managed to get the results of my gall-bladder scan. I was 24 weeks' pregnant, and in those past two weeks I had gone from feeling fabulous to wondering what on earth my body was up to. The main thing remained that the baby was fine and that put my mind at rest hugely.

When I returned to work, it was the second week of February. The doctor had deciphered that the pain had come from a trapped nerve and that I was to limit my driving to no more than one-hour journeys at a time and no more than two or three hours a day in total. I hadn't the heart to tell her that was virtually impossible in my job and that I may as well just quit now. Instead I called my boss and explained my situation. She was really kind and understanding; I think she could hear in my voice that I genuinely wanted to do as much as I could and stay at work for as long as I could. We agreed to cut back my number of meetings in the days and I agreed to get the train as much as I could instead of driving – to me that meant I could use the time to get work done at my laptop rather than wasting time stuck in traffic jams. I also agreed to bring my maternity leave forward, so my last day at work would be at the end of March. I had less than six weeks left at work!

The time hurtled by and before I knew it I was sitting in that last meeting, surrounded by the smiling faces of my wonderful team and being given the most beautiful gifts as my send-off. As I drove out of Hammersmith that day with a boot full of goodies, staring down the barrel of a whole year off work, I felt absolutely elated at the prospect of becoming a mother. I was so ready; ready to start this new chapter of my life. I had loved my career so much and it had always been the centre of my universe. It was so much more important to me than any of my friends' jobs had seemed to them – I cared so much. This felt so strange, that I was excited that I wouldn't be doing it. Becoming a mum felt like my destiny and I couldn't wait.

My first official day of maternity leave involved a lot of pottering around. In fact, I think I spent the next six weeks pottering until I gave birth. I walked Boris every day, as I lived in fear of becoming one of those virtually immobile heavily pregnant women. The work upstairs had just been completed, so I had completely erratic bursts of cleaning around the house – more nesting, I believe – clearing out kitchen cupboards and cleaning the inside of the fridge.

I also celebrated my birthday; Nico and I visited a beautiful spa in the New Forest. I was 36 weeks' pregnant and felt fit to burst (literally, this time). It was supposed to be the last time we did anything 'just us two', and I tried to mentally capture each moment so that I might remember it on the days when I had a restless, screaming baby and take myself back to a place of pure bliss.

A couple of days after my birthday, my brother

Ed got married. It was a wonderful family occasion, when we saw people we hadn't seen for some time and everyone was beaming ear to ear. I was lucky enough to do a reading in the church during the ceremony – 'The Life That I Have' by Leo Marks. I waddled up to the lectern and spoke as well as I could, given the emotion of the day and my raging hormones. I looked at my husband as I read many of those words, but now when I read them it makes me think so strongly of Teddy, too. At the end of that day, as we returned home to my parents' house, I thought, *This was the last thing*. It was the final hurdle I had to get over being pregnant, and I was more than happy for the baby to come any time now.

Naturally those last few weeks of being pregnant dragged. I started to feel as though I had been pregnant for a lifetime. In the latter stages of pregnancy, any woman will tell you that the last thing you want to hear are remarks such as 'Wow aren't you big' (or small – works both ways!) or 'Are you sure you haven't got two in there?' Yes, quite sure, thank you. All of these remarks seem to come thicker and faster, culminating in a feeling that you have indeed been pregnant forever.

The one thing that saved me was yoga. I had gone along with a friend for an evening pregnancy yoga class during my last month at work, and after the first class I was hooked. I was so annoyed at myself that I hadn't discovered it sooner. So, I upped my game during the last six weeks of my pregnancy and went twice a week to make up for lost time. I also practised the breathing techniques at home as a path to relaxation and mindfulness. We hadn't been to NCT or any baby groups, as the NCT course we had booked had been cancelled due to lack of numbers, and by the time they let us know, all of the other courses locally were booked up.

Yoga became my one source of connecting with other women whose babies were due around the same time. It was a way to engage in pregnancy chat, without it being with one of your friends or a well-meaning family member who had already 'been there and done that'. We were all on the same page – a heavily pregnant page in the book of life. Yoga also taught me the breathing exercises and physical moves and stretches that I went on to use during labour. I will be the first to admit that I was one of those awfully sceptical people who thought it was all a load of hot air. Oh, how wrong I was.

Chapter 3

Becoming a Mother

THE WEEKEND THAT TEDDY WAS ON HIS WAY, I KNEW. I HAD FELT PRETTY RESTLESS THAT WEEK. My aunty from America was staying as she had been visiting for my brother's wedding, and I was convinced that my body knew it had to deliver this baby before she went home the following week.

On Friday, 13th May 2016, I had my final appointment with the obstetrician. It was the usual experience at our local hospital of being made to wait for a further two hours or so after your scheduled appointment time, and by the end I felt so exhausted and disenchanted with the whole pregnancy experience. I had loved it, but I was over it. I came home, went on an evening walk with Boris and then proceeded to cook a curry. Like many pregnant women, I had resorted to the school of 'let's try anything' to get this baby moving. Needless to say, as someone who rarely eats spicy food, this wasn't my greatest moment, and it resulted in a night spent on the toilet. My delicate, heavily pregnant constitution just couldn't take this kind of treatment and chose to punish me accordingly. So now I was just overtired and dehydrated to kick off the weekend. Brilliant.

Due to my master plan backfiring (literally), we cancelled the one pregnancy and birth (hospital-organised) crash course day that we had booked in for that Saturday and chose to spend the day quietly at home while I recovered. Sipping on my chilled-down raspberry leaf tea as I watched my husband mow the lawn that afternoon, I knew it wasn't long. Some people say they had no clue, but I did. About six weeks previously I'd woken from a dream, sat bolt upright in bed and said to Nico, 'This baby is going to be born on 16th May,' and then proceeded to go back to sleep. Weird? Yes, totally.

On the Sunday morning, I felt much better. False alarm, this baby was staying put after all. Then as I stood up to go to the bathroom I felt a trickling down my leg. *Great*, I thought, *I have finally lost all control. I am actually pissing myself.* It wasn't coming from *there* though, was it?

Again, I called my mum: 'What does this even mean?'

She told me to ring the delivery suite and just let them know, so I did. They asked me to make my way into the hospital as soon as I could as they thought my waters could be 'leaking'.

Leaking? Bloody leaking? Typical – only I could manage that. There I was hoping for the waters to come crashing out like a movie scene as we are all led to believe will happen, but no. Mine had chosen to *leak*. Apparently this is also incredibly common too. Should have tried harder to re-book those NCT classes elsewhere, shouldn't I?

We made our way to the hospital by 11am. (Turns out I go into full-on faff mode when there's a prospect I might actually have to have a baby that day.) After a quick check over by a midwife, I was rigged up to a monitor for the baby and left to wait it out for a senior midwife to return to inspect the situation in full. About an hour or so passed and they returned as a duo, speculum in hand. A quick sweep around 'in there' confirmed that my back waters (who knew, front and back?) were indeed leaking. The midwife explained that this posed a risk to the baby because of the greater risk of infection. She expected that the obstetrician on duty would want me to be induced that day, but I had to wait for the obstetrician to come and see me to confirm.

We waited a further five hours (it was a Sunday), rigged up to the monitor, wondering if our long-awaited baby would be joining us anytime soon. When the obstetrician came to see me at about 5:30pm she confirmed that they would start the induction process that evening. Thankfully, she was an utterly lovely lady and said that we could nip home first for a shower, dinner and to grab our bags, so that we felt a little more prepared for what was about to happen. Honestly, I don't think anyone really feels prepared when it's the first time, do they?

We did as we were told, made arrangements with friends for them to have Boris, and we were back at the hospital by 9:30pm. As we drove down the slip road towards the hospital I thought to myself that the next time we drove out there would be a little person sitting in that baby seat too. We felt dizzy with excitement.

Once we arrived in the maternity wing, my excitement soon wavered, as it was obvious this was going to be somewhat of a waiting game. We were checked in and shown to the cubicle on the ward where we would be overnight. After some more monitoring and a shift changeover of midwives, the induction process was started with some pessary tablets. I think I had geared myself up for a very dramatic process – let's just say that it didn't live up to that. One midwife popping a few tablets 'up there' didn't exactly have the effect I would have hoped for. I felt pretty normal, and after a few hours a bit crampy.

We made our way through the night with little sleep. I experienced increased tightening around my tummy and I was sure it wouldn't be long until we were in full swing. As the tightening continued and my patience continued to wear thin, I bounced on a birthing ball in the corner of the ward, waiting for our turn to be taken to the delivery suite. Apparently, it's not good news if your baby is coming into the world on a 'busy day' in the UK, as it means there simply isn't space for you to give birth. We had to sit it out and wait for our turn. At midday our time had come, and we followed a midwife down to the delivery suite. By that time I would have been happy to give birth in a corridor.

After about 15 minutes a senior sister appeared and announced she was here to break my front waters (there we go again, back and front!). After I lay flat on the bed with nothing from the waist down and my legs in a rather unflattering fashion, she came at me with what can only be described as a *huge* crochet needle. She then proceeded to rummage around in there (fairly painfully, I might add) until there was a big gush, a huge relief, and I lay there in a warm puddle feeling as though I had wet myself. All of the glamour.

She was on her way out the door to let the other midwife know that the job had been a success, when I stopped her and asked, 'Can I get up now?' to which she replied, 'Well you can if you'd really like. Most people don't like to get up straight away.' All I would like to know is this: who are those people that she speaks of? Lying there, in that puddle of warm 'stuff' (we'll call it that) was one of the single most unpleasant feelings I could recall. I was up, dried off, bed changed and into a fresh nightie before she was back in the room.

It was about quarter to one, and after the waters had been broken I suppose I was in what they would call active labour. The tightenings became deeper contractions after about 20 minutes, and before long I was puffing on that gas and air like nobody's business. I had taken much of the advice that my yoga teacher had given me and chosen to remain standing up for the most part. I was rotating my hips like my life depended on it and trying to use a mixture of deep breaths and the force of gravity to get this baby out. After a few hours like that my legs were running out of steam and I really needed a rest, but I didn't want to lie on the bed, it didn't feel right for me. The midwives were brilliant and put me on what I can only describe as a mini crash mat on the floor. My knees were on the floor and they lowered the bed right down so I could rest my upper body and arms out flat to get some rest.

I think it was at about five o'clock, when I had been trying to push for a while, and was sure that the head was at least trying to make its way out in some capacity, that the midwife leaned around to me and said, 'I can just about see the top of baby's head now.'

What?! I was crestfallen, and utterly exhausted. Surely not? In my mind that moment had passed about an hour ago. Come to think of it, it did seem strange that they hadn't chosen to mention it to me.

After another 45 minutes or so the head was out (not easily I might add, I was flagging). They asked me if I wanted to 'touch babies head' to which I replied something to the tune of, 'Let's not, and say we did.' I think I just wanted it over with, I didn't want to pause for anything. I knew I had to try and reserve my energy for those last few big pushes, but I did just want it finished.

As I leant over the bed, I held on to my husband's hands as he sat across from me – away from the business end of things – and we just looked into each other's eyes. I think he was trying to will me to carry on, to carry me through it with his positive energy; like all men in that position, there was simply nothing he could do. Just before the final push I lifted my head up from the bed, from my pure exhaustion and delirium, and looked at him. Tears rolled down my cheeks, as I simply said, 'Help me.' Of course he couldn't and, with that, I gave it my all, for one last moment.

Oh, the release – the overwhelming physical release and relief of pressure in your body when your baby is born. My shaking knees finally gave in and I collapsed to the floor as the midwife caught Teddy and prevented him from flying out onto the crash mat. She passed him around to me and shifted his umbilical cord out of the way, so I could say to Nico: 'A *boy*. It's a boy.'

See, I knew it.

Chapter 4

Then There
Were Three...

MY ELATION QUICKLY TURNED TO THINKING SOMETHING WASN'T QUITE RIGHT. As I crouched there, still on all fours, and holding the baby with the help of the midwife, I realised he was quiet, and floppy. I could sense the panic amongst the three midwives in the room as they hurriedly asked Nico, 'Dad, would you like to cut the cord?' With that, our baby was whisked away, out of the door.

Before I could even ask what was happening, the senior midwife who had been there for the last moments of the birth said, 'Not to worry, it happens all the time. Baby just needs a bit of help, and we'll have him back to you in no time.' I suppose I had watched enough

One Born Every Minute to understand that was quite often the case, but I felt so uneasy. I wanted to hold my baby and I didn't know what was going on.

After a few minutes, Nico was asked if he wanted to join the midwives and consultants with the baby and I was left to deliver the placenta with the assistance of the other midwife. They don't really tell you much about that part, do they? Best kept secrets and all that! I mean, we all *know* that there's a placenta in there too; I supposed I just didn't think much as to its whereabouts and how it might also be making its arrival into this world. It also turned out that mine was a stubborn bastard which, despite an injection and a fair bit of 'tugging' from the encouraging midwife (that actually still makes me shudder a little to think of), wasn't budging. Great. The last resort was me waddling to the bathroom (about ten minutes after having given birth I might add, I am basically a superhero) and sitting on the loo until that thing kind of slid out as I tried to take a pee. (Sorry, Dad, if you are reading this, but that is just Mother Nature.) The image of the placenta might actually haunt me forever – I swear it was bigger than the baby! No wonder I had felt so huge and heavy, it was like having another human in there.

Placenta done and dusted, the midwife was just doing some stitches when the door opened and in came Nico, followed by a smiling lady consultant holding our son wrapped up in a bundle of hospital towels and wearing what can only be described as a blue fisherman's hat. I do love that the NHS supply those little knitted hats for all of the newborns, but his made him look like he was about to head off on a deep-sea excursion and had a penchant for whisky drinking.

My relief at seeing him was palpable. I knew everyone in the room could feel it. The smile on my husband's face was one I had never seen before – utter pride and sheer joy. The consultant explained to us that baby had had a little trouble 'getting going' as it were, and it had meant that he needed a rub down with a towel and an oxygen mask to get him breathing. He was now breathing and stable as far as she was concerned, and had scored well on the newborn tests. She handed him to me and told me to get some skin-to-skin time with him. Cue me whipping my top down as quickly as I could (knees still firmly up in the air as the midwife finished the job down there); I couldn't wait to have him back, to hold him for the first time, properly.

As I lay there, beaming, and studying every detail of his little face, Nico called our parents and told them the happy news. It was early evening when he had been born, so our parents had been waiting all day for the phone to ring. My parents had been at our house, looking after Boris and waiting to head over to meet their new grandchild as soon as possible, but by the time we called them it was gone 7pm and we agreed that they would head home, taking Boris with them. They'd come to the hospital in the morning when we were all a little less hazy and had had some rest. I wanted us to spend some hours with our son, in this little bubble, just us three. It felt so surreal – when I think back now, it's like an out of body experience, like it happened to someone else, but I think our memory has a tendency to do that to us sometimes, doesn't it? Makes it feel like a dream.

One thing I had noticed about our baby boy was that he wasn't crying yet. He also hadn't opened his eyes, and I was dying to see them. As far as I was concerned he was basically a carbon copy of Nico, so I was expecting to see those twinkly blue eyes when he eventually opened them. When the midwife came in to try and help me to help him feed for the first time, there was a brief moment when he yawned and his eyes semi-opened. They were sort of rolled up in his lids and I couldn't make them out properly, but all

I could see was crystal blue. I said to Nico, 'His eyes are definitely yours too.' I tried to feed him, but he seemed sleepy and disinterested. The midwife said that she suspected that it was because he was very drowsy and needed to sleep; as did we. She suggested that we begin to get our things together to be moved down to the ward for the night.

Before we did, I took the opportunity to speak to my mum on a video call; I was desperate for her to see him and see me. I think I wanted her to know that we were both OK, as I had been so worried about giving birth and wanted her to see I had got through it. She cooed over the unexpectedly tiny baby I was still clutching to my chest and I showed her his perfect little heart-shaped face. She was as happy and as proud as I was expecting her to be, and we both just kept smiling and then crying all of the happy tears.

We changed him into a tiny one-piece suit and a new hat (the fisherman-chic still wasn't doing anything for him). I remember feeling like the most ill-prepared mother ever as I didn't have the right nappies for him. He was so tiny that the newborn ones I had brought with us were huge on him, but luckily the student midwife came to the rescue with some 'tiny baby' nappies, as she called them. He certainly was tiny.

Wheeling him down the corridor to the ward, I felt so proud. I wanted to stop every single person who passed me in the corridor – doctor, midwife, innocent passer-by, I didn't care – to show everyone our son and say, 'Look what we made!' I don't think I have ever felt so beaming with pride about anything in my life, and I certainly haven't since.

We made it to the ward, despite my snail's pace, and found ourselves in a ward of other parents whose babies had needed a little extra care at birth, or whose births had been more difficult than anticipated. It meant that all of the babies (and mums) in there would be checked more frequently through the night and that I would get a good night's sleep knowing that baby was being watched and looked after.

You'll notice that I haven't given the baby a name yet. We had it down to a shortlist of two, and were still deciding even in the hours after he was born. I wanted to get to know him, to see what suited him and feel like I knew him before he got a name. The tag around his ankle said 'Baby Wright', but by the time we had walked him to the ward, we knew he was our Teddy. So, we tucked him up in his cot and tried to get some sleep. I thought how peaceful he looked, so angelic, so perfect.

Chapter 5

Just 74 Hours on this Earth

I FELT LIKE I HAD ONLY JUST BEGUN TO DRIFT OFF WHEN THE MIDWIFE ON DUTY RETURNED AND WOKE US. She said that Teddy was a little cold and could probably do with a cuddle. I remember her saying that she would make a note of it, but that it was nothing to worry too much about. Babies have trouble regulating their own temperature after they are born, so again it's not uncommon for them to be cold. Of course I obliged and picked him straight up for a cuddle. She suggested I maybe try to get him to feed again, but he still wasn't interested; his eyes firmly closed, he just wanted to sleep. After 15 minutes or so she came back and asked me if he felt any warmer; he did to us, but she checked him over and then said we could put him back in his cot. I tucked him up once more and gave him a kiss.

The next thing that happened can only be described as a living nightmare. The midwife woke me again; I had no idea what time it was. How much time had passed since the last wake up? She shook my shoulder so hard and said, 'I'm going to take him now, he's really cold. I have to take him.' Nico and I sat bolt upright in bed, just as she disappeared with Teddy. As she lifted him I remember clearly seeing his little arms flop down by his side, lifeless. Something was really wrong this time. I could see shadows of people sprinting down the corridors past the ward, a panic light was flashing. Another midwife returned to our cubicle and hastily pulled the curtains around to protect us from what was unfolding outside the ward. I could hear it though; I knew it was bad. As she sat with us she just kept rubbing my arm and squeezing my hand and repeating, 'It's OK, he'll be OK. He's in the best place with the doctors. They'll look after him for you.' I wanted to scream and run out of that cubicle and down the corridor and find my son. I wanted him back.

We must have been sat with her for about 20 minutes, every second of which feeling as though it lasted a lifetime, before a senior midwife decided to move us to another room. It wasn't a room with a bed, just a waiting room with chairs around the outside, and she ushered me into one of the plastic chairs. I was still in my pyjamas, barefoot and barely recovered from giving birth. I had no clue what the hell was going on, or what we were about to be told.

After some time, a consultant walked in and introduced himself to us. He crouched down in front of our chairs to speak to us, ashen faced and looking as though he was searching for the right words to start his sentence. Before he uttered a single word, I knew our lives had just changed forever – the expression on his face said everything.

The words, 'You have a very sick little boy,' will stay with me forever. He explained that he and his team had struggled to bring Teddy back, that he had been resuscitated for over 18 minutes. For 18 minutes they had put that little body through hell, trying to spark it back to life. He couldn't tell us how long Teddy hadn't been breathing before the midwife had found him; they didn't know. I just remember feeling so thankful that they had brought him back, that he was still here.

The consultant said that Teddy was in their SCBU (Special Care Baby Unit) for now, being stabilised and monitored, but that they didn't have the specialist facilities to care for him. He would need to be transferred to a nearby hospital and to a NICU (Neonatal Intensive Care Unit) as soon as possible. Luckily, at that moment I knew not what SCBU nor NICU meant, they were just acronyms to me, just sounds. Had I understood either, I would have understood the severity of Teddy's situation, and of ours. I was in a haze of shock, tiredness and hormones; I barely knew which way was up. I wasn't in a position to understand any of it. It was already gone 2:30am, so the midwives took us to a private room where we tried to get a few hours' sleep until the morning. Miraculously, I think through pure exhaustion, we did and were woken just before 7am.

Two midwives came in to check on us and give us as much of an update as they could. They explained that we would most likely be able to go and visit Teddy in the SCBU before they transferred him to the other hospital. They were just waiting to hear confirmation of whether they had room for him in a neighbouring Surrey hospital or whether he would be transferred to St George's in London.

They asked if we wanted breakfast and tried to encourage us both to eat. Unsurprisingly I wasn't hungry, but I did want to eat. I felt like I hadn't eaten in days, which was true – it was Tuesday morning and I hadn't had an actual meal since Sunday night. NHS food wasn't really calling out to me, so I sent Nico down to the M&S in the hospital to pick some food up for the both of us. I called my parents to tell them not to set off for the hospital to see us this morning, and explained what had happened to Teddy in the night.

When I think back now, I completely downplayed the severity of what was happening. I didn't want to worry my parents; I kept saying that he was OK and just being transferred to another hospital to be better looked after. I didn't tell them about the length of time he had been resuscitated or that he was currently on a ventilator. I told my mum we would call later, once we knew which hospital we were transferring to, and that we would love for them to come later that day. I needed a hug from my parents as much as anything. Nico called his parents, too. I couldn't believe we were having to do this; one minute we had been delivering the happiest of news to them all, and now this.

Later that morning we were allowed in to see Teddy. As we were led along the corridor by a very nervous-looking senior midwife, I got a further sense of how bad things really were. They kept telling us to be prepared to be shocked when we saw him, but nothing could have prepared me for what we walked in to. A small room of babies in what looked to me like big plastic fish tanks; my eyes darted so quickly around the room as I looked for my baby. He was in the corner, in the biggest tank, with the most equipment around him, two doctors monitoring him. The beeping and bleeping from the machines was deafening, and he looked so tiny – tinier than ever in that tank. Covered by wires and only wearing a nappy; still so fresh into this world and yet already fighting for his life. Hot, heavy tears poured down my cheeks as I stared in at him. I didn't realise I wouldn't be able to touch him, that I had to stare in at my son on the other side of that tank. Completely helpless, both of us. Nico squeezed my hand and kept telling me it would be OK, that the doctors were looking after him. I knew they were, but my instinct was telling me that I just wanted my baby in my arms.

A little while later we got confirmation that it would be the hospital near Chertsey in Surrey that Teddy would be transferred to. I know it sounds like such a trivial thing to be relieved about, but knowing that we wouldn't be transferred into London was such a relief.

On top of everything, I didn't want our families to be making that trip in to meet Teddy, especially given the circumstances. The ambulance was nearly ready to transfer him, and I waited to be discharged by the midwives, filling in all of the relevant paperwork.

I should have known it was the worst news when she said, 'We won't give you a red book for him. I am sure that St Peter's can give you that when you get there.' In other words, your baby won't need a red book, he isn't coming home. I didn't know that then though – the truth is I didn't even know what the red book was. I was a first-time mum and completely clueless as to what I was supposed to expect.

The midwives were so kind, they kept reassuring us and they hugged us goodbye as we left the ward. When I think back to it now it seems utterly bizarre. There I was, some 14 hours after having given birth for the first time, now being discharged and waved off out of the hospital by the midwives when my baby was leaving in a specialist ambulance. Yet it all seemed so calm. Had I really, and I mean *really*, sensed what was going on, I would have been screaming and crying, barely able to walk myself out of there, but I didn't, I just smiled and thanked them and we went on our way, without our newborn son.

The thing for me that really stands out in my mind as to just how clueless we were as to what was coming next: before we drove to the new hospital, we came home. Yes, we didn't realise that our son was actually dying and never going to come home with us, and so we came back to our house. I wanted to have a shower, not in a hospital, at home. My husband wanted to do the same, and we both packed some fresh clothes. Of course, I was bleeding and leaking and by all rights should barely have been bloody well walking, let alone popping home for a quick shower. I was in agony, and Nico had to help me wash and dress, and repack my bag for me.

I still had Teddy's baby-bag packed for him; oh, how I had packed that little hospital bag so neatly and with such great anticipation for what lay ahead. Even when we went home I didn't think not to bring it again, I very nearly added more of the things I thought he would need.

Looking back, this all sounds utterly crazy; we even popped keys over to our neighbour to ask her to feed the cat when we were at the hospital. We were only at home for less than an hour, but the guilt I have now for not going straight to the hospital to spend every waking second with Teddy.

We arrived at the NICU at lunchtime. We were given the name of the building and ward we needed to go to by the midwives at our hospital. It all felt so surreal, walking into an entirely new hospital, where neither of us had ever been before. We took the lift to the floor signposted Neonatal Intensive Care Unit, and then it hit me like a lightning bolt. *'Intensive Care' – that's what NICU means?* This was really bad. I knew my parents would be with us in a matter of hours and I just kept telling myself that all would be well once they were there.

We buzzed the door and they let us in. The lady at reception seemed to know who we were before either of us opened our mouths. Perhaps it was the look on our faces – slightly grey from tiredness and shock, looking like we didn't know what day of the week it was.

'Mr and Mrs Wright? You've come from Royal Surrey?' she said. 'I'll just get a consultant for you. Take a seat. Teddy is here and he is just being settled in Nursery One.'

Nursery One? She made it sound so lovely, like he was there for a little holiday. Double doors led to the area where everything was happening; she disappeared through them and we waited.

The truth is, and I am sure this is to do with a vicious

cocktail of shock and hormones, I remember very little detail of what happened for the remainder of that day. This is what I do recall: being moved down to a room in the maternity ward for a couple of hours before we could see Teddy, where lots of kind midwives came to see us, and again tried to get me to eat something. I remember being continually asked if I needed any pain relief, or if I needed anything. I felt like saying, 'I need this to stop. I need to get my son and go home. I need this nightmare to be over.' Of course, we just smiled politely and cried when they weren't there.

After some time we were able to move our things back up to the floor where the NICU was; they said we would have a room we could stay in up there. The room was a huge hospital suite with a bed, sofas and its own bathroom. It felt less like a hospital room, which was nice. I know now that's because it was a bereavement suite. A quiet corner away from the noise of newborn cries in the main delivery rooms; somewhere that women who were delivering their stillborn babies could do so away from it all. Not all hospitals have one, but they should; they *really should*.

We were finally allowed to see Teddy. We were greeted by a lady consultant, who said she was looking after our baby. 'Wow, big parents. I wasn't expecting to see such big parents.' Luckily I am not easily offended, and knew she wasn't referring to the extra bit of timber I had acquired during pregnancy – my husband and I are both tall. Teddy had weighed in at just 6lb 2oz when he was born and to me he looked *so* tiny. I had tipped the scales at 9lb 8oz at birth, so I had been expecting a whopper. He wasn't; just tiny little Teddy, small and perfectly formed.

The consultant had said exactly what I had been thinking – why was our baby, born just a few days before his due date, so small? She said he wasn't tiny, but that she would have expected a bigger baby from big, healthy parents. I immediately sensed that she was one of the most intuitive and intellectual people I had ever met. It was almost as though she was already sensing what was wrong with Teddy and she needed to get to the bottom of it.

Again, she warned us that it wouldn't be nice seeing him in the nursery as he was rigged up to lots of machines; but we didn't care, we needed to see him. Much to my relief, Teddy was one of the only babies in the room who wasn't in a 'fish tank', he was back in what looked like the same plastic crib he had been in the night before in the maternity unit, just a little bigger. Of course, I know now that the kind of incubator he was in is very specialist and hugely expensive, and was in fact one of the reasons we were waiting on whether he could be treated in that NICU. They only had space and equipment to treat one 'sick' baby like Teddy. The rest of the unit was set up to treat premature babies born earlier than their due dates, but Teddy was there for very different reasons and the equipment that surrounded him suggested that. I didn't care, his crib wasn't closed in and I wanted to touch him, to stroke his face and hold his hand.

'Wait, before you touch him. I just want you to know that he is cold.'

Cold, still? How can he be?

The consultant told us that Teddy had been put onto a specialist cooling mat, used often to treat babies who have been starved of oxygen and are at risk of brain damage. It is proven that by cooling the body they can lessen the extent of the damage and give that child a better chance of recovery.

'Brain damage? What do you mean?' I asked.

She explained that Teddy had been revived for 18 minutes and also repeated what the consultant at the other hospital had told us, that they didn't know how long before he had been found that he hadn't been breathing. Essentially, his brain had been starved of oxygen for a huge amount of time. He had wires attached to his little fuzzy blond head; these were monitoring his brain activity, she explained. The lines on the screen were flat, with an intermittent flicker.

My heart sank, I felt a burning in my throat as I gulped and those hot tears burned down my face once more. We were able to see him for a little while before she took as to a quiet room for a chat about how they would proceed. She explained that they planned to run tests on Teddy; blood tests, urine tests and other scans, including an MRI scan the following day, where he would be taken to the other side of the hospital. I remember her assuring us that they were doing everything they could for Teddy, and that he was comfortable – he was heavily sedated and wasn't in any pain.

I believed that he was in the right place and that they were moving mountains to help him, and I hoped that he couldn't feel any pain at all. My instinct as a mother was to sweep him up into my arms and hold him closely, feeling I could make it all better; but the truth is I wasn't allowed to even hold him. My heart actually ached to do so.

Not long after our meeting with the consultant, both of our parents arrived. I just remember crying into my mum's shoulder and her letting me do so. I wanted her to tell me that it would all be better, that she would make sure of it, like she had been able to with so many other situations in my life to date. There was nothing anyone could do, we all knew that.

Only two people at a time were able to sit with Teddy next to his crib, so we took it in turns; both sets of his grandparents and Nico's sister, Zoe, and her husband, sat with him that day. Everyone wanted to meet him. I remember Mum saying how perfect he was, how he looked like a little cherub, and how soft the back of his little neck was. All things I had thought too.

That evening, after everyone had gone home, we sat with Teddy and we talked to him. I began to learn what each machine did and watched those monitors. I willed him to open his eyes, to wake up and to be well enough for us to pick him up and come home. I told him about everything that was waiting for him in his nursery, all of the things we had lovingly collected for him in those nine months, and how I couldn't wait for him to see it. I am pretty sure that Nico and I both used up every single wish we both ever had in those moments. We wished for this to be better and for

Teddy to come home. I felt us both willing him back to life. If I could have breathed the life back into him, I would have, but the feeling of helplessness continued.

The next day became a similar repetition of tests and scans, and another meeting with the consultant and NICU nurses. The consultant caring for Teddy said that once he had had an MRI scan she would send the results to another professor at Great Ormond Street, with whom she had already been discussing Teddy's current condition. I felt so sure that she was going to get to the bottom of why Teddy was so poorly. I can remember us both thanking her and she even said to us, 'I am going to try my hardest to find out why your son is so poorly. I promise you that.' Knowing that so many people were rooting for Teddy was keeping us going.

A few of our friends now knew our situation and were sending messages of support, letting us know they were thinking of Teddy and sending positive vibes to us. Being in that hospital was like being in a bubble, so it was nice to know that people were out there and knew about Teddy. Friends sent photos to us of candles that they had lit for Teddy. I exchanged a couple of messages with my very closest friends, but I couldn't face speaking to anyone on the phone or returning everyone's messages. It was too overwhelming. I didn't take my phone into the room Teddy was in anyway, so I barely had it with me. We weren't even allowed to wear watches or jewellery there because of the risk of infection, so everything stayed in our room.

Later that day Teddy went for his MRI scan in another giant fish tank – we waved him off down the corridor as the hospital transportation team and his nurse from the unit went with him. I put his little fluffy penguin in with him too, a gift from our niece who was just two at the time; I didn't want him to get lonely on his travels. I kept the toy elephant from his hospital crib with me as I counted down the seconds to his return. Once he did return, we spent the rest of that afternoon and evening with him, and for the first time since his birth we were able to hold him again. It wasn't an easy thing to organise due to all of his wires and associated hardware, but we did manage to have him on our laps, on his cooling mat. It was a strange experience and not how any mother envisages holding her newborn, but it was a memory I will cherish, as it was one of the few normal things we had been able to do as his parents. That evening we read him books over his crib until it was late and I could barely keep my eyes open. It was probably after midnight before the nurses finally persuaded us to go to bed and that he was safe with them, but I didn't want to leave – it was almost as though I had a sixth sense that would be the last evening we spent with Teddy.

The next day started as the previous had done. A breakfast I avoided, more painkillers from the midwives and a shower that hurt like hell in my nether regions. We waited for our morning get-together with the consultant to discuss the latest on Teddy's progress, or rather, as we were coming to learn, lack of it.

That day was also the day my milk came in – yay. As someone who has been virtually flat-chested my entire adult life, never had there been a time that I had been less likely to be enthusiastic about my new Katie Price (c. 2003) breasts. I even lifted my top up to show my husband that morning and said the words, 'Well, these couldn't have come at a worse time!' Luckily, we both still had our sense of humour. I think we are very much of the school of 'if you don't laugh, you'll cry', and we had both done so much crying over those few days, we needed to laugh at something. My inappropriately timed norks became the joke that kept on giving.

When we went in to see the consultant that morning,

she said she was just waiting to hear back from the professor at Great Ormond Street. All of the tests that they had run on Teddy so far had shown nothing. She said she had had a feeling it was perhaps something wrong with his metabolic system, but she didn't have test results for that yet, and that those results could take up to eight weeks to come back to her. Of course, we knew we didn't have eight weeks to wait; Teddy was deteriorating by the day. I just wanted the MRI scan to bring us some good news, that there was something there, a flicker of hope.

Nico's parents came to spend some time with us, and just after they left, my parents arrived. Those hours were a blur of us making chit-chat and all trying to spend as much time in with Teddy as we could.

Not long after my parents arrived, the time came to see the consultant again. We knew this would be the meeting at which they told us the outcome for Teddy and I asked if my mum and dad could come in with us. More and more people seemed to be coming into the room to take a seat for this chat – our consultant, the registrars who had cared for Teddy, the senior NICU nurse, the nurse who was caring for Teddy most of the time and the senior paediatric consultant. I knew things had reached their tipping point, and we'd be moving from this bubble of our current reality to a new one that I couldn't quite bare to think about.

I watched and listened as the senior consultant began to speak about Teddy, the rest of the room so silent you could hear a pin drop. The bright May sunshine of the past few days had turned to grey clouds and rain outside the vast windows that were beside us. I felt sick as I listened. We found out there was nothing they could do for Teddy and that he would die that day.

I don't think I could ever describe how that felt. Believe me, I have tried to many times since, but it's a truly inexplicable feeling, one I wouldn't wish upon anyone. All I can say is this – I felt as though every last breath had been kicked out of my chest, as if a wave had pulled me under and no matter how hard I kicked, screamed or struggled, I was never coming up for air. The feeling engulfed me.

Now that this had happened, I knew it was totally irreversible; that our lives, no matter how hard we tried or how much time passed, would never be the same. I wanted to be able to think straight, to talk back to them and ask questions. No one else was speaking from our side of the room; not my husband, nor my parents. I asked the first question that came into my head as my response to the news that Teddy had no brain activity and was deteriorating physically each day. 'Is that damage irreversible?'

'Yes,' came the answer, as he nodded and looked to the floor. I could see tears streaming down the faces of the hospital staff. I saw six people sitting in front of us who wanted, so badly, to tell a desperate, pleading mother who was grasping at the final straws for her son's life that it was OK and that he was going to get better; but they couldn't. I could see how much it hurt them all, and how they wished this wasn't the news they had to deliver either.

We agreed that they would withdraw Teddy's life support that evening. It was already gone 3:30pm. We had a matter of hours with him. As they left the room, I howled out in physical pain and collapsed into my mum's arms. She sobbed into me and held me so tightly. She hugged both Nico and I together and just kept saying sorry, as did I. I watched as my dad stood staring motionless and silently out of the window, tears rolling down his cheeks and an expression of complete disbelief. Nico called his parents and asked them to come back.

The hours that led up to our final goodbye with Teddy felt as though they moved in slow motion. We finally got to cuddle him again, skin on skin, out of his tank. His grandparents held him close for the first time. We took our only photos as a family of three. We washed him, changed him and dressed him in a romper suit and hat – he had been in just a nappy for days. I finally felt like a proper mummy, looking after him.

I didn't want him just being 'switched off' in a room full of other babies and their families. No matter how private they made it, it didn't feel right. Instead he was brought to us in a room with our family, and I sat on a sofa flanked by my husband and my mum. As his nurse stopped pumping air into his lungs she removed the final pieces of tape from around his mouth and handed him to us. Finally, he was free from all those wires, all that beeping and buzzing; no more machines, just my perfect boy.

As he took his last gasping breaths we read him a story, *Guess How Much I Love You?*. It was a loaned book from his cousin and I had read it to him in his tank the previous evening when I had hoped it might make him better. I had never read that book before, and I haven't read it since, but those words will stay in my mind forever. I was lost in them as I tried to photographically memorise every last detail of his perfect little face, and the weight of him in my arms.

Then those tiny breaths stopped. At 8:31pm, on Thursday, 19th May 2016, Teddy left us, not in any more pain, for his big party in the sky.

I didn't feel scared when he took his last breaths, because I didn't want him to know that I was scared; I wanted him to feel safe and that his mummy loved him. That's what a mother does, isn't it? Forgets her own feelings in order to protect those of her children. I think I felt my heart physically breaking in that moment; at least, that is all I can describe that feeling as.

As we tucked him back into the hospital cot, we kissed him, stroked his little face, and I breathed in that scent for the last time. I felt as though I was tucking him in, kissing him goodnight, but for the first and very last time all at once. As they wheeled him away I caught one last glimpse of him and his toy elephant next to him, and I knew that would be the final time I laid eyes on him. He looked so perfect, so peaceful. I wanted that as our lasting memory.

Chapter 6

What Now?

LIKE MOST PEOPLE IN THE SHOCK AND AFTERMATH OF A SUDDEN LOSS; THE WORD 'NUMB' COMES TO MIND. Numbness; physically and emotionally. I wasn't even sure which way was up. We had returned home the night that Teddy had died. The hospital had offered for us to stay one more night, but we both needed to get out of there. I had barely slept since Sunday and it was Thursday. The week had seemed as though it had run in slow motion, but at the same time it all felt like a total blur.

All I thought in those first hours, during the journey home and when we arrived back was, *No, not us. Things like this happen to other people.* It's like my mind was actually refusing to believe the outcome. Whether that was a mix of hormones and my body refusing to believe that I didn't have a baby in my arms after nine long months of pregnancy, I shall never know. At a guess, I would say it was the cocktail of shock, grief, sleep deprivation and hormones that contributed to my complete refusal to believe that this had, in fact, just happened to us.

I didn't want to speak to anyone, I couldn't face it. I felt guilty, I felt ashamed even. Other people managed to be pregnant, have a baby and then bring that baby home. Why not me? What had I done *so* wrong? All these questions whirred around in my head at a hundred miles an hour. I couldn't help thinking I had let everyone down; they were expecting the happiest news and I had given them this. I kept telling Nico it was all my fault, that I must have done something wrong in Teddy's pregnancy. I remember saying to everyone, 'I am so sorry,' until my mum banned those words and said she couldn't keep hearing me apologise for something that wasn't my fault. I kept feeling it was though, and that feeling ate away at me.

I sent a few messages to a few friends, just the ones who had known what had been going on since Teddy's arrival. I can't recall my exact words, but

I think I simply explained that we had had to say goodbye to Teddy and that he was just too perfect for this world. That was all I could manage, I couldn't say 'He died' or 'He's dead', I wouldn't allow myself to. I think it took a few months before I could say or write those two words together. 'Teddy died.' For the friends that I told, I made it crystal clear that I needed to be left alone. I didn't want to see anyone, I couldn't face it. I asked one of my closest friends to tell others what had happened. I didn't want to regurgitate the whole sorry tale again and again; I didn't have the strength.

My parents stayed with us, thankfully. We needed the support, and I think they needed us as much as we did them. They made sure we ate and that I rested. The midwives visited over the days that followed. I can remember sitting there in my dressing gown on the end of my bed, howling in physical pain as the first midwife came to see me. I couldn't stop my body from shaking; I felt empty, like a piece of me was gone forever. I don't think anyone can really put into words what it feels like to have a broken heart – I have often wondered if it is even really possible. Those first few days were a physical pain. A loss so deep and shocking, coupled with the physical loss of me no longer being pregnant. That was a broken heart, I was sure of it. It took everything I had to get out of bed in the mornings. I would sit there at the edge of the bed and just wonder, *Why am I doing this?*

I could not see what my purpose was anymore; I felt purposeless. That was what I said to each midwife and that was what I said to Mum each time we spoke about what had happened. My mum kept reassuring me that I wasn't and that I was still Teddy's mummy, whether he was here or not. I cannot imagine how hard those first few hours and days must have been on her, trying to support me as her daughter, watching me howl with cries of pain and not being able to protect me from any of it, all the while as she had just lost her grandson. She showed me so much love and support, for which I don't think I will ever really be able to show my true gratitude.

The first few days felt as though we mainly sat around crying and staring blankly at each other. My brothers and my sisters-in-law came to visit, and Nico's parents were there whenever they could be. As a family we were facing the unthinkable, and were still trying to make chit-chat and sit out in the May sunshine in the garden. I felt as though the weather was taunting me; mocking my life and what had just happened to us. I wanted it to suit my mood and just cloud over, and yet the sun kept shining.

Of course, when we arrived home, we had a house with a nursery, a pram in the hallway and a Moses basket set up in our bedroom. Nico hid everything in the nursery and closed the door. I didn't want to go in there, I couldn't even step foot in that direction of the landing upstairs. Each time I looked down the hallway I could see the cracks of bright light shining through the old oak door, flooding though from that sun-drenched nursery. Those beams of light showing me what was missing from my life on the other side of that door; a life that I had been shut out of.

The rest of my home really was (still is) my sanctuary during those days. Family came and went but I stayed put, too scared to step foot out of the door. I was fearful of the life that would greet me when I did. Scared of telling people, scared of the people who already knew who might cross the road to avoid me. The thought of seeing anyone doing either of those things made me feel sick. It was a little like being a prisoner in your own home – a prison full of flowers that kept arriving.

I know that there is so little people feel they can do in the wake of a tragedy and so they think flowers are the best option. But by the time I had opened the door to the tenth bunch, I hated flowers. (Don't ever tell my husband that I actually said that, as this comes from the woman who readily spends money on fresh flowers for the house every week!) I begged everyone who visited to take some flowers with them; of course, they wouldn't as they felt somehow that they were taking a piece of something that had been given to Teddy.

The cards came in droves too – cards of sympathy, cards filled with outpourings of love from friends and family. Even cards from people I had barely spoken to in recent months and years. It seemed that everyone was finding out and everyone wanted to let us know that they cared. My mobile phone was forever filled with reams of messages from well-meaning friends. I can recall Nico saying, 'Will you just put the phone down, it upsets you even more.' He was right, it did. Reading people's kind and heartfelt words only made it hurt more; made the reality of what had happened start to set in.

My parents left at the beginning of the following week. They had to get back to their own commitments, but we also needed time to digest what had happened. My husband had tried his very best at being 'normal' by still leaving the house to go to the shops, to walk Boris or to go on a run. All of which seemed to result in him returning to the house in tears again and again. My fear of the outside world built up in my head even further.

I had never suffered with anxiety before in my life, but all of that changed the moment that Teddy stopped breathing that first night. Ever since then I existed in a cloud of angst and worry, terrified about what was about to unfold next in our story. After Teddy died those feelings worsened. I think it was because I realised that the unthinkable could and had happened; that anything could indeed happen. In the worst possible way. The intensity of a feeling that something terrible was just around the corner; and then your subconscious suddenly remembering that it had already happened. Anxiety, for me, was cruel and overbearing. It crept into every part of my day and caused me to be scared of even my phone ringing or a knock at the front door. It felt as though the world had become a noisy, terrifying place that I just couldn't face being a part of; I didn't want to face any of it without Teddy, but I knew I would have to.

Other than the visits from the regular midwives, we were also booked an appointment with the bereavement midwife in the days that followed. It was the Wednesday after Teddy had died, just six days had passed, but it was a day that will stay in my mind for so many reasons – a day of realisation, if you like. I'm not entirely sure how long shock lasts when you lose a baby. I am sure it must be very different for everyone. Maybe it was because my hormones were settling down – my engorged breasts had finally turned a corner and my milk production was stopping. I think my body was beginning to understand what had happened; in part, at least.

It was the morning after my parents had left. As I lay in bed, I watched the light creep through the shutters on the window. The window had been open overnight and so I could hear footsteps of people on their way to the train station; commuters and school children leaving for the day ahead. The builder on the roof opposite began to whistle a tune as he retiled the roof of the house, and the sun continued to creep even further through those cracks. No one in that outside world knew, did they? Not one of them had a single clue about how our lives had just been changed forever; unrecognisably changed. That was the moment that I realised, *Life just goes on.* Whether I chose to partake or to remain forever in the safety and security of my home in my dressing gown, and some days I do still feel like just going back to that, it was bloody well going to happen.

That was it, my moment. I got up and I showered.

I put on some clothes that fit (those were few and far between, I can tell you) and I put on my make-up. I looked in the mirror and I saw 'me'. Yes, she looked tired and a little (OK, *a lot*) fatter than usual, but it was still me; I was still in there somewhere.

When the midwife arrived, I greeted her at the door with a smile and asked her if I could get her a cup of tea. I think she thought I was totally mental, as though she should be getting straight on the phone to the hospital and saying to her colleague, 'Yep, Jane, we've got a real problem here. This one isn't even crying and she's dressed. I think she might have even washed her hair. We've got a code red.'

My husband and I sat with her for around an hour, and in that time I quickly realised that speaking to her about Teddy wasn't going to be incredibly useful for me. For starters, she hadn't even bothered to learn Teddy's name before her arrival; to her, he was just a nameless, faceless baby who had never made it home. I can remember thinking, *YOU HAD ONE JOB!* My notes were the size of an ancient tablet by this point as they combined Teddy's notes from the NICU. I just thought she could have at least given them a flick though to find out his name before she stepped into the house and proceeded to try and counsel us.

I went out of my way to show her photographs of him, to show her who he was. I don't think she liked my style, and to be brutally honest I wasn't the biggest fan of hers. My parents have always brought me up to deal with everything head on, to use laughter as a tonic in the face of adversity and to speak your mind. She wanted me to sit and sob, but I had done that for six days. I wasn't just going to sit and turn on the waterworks for her benefit. If she was here to talk to me about our son and what had happened then that was what I was going to do.

It was a little like talking to a human bereavement textbook – she kept pausing at extremely forced moments, and I can only assume these were appropriate moments in which we were supposed to use the time to grieve and/or reflect on just how shit our situation was right now. I told her I had an idea for fundraising as I wanted to help the hospital and her response was, 'Are you sure you are ready?' I think it was the moment that my husband (usually the most easy-going man I know) said, 'Right, are we done here then?' that I knew he was as uncomfortable in her company as I was.

She offered to see us again for a return visit, and we politely declined. I can't say that the hospital didn't try to help us, they did; she just wasn't the right person for us on that day and I felt as though she should have been more sensitive to how we were grieving for our son. Instead she tried to force textbook rules of grieving upon us that had no relevance to how we were feeling on that particular day. After all, we are all different – and we aren't textbooks, we are humans.

That visit was the final straw for us both. The intensity of the week after Teddy's death was getting to us and we felt trapped in the house. We needed to get away. We hadn't seen any friends, but I didn't want to either, for now at least. The funeral was on hold as we were waiting to hear from the coroner's office. Teddy had died in the care of the NHS without an actual diagnosis as to why he had fallen ill, so the coroner was aiming to find answers to our questions. In the meantime, he was trying to issue us with a temporary death certificate that would enable us to go ahead with a funeral and a cremation.

The phone in the house and our mobile phones had felt as though they were ringing off the hook as a result. The hospital, the coroner, the NICU checking we were OK, the bereavement midwife, the doctor's surgery, who had heard about Teddy; everyone cared, but it was all too much to take. Too many phone calls and too many letters about investigations and what was to happen next. I just wanted to deal with one person about the whole thing, but it didn't seem to work like that. Perhaps it will someday, as I think that would be a very worthwhile change for bereaved parents who are living with the immediate shock in the wake of losing a child.

We booked a trip to Cornwall for the end of that week. Just a week after Teddy had died and ten days since his birth and we were booking a bloody mini break. Not how I had seen the first two weeks into our journey as parents going, I must say.

Cornwall had always been our refuge, come rain or shine. I remember saying to Nico, 'I just need to sit on the beach, stare at the sea and make some sense of this.' Of course, there was no sense to be made. What I was thinking, I don't know. My mum booked us a little self-catering cottage, tucked away, where Boris would be welcome too. Boris was a must – he hadn't left my side since we returned home from the NICU. He was one of the few things that had made me smile.

As we drove down to Cornwall the numbness seemed to deepen. I was overwhelmed with the feelings of, *We shouldn't be doing this, this isn't how it was supposed to be*. The journey saw me in tears for most of the way. The cottage was perfect; beautiful in every way. Its own courtyard garden, not overlooked, peaceful and hidden away from the world. Exactly where I needed to be. As much as I had hoped it would be, Cornwall just wasn't the tonic I had hoped for. In the past, it had always been able to solve so many of my worries and problems. This one wasn't that easy. There was no taking away from the pain of what had just happened and we both realised that inevitably quickly after we arrived. It was nice to be away from home in as much as I felt disconnected with the world, as though we had left real life behind, but part of me longed to be back in our home, shut away from the world and feeling protected by the surroundings of my own things.

We tried our very best to do the things we always enjoyed doing when we were down there, but of course it was all too much, too soon. It didn't help that it was the May Day bank holiday and school half-term, so when we visited our favourite beaches we had to face hordes of families, rather than the quiet bays we were used to. I remember sitting on the beach at Harlyn Bay, one of our favourite places just along the coastal path from my parents-in-law's house. I had last been there at New Year, when I was pregnant with Teddy. In my mind, he had already been to that beach, and the next time we were to visit he'd be on the outside instead of the inside. Instead I sat there and felt empty – an emptiness like nothing I had ever felt before. It was a physical emptiness because he wasn't in my tummy anymore, and I wasn't holding him in my arms either, but it was an indescribably painful, emotional emptiness too. Just like that, my old friend numbness was back.

As I watched toddlers play in the surf and mothers sitting around us on the beach holding their babies and rocking them in their prams, I wanted to scream out, *I'm a mother too, you know!* I wanted to tell them that I had given birth to my beautiful baby boy only last week, and yet here I was, without him. I realised that people were looking at my husband and I as a young couple, holding hands on the beach, and were probably thinking we were having a lovely, relaxing break, just us two. Perhaps they thought we were on a fun mini-break or a honeymoon? They had no idea of the reality we were living in; the pain, the sorrow and the pure misery that we both felt in that moment. I felt anger towards the world that people viewed us as 'just a couple'; I was a mother, we were parents. Yet because our son had been taken away from us so soon, so unfairly, to the rest of the world it was as though he never existed. I hated this feeling; it made my grief for Teddy intensify.

I didn't want him to be erased from history and I knew that surely there must be other mothers out there like me, other mothers going through this.

Back at the holiday cottage, I began my search. My search that I hoped would make me feel less alone. I can remember Googling 'My baby has died' and such like, just to see what would come up. Strangely that very weekend I came across a blog that had been shared on Facebook. It was one of those strange degrees of separation moments. The blog had been written by a friend of my best friend's good friend (follow me?) and her daughter had been stillborn just seven months previously. I was just over a week into Teddy's loss and she was months ahead of me, and I read her words and felt like she was talking directly to me. In that moment, all of my emotions were normalised. Most importantly I didn't feel alone anymore. She had only just started her blog and (I suppose like myself many months later) she had been waiting for a time when she felt strong enough to share her story, and was ready to try and help others.

I wanted to find her, give her a hug and tell her that all of her words had resonated with me so deeply. It was as if, all in that moment of reading her words, I realised I wasn't alone. That someone before me had already experienced all of these new emotions I was wading through, and that I wouldn't be the last to feel them either. She was writing things that I was certain only a bereaved mother could write; only a bereaved mother could truly understand the enormity of those emotions. She gave me an enormous amount of hope, that there was a way forward from this.

When I told Nico what I had found and how much it was helping me to read it, he looked so relieved. He had seen me start to spiral into a very dark place, a lonely place where I knew none of my friends, not even the closest ones, could even begin to understand. You can't understand it unless you have been through it, unless you have felt those things yourself. So that was it, that was the answer for me; I needed to find more of us, other women who were going through this pain and who could understand how I was feeling.

Nico and I decided to head home early. The cottage was ours for a few more days, but we couldn't face it; both of us agreed the best thing to do would be at home. I wanted to feel differently, to feel as though the break away from it all had helped. It was too soon though, and no amount of magic wand waving was going to help the way that either of us felt.

Chapter 7

A New Normal

THE DAY THAT WE LEFT FOR CORNWALL I HAD DECIDED TO START A JUST GIVING DONATIONS PAGE FOR THE NICU – I WAS SPURRED ON BY THE BEREAVEMENT MIDWIFE'S DISBELIEF AT MY IDEA. In my depths of purposelessness, I felt the sudden urge to do something positive, to feel as though I was announcing to the world what had happened to Teddy, but also trying to help the hospital and staff that had tried so desperately to save him. I shared it on my Facebook and my Instagram. I don't really know what I expected, but I certainly didn't expect what happened next.

I watched as the total of donations began to rise. I had simply and candidly explained on the page what had happened to us that previous week – about Teddy's entrance and all-too-soon exit from this world. I had written about all the hospital had done for us and how they had tried to help Teddy. Our friends, family and acquaintances began to read our story and the donations came in thick and fast. By the time we arrived in Cornwall, we had raised over £7,000 in a matter of hours. The following day it was £10k and it continued to rise. I suddenly felt as though we were doing something; something positive in Teddy's name. Of course it didn't make me happy, I was too in the depths of grief to feel any flicker of happiness, but I felt something, a positive change in events that stuck with me.

I had been watching the total of our fundraising going up over the course of our stay and we had got to almost £14,000 in donations. I couldn't believe that so many people cared, that so many people wanted to help the neonatal unit for what they had done for Teddy. It was the one thing that kept me going in my darker moments; looking at the total and feeling like there was going to be hope for other babies. I kept saying to Nico that if we could save just one couple from this feeling, then we would have done a good job.

★

We arrived home to a house full of dead flowers, and it suited my mood. Cornwall hadn't been a break, but it had been a bubble. The cards had mounted up further, letters from the hospital and various charities wanting to help us had arrived. We had landed right back into the baby loss world, immersed in its sadness and isolation. After a few hours of sorting and unpacking I felt deflated and found myself sobbing uncontrollably again.

Nico had to go back to work at the end of that week as he had already been off work for his two-week paternity leave. We were heading into our third week and I wasn't ready to be left alone. I still hadn't seen any of our friends or neighbours – how could I be left on my own all day to deal with this, and how was he expected to work? The anxiety was so strong, it made me feel a wave of sickness.

That night, convinced that I too was going to die, now I knew the unthinkable was possible, I was too scared to close my eyes and go to sleep. Teddy should have been two weeks old, but he wasn't here. Nico had had to hold me and reassure me, stroke my head and tell me it was going to be OK, until I eventually passed out from the exhaustion and emotion. I also had a pain in my leg after the journey back from Cornwall.

When I called the midwives office they insisted that I came back in to be checked over by a doctor, just in case the leg pain was anything more sinister than it should be. They thought I might have a blood clot, deep vein thrombosis, which I now know isn't that uncommon either – honestly, as women it's a wonder that any of us actually sign up for this!

After a few hours back in the bereavement room of the maternity wing, and after tests and scans, it was confirmed that I didn't have anything wrong with me. It appeared that the throes of grief and shock had convinced my mind that there was something wrong with me too, and there wasn't, other than grief. I kept apologising to the midwives and the doctors, I felt so foolish and embarrassed that I had wasted their time. They all just kept reassuring me and saying that they would rather be safe than sorry. It didn't help though, I felt like they were just saying that to save me feeling like the neurotic person I had become in the two weeks since Teddy was born. Was this just me now?

This proved to me that I wasn't ready for Nico to go back to work in two days' time. I don't think he was either, but at the same time I think he needed to busy his mind, to get back to 'normal'. He wasn't recovering from the physical element of a nine-month pregnancy like I was, he wanted to focus himself away from the grief and he assured me that he wanted to go back to work. The sooner he faced those people in the office, then the sooner the painful part of telling them what had happened would be over. A kind colleague had sent a round robin email to all of the relevant people in his office, and many of them had also taken the time to make a donation to our fundraising page. For a huge corporation they did incredibly well, as did my place of work – sending flowers and cards, and letters from HR offering their support in any way possible. We both felt incredibly lucky that we were being so well looked out for in every aspect of our lives.

The day before Nico returned to work, we tried to take Boris out on a walk in the park that afternoon. I say tried mainly because it ended in me being frozen to the spot on the path next to the river and proclaiming to Nico that, 'I can't move.' I think this was my first real experience of an anxiety-led panic attack; well, my first in public. I soon realised that the bedtime terror and the feelings that surrounded my fear of going to sleep were also rooted from this anxiety. This moment though, in the park, compounded for me that this whole 'getting back to normal' journey wasn't going to be a case of me just getting out there and facing the world, like Nico was trying to do. What if I couldn't? I didn't feel comfortable being in a park where I might pass people; people with children, expectant mothers, other dog walkers that might want to chat. All of them terrified me.

Nico managed to lead me out of the park and to a much quieter place we sometimes walked, near to the canal through some fields. I stood in the fields and sobbed (this was becoming a habit) as I held on to him. I kept saying, 'What's wrong with me?' I was truly terrified that I would never feel able to face the world. Everything felt louder, harsher, brighter and I couldn't cope. I have since read a lot about grief and the feelings that surround it, and have learned that all of these reactions are perfectly normal and justifiable. The world can be a very loud and brash place, but we tend to tune out of that when we are busy leading our lives. When loss happens, we stop – it quite literally stops us in our tracks – and we find ourselves unwillingly tuning back in to all of those noises and goings on around us. I found the outside world deafening, and I didn't feel safe.

I knew I needed to make adjustments to my days to cope. If Nico was going back to work then I would need to make I made sure I did 'small' things like walking

Boris. The day he returned to work my parents came to look after me. I began to think that I would spend eternity being babysat by various family members until I was ready to face the world again. The second day I had arranged for one of my closest friends to come and visit me. She was the only person I felt I could face. I knew she wouldn't be too weird with me and that she would be the kind of person who could just take it in her stride – I needed some normality.

She came with food and trashy magazines – both a welcome escape! She asked about Teddy, asked how I was physically and she wanted to talk about his birth and all of the happy parts of what had happened. We talked about the sad parts too, and I remember telling her not to be afraid to ask questions, that no question was too silly, and that I wouldn't get angry or upset with her for asking. It enabled me to talk openly about Teddy right from the start, and this was a tactic I went on to use when I first saw any of my friends after Teddy's death.

No one knew what to say, of course they didn't; and I don't think there is a right thing to say when someone loses a child or loved one. I knew from the cards, texts, letters and messages on social media that everyone was there, ready to see us and be there for us.

Some of our friends had done the most thoughtful of things, dropping a survival hamper to our doorstep. It had home-cooked food, essentials and beautiful letters of support. They had simply dropped it to the door and then sent a text to let us know it was there; there was no expectation to see us, or for us to have to feel pressured into seeing people when we weren't ready.

I knew when we were ready, that everyone would be there. I just couldn't face much; not just yet. It still didn't feel real to me, and the longer I kept myself to myself, the longer I felt I could hold on to that little piece of the 'old me' that everyone knew. Not this new existence. *Nobody needs to see her*, I thought.

Chapter 8

When the Dust Begins to Settle

AS THE DAYS WENT ON, I REALISED THERE HAD TO COME A MOMENT WHEN THE REAL WORLD WAS LET BACK INTO OUR LIVES. Nico had returned to work just three weeks after Teddy had been born, meaning it hadn't been three weeks since our son had passed away and normal working life had resumed. I know that if he had asked he would, of course, have been granted more time off to give him extra time to heal. Strangely, I felt that was the last thing he wanted. He wanted to be back in the thick of work, as a form of escapism from what had just happened. When a baby dies everyone rallies around the mother and in many ways I understand that, as I was the one whose hormones were telling her each day that there was a baby missing from her arms, that something had gone monumentally wrong. My concerns were all for my husband though, and how he was coping. We were in constant communication throughout the days when he was at work, and his bosses were really understanding in allowing him to work from home if he needed.

Family members and friends were working the rota of looking after me. I had felt strong enough to see a few of my best friends, but I was still communicating with most of the outside world by text message. I would see my phone flashing with incoming calls and often ignore them – I knew that those calls came from a place of love and concern, but I couldn't face them. How would those conversations go? Like every other I had faced: 'How are you feeling?' Basically, fucking terrible. So bad in fact that I can't really articulate it and I can't say anything that I think will make you understand it. Too harsh? It just felt exhausting; a constant cycle of being asked how I was feeling, when I would have thought the answer was pretty obvious. I knew people were trying to help, I knew that, but I found myself regurgitating the same lines as answers, like tedious news soundbites where I was trying to top-line the overwhelming feelings of grief when your child dies. It was like ripping off a plaster again and again, each time wincing in pain as the reality set in that Teddy was gone. Other people just wanted to hear our voices, to see that we were still physically standing; that we were 'OK'. They only had to have that conversation once though; I was repeating it again, and again, and *again*. I felt like a broken record, trying to reassure everyone that we were OK and that I trusted the doctors would find out what had happened to Teddy.

That was the other problem – we still didn't actually know. We had no idea what made Teddy so poorly, or why he had stopped breathing the first night after he was born. They had ruled things out though; it wasn't sepsis, or group B strep. He hadn't inhaled any meconium during his birth, his placenta all looked normal. I kept drawing my mind back to what his consultant had said about his metabolic system – that was my one glimmer of hope, that she was on to something, and I really trusted that she was.

Teddy had gone to the coroner after he died, before he was released to the funeral directors in our local town. Instead of spending those early weeks after his birth liaising with health visitors and taking him for check-ups, I was on the phone to the coroner's office every other day waiting for an update of when he would be released. They were so sensitive, and kind and helpful. We knew we had weeks to wait for the cause of death, possibly even months, so being able to have the funeral before then was definitely the right thing for us. I wanted Teddy to be at peace. He had spent almost every hour of his little life being monitored, poked and prodded; this was his time to rest.

Once we got the go-ahead to organise the funeral we went to a funeral director's in the high street, just a short walk from our house. It was the weirdest experience. I have to say I had never even really noticed there was a funeral director there – why would I? No enticing window display or reason for me to just pop in as I passed by on my way through town.

As we walked in we were greeted by an older lady with a kind face. She asked us if she could help and we explained we needed to organise a funeral and would like their assistance. She led us through to a grey-looking office with hefty mahogany furniture filling ever available wall space. We were sat at an equally hefty mahogany desk, and she settled herself in the chair opposite.

'I'll need to start with a few questions, if that's OK with you? Now, who is the deceased that you are organising the funeral for?'

Both of us were stunned into silence. I looked down as those hot, heavy tears returned to make streams down my face. Nico, after a long pause, said, 'Our son, Teddy.' Quickly followed by, 'He was a baby.'

I don't think people who work arranging funerals are easily shocked or saddened; I mean, I imagine you become pretty accustomed to mortality, but her face said it all. 'I am so sorry.' She seemed to almost whisper it as she hastily pushed the box of tissues that had been to the side of the desk in my direction, and she reached out her hand to squeeze mine. She then said, 'Are you sure you are both OK to do this now? I can give you some more time; or you can just fill these forms in and bring them back?'

She couldn't have been lovelier to us. It made me cry even more. She explained all of the ins and outs of how it would work. They would arrange the crematorium, the car and look after Teddy until the day of the funeral. We were, of course, free to visit him as we wished, but we had long since decided that wasn't what we wanted. All we needed to do was contact the vicar, and drop an outfit to them that we wanted Teddy to wear. We were free to arrange our own flowers if we wished. After we gave all of the information we had, we left some 30 minutes later and were both an utter mess. No parent should *ever* have to do that.

We were put in touch with the local vicar, who arranged to come to the house that weekend and see us. Teddy's funeral was to be held a month after he had been born. It felt like a lifetime of waiting in limbo, so these little steps to making plans for him became vital parts of our early healing. We knew we didn't want a big funeral, we wanted our closest family only – something we agreed on with no discussion needed. In some ways I felt so guilty that we were almost pushing our friends away during a time that they only wanted to help us, but we had to do what felt right for us, and for Teddy, and we both agreed that this was it.

When the vicar came to the house he was also warm and friendly. He told us he was a dad, and a grandad, and I felt like he spoke to us as both of those, and not from a position within the Church. It definitely made us both warm to him more as neither of us are hugely religious. (I mean, I believe there is something, a power or energy that surrounds us all and helps us to carry on when we think we cannot, but I wasn't really set on the big man in the sky and the set of pearly gates idea.) My husband and I were married in a church, mainly because we lived in fear of offending grandparents if we didn't, and we much preferred the church vows of marriage. We make it to church for all the usual occasions: births, deaths, marriages and Christmas. I never prayed when Teddy was poorly – I know that other people did on our behalf, but I think I asked the universe to make it better. What I am saying is that, and I am not even entirely sure why I am telling you this, I wouldn't call myself a fully paid-up member of Christianity. The vicar didn't seem to care about that though.

I was honest with him – I told him I didn't think Teddy was an angel, but I did hope that his energy continued to live on. To which he replied, 'Of course it does. He lives in both of you. Remember that this grief won't last forever, but love does.'

To this day, whenever anyone asks me where Teddy is, I tell them that; I think it is the most meaningful thing that anyone has ever said to me, just when I needed it.

The days that led up to the funeral were nothing less than torturous. I felt as though the occasion was a means to some kind of end, although I didn't see how this living nightmare would be at an end just because we had had a funeral. Each day felt so long. Nico took the day before off work – we were both a mess. In the weeks that that had passed since Teddy had died I had written many letters to him, of how I felt and how I missed him. By getting all of those thoughts and emotions down onto a page it felt as though I was talking to him. That day I remember feeling an overwhelming need to write, and I wrote him a letter about how I was dreading the next day.

That feeling, that build-up, has come to be a familiar one in our lives since. Every 'first' and every 'milestone' we have come to since has been preceded with that pang of dread, that overwhelming sense that something awful is about to happen. The difference these days is that I can see it coming and I am aware of the impact it will have on my life while it is there; in those early days, it was crippling.

The morning of the funeral was like most others since Teddy had died. I got up, showered and had my breakfast; tried to choose what to wear. I can tell you that trying to pick the 'right' outfit for my baby's funeral is probably a fashion low point for me. Black says 'grieving mother' and colourful, although hopeful, seemed too bright – *too* optimistic. I know that fashion should be the last thing on anyone's mind in this situation, but sadly, for me, like most occasions in my life (and as a trait I have inherited from my mother) I seem to recall the details of almost all occasions based on what I was wearing! I mean *who* does that? I could see how bloody ridiculous the whole thing was as I stood in front of the mirror, trying to shoehorn my newly softened (squidgy) post-partum body into anything that would actually fit and not make me feel even worse, if that was at all possible. I decided on the palest of blush pinks pleated chiffon midi-skirt (actually a maternity one I had bought for a friend's daughter's christening two months previously) and I wore an ivory short-sleeved silky top with big, brightly coloured blooms all over it. It's fair to say that I went with the whole 'hope and optimism' vibe. At least I was trying.

My parents, brothers and sisters-in-law arrived at the house that morning, and we all drank coffee, talked and laughed. That is something I will always love my family and be so very grateful for; we seem to have the ability to crack jokes and laugh even in the darkest of times. Even more so if anything. It's like this incredible human spirit that we are all bound by, and are able to still laugh and see light, even through the heavy tears.

I think we have my parents to thank for that, and I can most certainly thank my two older brothers for my resilience and good humour when other people take the piss.

We walked the ten-minute walk to the church, where we met Nico's parents and his sister and her husband. My sister-in-law gave me the tightest of hugs as we walked down the cobbled lane outside the church, and told me we'd get through it. The funeral director's car was outside, but I couldn't see Teddy's coffin. It wasn't a hearse, it was just a normal black car – I know now because Teddy was in such a little box, he didn't need a hearse. The kind vicar was waiting for us at the door, and hugged us both tightly before we followed him to the front of the church. I remember him saying, 'There is no rush, we can absolutely start when you are ready, and not before.'

Like with most things in recent weeks, I wanted to get going, to make sure it was over. I have no idea why, but it was almost as if I thought the pain might lessen once this was done. Nico squeezed my hand and the music started. Teddy was carried in, in his tiny white box, by one man; he cradled it in his arms in front of him with such care. The words of Ellie Goulding singing 'How Long Will I Love You' echoed around me, and Teddy was placed so carefully in front of us all. On top of his coffin lay one beautiful wreath from us all made up of cornflower blue hydrangeas, white gypsophila and eucalyptus – my favourites. We had it made by the same florist who had created our wedding flowers two years previously. I don't think she quite believed it when I got in touch and asked her to create something for Teddy, explaining in an email what had happened. I wanted to try and create as many connections as I could between him and us, and this was one of them. It made me so happy that she was able to help, and the wreath, from his family, looked utterly perfect.

The vicar spoke, again with such warmth, and I could see he felt true sadness too as he looked down at the little white box that lay in front of him. He spoke about family and togetherness, and he spoke once more as a father and grandfather, one who was reaching out to a family who were beyond broken and trying to help them. Everyone sobbed. I can remember looking around at everyone's faces as he spoke, trying to take it all in and remember what this looked like, what it *felt* like. It was the very last time I was going to be physically in the same room as Teddy; the time before had been when we had been with him as he took his last breaths. This was it, the very last time he would be here. As in his last moments, I found myself trying to photographically remember what this looked like, where everyone was seated. It sounds so crazy now, but I suppose it was the little control that I had in the midst of the most out of control situation I have ever been in.

Teddy's Aunty Zoe, Nico's sister, spoke so beautifully as she read a piece she had written for Teddy. She spoke so fondly of love for her brother and of what family meant, and how she would think of Teddy as part of our lives forever more. It was abundantly clear to me that this church was bursting with so much love for our little boy; that he would be so missed and so loved, forever. The vicar repeated that line, 'Grief doesn't last forever, but love does.' I could feel that already.

They carried Teddy out to more music chosen by us, and from that moment on I don't remember much of anything. As I stood, my legs were physically shaking and tears blinded me. Nico squeezed both my hands and I tried to watch for every last second to see the coffin as they carried it away. I wanted to see him until I couldn't anymore. My mother-in-law followed the vicar out of the church, a single rose in her hand from their garden that she wanted to go with Teddy to the crematorium. With that, I broke down. Nico held me, and I hung on to him for dear life as we both sobbed.

After some time, we all left the church and walked next to the river to a quiet place we had booked for lunch. As we walked out of the church Nico said to me, 'Nothing will ever feel as bad as today did. We have come through it. It has to get better.'

Oh, how I hoped he was right.

Chapter 9

Benchmark
of Shit

MY RESOUNDING MEMORIES OF THAT DAY ARE ONES
OF LOVE, SUPPORT AND LAUGHTER; NOT THE SADNESS.
I think I was learning (still am) to focus on the things we
did have. For us that was incredible family and friends
– we were surrounded by so much love, that was clear.
Nico took the rest of the week off work. It was like we
were both recovering from a hangover of sadness, both
feeling weary and weighed down by it all.

I don't think it was until after that week that I
really started to think about how we would even
contemplate moving forward from losing Teddy. The
limbo was coming to an end, we were coming into July
and, as much as I didn't want it to, the summer was

happening. It was that following week we found out that Nico was to travel to New York for work that month. It hit me that he wasn't going to be here – that I would be alone, without him next to me at night for the first time since Teddy had died. We had known that his NY trips that year were going to be inevitable, but I had envisaged myself with a new baby, and being able to get my mum to stay with us and look after both me and the baby while Nico was away. The reality was quite different, and I chose to retreat back to my parents to escape the emptiness of our house.

Thankfully, in the UK, a mother is still on maternity leave after the death of a baby. You are legally entitled to the maternity leave that was agreed with your employer on your departure from work – this is definitely something we don't talk about enough. For me, I was staring down the barrel of another ten months off work. Of course, I could go back sooner if I wanted to, and many well-meaning friends asked if that was my plan. The thought of going back, facing everyone – especially in a sales job where I had to face different people and re-tell the whole sorry story each day – quite frankly made me feel physically sick. I was safer at home; happier spending some time recovering mentally, physically and emotionally from a full-term pregnancy and the trauma of losing our son.

I was very fortunate that my work contract meant that I benefitted from a generous package – this meant that at least we didn't have anxiety about money on top of everything else. That really was one of the small things that helped so much, and I just wish it was the case for everyone who has a child, let alone loses that child. I felt very lucky that I was able to take that time that I needed, as much as other people may have thought it would 'do me good' to get back to it. Personally, I couldn't think of any good that would come from forcing myself unnecessarily into a situation that would worsen my recovery. I was staying put, and I didn't feel *any* guilt about that.

It was in our home, my sanctuary, that I hid out as the weeks passed after Teddy's death. It had become, even more so than ever, my safe place. I suppose we all have our passions, the hobbies that we might like to pursue more but work and general life takes over. For me that had always been our home. My nesting instinct had gone wild in the lead up to Teddy being born, but now he was gone the results felt wasted. His nursery was still there, perfect and untouched;

a beacon of hope in our time of darkness. The rest of the house? Well, much of it had been 'done' too, but my empty arms and broken heart gave me a reason to get stuck in. It helped busy my mind and keep my hands, which should have been caring for a new baby, busy too. In between spending days with friends and my mum it was the welcome distraction that I needed. I painted furniture and framed prints that had been lying around (very much on my to-do list for months). I began redecorating rooms and collecting new pieces for each one that I could upcycle – I did things I could give my care and attention, that I could lovingly restore to try to find some kind of missing fulfilment in my life.

As the summer progressed, so did other people's lives. My phone rang far less, and the text messages became less frequent. There were a few people's reactions that hurt me and shocked me, mainly those ones who failed to say anything at all, even though they had been so keen to send me messages when I had been expecting Teddy. I was dumbfounded that people could fail to say anything, not reach out with one word.

The more I grew to understand how the world views

the loss of a baby, the more I understood why that was their reaction. Was I sad? Yes, but I wasn't angry at them. Some people simply do not know what to say, so they leave it; in the hope that an easier time will come, a window of opportunity to get in touch or say the right thing. Then that time frame gets longer, and that window of opportunity gets smaller, and before they know it months have passed and they haven't even acknowledged that your child has died.

I think the subject makes them feel awkward, but I would remind them that the awkwardness they feel in that one fleeting moment of talking to you about it, is nothing compared to that awkwardness you carry for the rest of your life as a bereaved parent. My one piece of advice to those people is pick up the phone, send a text – send a bloody pigeon if you have to. Just a 'I'm so sorry to hear. I am here for you.' That's all. Failing that, just throw some emoji hearts their way in a message; even that is better than silence.

There were a few people that said nothing to me at all, and then casually text me about something months later and still failed to say the words, 'I am sorry to hear that your son died.' Them ignoring it, acting like Teddy hadn't existed, hurt even more – it wasn't what I needed or wanted, but they didn't know I felt like that, because they had never bothered to communicate with me.

There will always be those friends who are always there, though – the ones who called even when I'd had enough, who mentioned Teddy whenever they could and tried their hardest to keep us going. When most people went back to their normal lives after the initial shock of hearing he had died, it's safe to say that our true friends were still there. They understood we were still struggling. They knew that socialising was off the cards for the foreseeable, but that we would come to quiet lunches at people's houses when we could, only because we couldn't just stay locked up in the house forever being miserable bastards together. They didn't get offended when we weren't immediately up for nights out or weekends away, or when we couldn't face a wedding or a christening in the first year after Teddy died. They got it. I will be *forever* thankful for that.

They were also the friends who understood that a pregnancy announcement from them might not be met by raucous congratulations from our corner. Not because we weren't happy for them, but because it was just too much, too soon, and we were just a little bit broken still. No one wants to be that friend who can't be genuinely happy for someone when they share the happiest news, but losing a child brings a whole new layer of complex emotions into your life, ones that I won't ever truly understand. Of course, I wished them a healthy, happy pregnancy and most importantly a baby to come home with at the end of it; but mine didn't, and sometimes everything seemed like a constant reminder of that.

It won't come as a surprise to anyone when I say that friends are such an important part of your healing and recovery when you go through something shocking in life. I suppose the problem I encountered was that my friends, as much as they wanted to understand how I felt having lost Teddy, couldn't – quite simply because they had never experienced it themselves. Some of them sobbed so hard I could see the pain in their faces as they tried to imagine what it might feel like. Human nature never quite allows us to imagine fully the emotions of the unthinkable, does it?

I knew that my friends wanted to help me *so much*. It wasn't their fault that I felt a lurch in my stomach every time I saw one of them holding their baby or pushing their child in a pram; they weren't to be blamed in any way. I began to feel like the worst person on the planet. I was so angry at the universe for taking

Teddy away from us, for allowing this to happen to our family. Every new pregnancy announcement from friends or family felt like the final twist of the knife. I wanted, so badly, to be as happy for everyone as the old me would have been for such wonderful news, but I was just broken by Teddy's loss and I didn't know how to fix it.

During the months after Teddy died, it became blindingly apparent that we were now the benchmark for other people's version of 'when shit happens'. I have to say this isn't a fabulous place in which to exist. It somehow made things sting a little more; a constant reminder of just how bad a turn our lives had taken.

What I mean by this, for example, is: friends would be talking and explaining something bad that has happened to them or perhaps a friend, and then they would quickly interject with an emphasised, 'Of course *it's nothing* compared to what you've been through.'

There we have it – losing a child instantaneously makes you the benchmark of shit. Wonderful.

I think people feel guilty; they feel bad for saying something is bad or unfair when they see what we've been through. I don't want people to ever feel guilty for that. Shit happens, that is life; trust me, I have waded through it for over two years of my life now. I guess that I just began to accept their words. Like with so many other things, they didn't realise that they were serving you with a constant reminder of just how awful things were in your life. If anything, I suppose I should be thankful that I have friends who are thoughtful and emotionally intelligent enough to realise just how life-changing losing a child must feel. They could see the devastating impact that losing Teddy had caused in every single aspect of our lives, and they appreciated that. They weren't about to belittle its enormity by comparing it to something else, and we appreciated that.

One of my resounding observations was the difference in peoples' reaction to Teddy's death – that difference in understanding and of knowing what to say and what not to, and when. There most certainly isn't a textbook from which any of us can take instruction, and believe me when I say that sometimes I wish there had been. I found some people's desire to relate and to tell me that they somehow 'understood' how it felt to lose a child, when quite clearly they did not, was utterly bizarre. Some of the kindest messages and emails that I received were the ones that quite simply stated 'I can't even begin to imagine. . .' That's correct, you *can't*. Just like I can't begin to imagine what it feels like to lose a parent or a sibling. I wouldn't even pretend to know what that feels like by saying to a friend who has lost a parent, 'I kind of know what it feels like because. . .', I have no idea, absolutely *none*.

I think the problem with child loss, other than the glaringly obvious problem that your baby has died, is that it is so utterly shocking to people that they don't quite know what to say. It's when something that should be the happiest event on earth, the arrival of a new life, a new family member, turns into the worst event, the saddest – the unimaginable. I think that flips our brain into panic mode and many people think that they need to try to understand as opposed to just sympathise with the situation.

I tried my absolute hardest to focus on that and to remember it each time I spoke to someone new, or for the first time after losing Teddy. I accepted that they didn't mean it, and I knew that, of course, they couldn't ever truly understand how it had felt for us to lose our firstborn son. That sometimes they might just fill the air with words, so as not to let the silence become too deafening; and that something, anything, is better than nothing.

Then, for some reason unbeknown to me, there were the people who seemed to be clamouring to be my 'friend'. Yep, that's right, at a time in my life when I couldn't have felt less enthusiastic about seeing my actual friends, let alone finding new ones, there they all were. The people I had gone to high school with some 15 years ago, the ones I had worked with for a brief period many moons ago, the ones who were a friend-of-a-friend (who had never actually met me, but had heard what happened and, you know, obviously needed to be there for me). I didn't *know* any of these people, many of them I doubted whether I would even utter a 'Hi' to if I were to bump into them in a supermarket, yet here they were, asking me if I ever wanted to go for a coffee and a 'catch-up'?

What? Now? When my son has just died? No thanks, I would literally rather do anything else in the world right now. Did they not understand the enormity of what had just happened? Of course I wouldn't just be popping for a casual coffee and a chat with a virtual stranger when it was all I could do most mornings to actually swing my legs around to the side of the bed and actually face my reality. I had no idea what these people were thinking or why they ever thought it was a good idea to do that, out of the blue, just because my son had died.

The more time has passed, I think I know the answer now: people were shocked, so shocked that it stopped them in their tracks. It made them think how fortunate they were, how lucky that it hadn't happened to them or someone in their family. That's what we do, isn't it? We hear about something bad that has happened and we think, *Gosh, I can't even imagine what that must be like*. Our minds won't let us go there, but we are glad it wasn't us.

Those people, the ones I didn't really know, they wanted to see me – to talk to me and know that I was OK, still living and breathing – as that way, in their minds, the shock and sadness wouldn't be so bad for *them*. They would be able to move on with their lives without so much as a pang of guilt that it hadn't happened to them. What about *me* though? I still had to live with it, had to carry on and live each day in this unexpected narrative of motherhood. Would I be going to 'hang' with them, so they could feel a little bit easier about that? No thanks, I'll give that a miss.

There are also the 'grief thieves', as I have coined them. The ones who love to make it all about *them*.

126

We all encounter them in life – someone dies and it becomes all about how much they knew them and how sad they are about it all. The truth is, other than our immediate family, no one had met Teddy; no one *knew* him. This meant that there was nothing tangible to hold on to as memories for people, so I was that 'thing'. They needed to see me, to tell me how sorry and/or shocked/saddened they were at our loss. They needed to feel like they had acknowledged to me how bad it was for them.

The truth was, I only cared how his death had affected us and our family, no one else. Yes, it was lovely that people reached out, sent cards and flowers, but I couldn't really have given a toss about how much it had affected them. The truth of the matter was that they could go about their normal day tomorrow. They could go to work, or pop to the shops or do whatever the hell else it was that was on the agenda the next day. I couldn't; not without that constant ache in my chest, not without feeling like I had an anvil hanging over my head that was about to drop, or without fearing I would burst into unstoppable, powerful tears at any given moment. Trust me when I say that this was the one time in my life when I really, *really* wished it hadn't been all about me, but sadly it was.

There were a couple of people who I chose to give time to outside of our family or immediate circle of friends, in the first six weeks or so after Teddy died. One was a fellow expectant mother, whose baby had also been born in May. We had exchanged numbers in the final weeks of pregnancy and agreed we would make an effort to perhaps meet up once the babies had arrived. I had texted her the week after Teddy was born to explain what had happened. She was kind and said she would tell the other mums who I had met. She sent her love and condolences, and the following week sent a message to see if I wanted to meet up. I think she was doing her best to make me feel less alone, and that just because Teddy wasn't here it didn't mean we couldn't still be friends.

A few weeks later we went for that coffee, she asked me how I was doing, and I cried a lot, but tried my best not to be an utter rain cloud of emotion. I met her baby, who was sweet and beautiful, as any newborn would be. I felt a lurch of jealousy in the pit of my stomach, but I told it to shut up; I didn't want to be *that* person. We chatted about my experience over those four weeks, and hers – both very different stories of being a new mum.

Then she said, 'When are you going back to work then?'

Just like that, when I thought I was talking to someone who might get it, I realised I wasn't.

'I'm sorry? My. . .my son just died. I'm not going back to work anytime soon,' I replied.

She seemed surprised, and asked me what I would do if I wasn't at work and I didn't have a baby at home. Thanks for reminding me. My body was recovering from a full-term pregnancy, just like hers was. My hormones were still all over the fucking place, just like hers. My son had died, and her baby was lying in a pram next to her, gurgling away happily. Yet I was the one who was expected to go skipping back into work?

I turned it on its head. 'So when will you go back?'

I don't think she was expecting that, and then proceeded to launch into an explanation of how she didn't know if she would, but was under pressure as she was the major breadwinner between her and her boyfriend, etc. I zoned out. I came for a chat with someone I thought I had connected with, someone I thought had cared about me in the wake of my son dying, and we were sat here chatting about going back to bloody work?! After a bit more chit-chat we went our separate ways and, suffice to say, we never hung out again.

I did see her though, and she saw me, about six weeks later. I had been walking Boris through the park on a hot August day and wearing my sunglasses, as not only were they required for obvious reasons but they acted as a mighty fine disguise kit, and shielded my face from onlookers when I (still) unexpectedly burst into tears in public. Out of the corner of my eye I saw a group of ladies with prams and sunshades, all with small babies; blankets spread across the floor next to the bandstand. They were enjoying a mum and baby get-together on a beautiful August day, why not? There she was, standing in the middle and bouncing her baby as if to rock him off to sleep.

As I approached them, I prepared to say hello and face my worst nightmare of a group of new babies with happy mums. In that moment she saw me, I know she did, and she turned her back away so that she was facing the group. I picked up my pace, carried on past and thought, *Phew, she's done me a huge favour.* Then, I heard it.

When she thought I was out of earshot she said, 'That's Elle, who I was telling you about.' I could feel their eyes burning into the back of my head. She had seen me, and yet she had *ignored* me, on purpose? Maybe it was because she thought it would be too awkward for me? Maybe it was too hard for her to think of a way to explain to them all how we knew each other?

There it was; the single most isolating moment of my new torturous reality so far. I felt as though I had been well and truly, unceremoniously kicked out of the Mummy Club. *You can't sit with us, because your baby died.* I felt so alone in that moment, so low. I cried all the way home – those hot, weighted tears again, streaming down my face. Why did I even care? I didn't really know her, and I didn't know any of them at all. It wasn't about that; I didn't want their pity anyway. I just wanted my son, and I wanted the outside world to see me as his mother.

Chapter 10

Helping Myself

(When No One Else Could)

I THOUGHT ABOUT HOW I MIGHT FIND PEOPLE WHO UNDERSTOOD WHAT I WAS FEELING. When we had left the hospital, we were sent away with a bundle of 'we are sorry your baby died' type leaflets. Yep, a bundle of leaflets. Of course there were the letters that had arrived too (Harry Potter style, flying through the letterbox) in the early days after Teddy had died, asking us to come along to X, Y, Z charity support groups, but I had been so thick in the depths of grief that I hadn't even wanted to talk to anyone, let alone a room of bloody strangers, about how our son had died. I binned the letters and then regretted it when I was ready to talk. I wish someone had told me just to put them to one side, in case I changed my mind in the future.

Anyway, thanks to the handy leaflet bundle that I did keep, I knew that there were local Sands (Stillbirth and Neonatal Death) groups that we could attend if we wanted. I began to think about it, and whether we should go along to one. The concept felt so strange; and although I needed to talk to people who had also experienced the loss of their baby, I still couldn't get my head around forcing myself into a situation with a room full of people just because their baby had died too. I know they must be a huge support to so many, but I was totally freaked out. I spoke to Nico and he agreed; he said it was the last thing he wanted to do. Phew, I thought I was about to be the one holding us back on what we 'should' be doing. (For anyone who has recently lost and is worrying that they are not doing the right thing or speaking to the right people – just do what feels right. You do you. We all process things differently.)

All of this left me at a bit of a stumbling block. OK, so you want people who understand how you feel, but you're not prepared to actually go along to anything that will actually bring you face to face with other people who have lost their baby too? Yep, pretty much. Awkward bugger, aren't I? I racked my brains as I frantically Googled for answers – Google had never let me down before, it wasn't about to start now, surely? I found a link back to a Sands support group on Facebook. *Perfect*, I thought, access to a virtual world of people who understood me. You had to be approved to join, so I asked and waited. It was a private page and I was so keen to see what was there. I was hoping to see lots of positive, inspirational parents, sharing their stories and telling me it was going to be OK.

Finally. My group approval happened the next day, but it was less than a week before I left that group. I was looking for understanding, togetherness and positivity at a time of utter despair, but all I found were people saying how unfair life was and sharing photos again and again of their deceased children. I understood that it was perhaps the only place they felt safe to do so, and that those photos of their beautiful children were theirs to share with the world if they chose, but the feed was just that. Dead babies mixed with 'Why is life so shit?'. It wasn't the uplifting vibe I needed in my life, to say the least.

But perhaps my attitude was different to everyone else's. Oh god, perhaps I was totally alone in the way I was grieving Teddy. *No, that can't be right*, I thought. *Nico gets it*. When he came home from work one evening that week, I told him that the group was utterly depressing and I would never find another mother who had lost a child and actually got how I was feeling. Other than just one blog I had found that belonged to a friend of a friend whose daughter had been stillborn the previous year, no one was writing anything that spoke to me in a positive way. Also, the blogger was expecting again, and I felt like I couldn't reach out to her – she had enough going on without me adding to her life with my own goings-on. I needed to find people who, like me, didn't have other children here, and whose baby, their firstborn, had been taken too soon, too. They just didn't seem to be out there. Not on the internet, anyway…

As the weeks went on I knew that I needed to help myself if I was going to feel better, whatever 'better' would become for me. To start with, it was as much a physical recovery as it was mental. My body felt battered from a full-term pregnancy. I had gained four stone while growing that tiny human and was still carrying a great deal of that. I felt heavy and slow, and that was definitely making my days that were laden with grief feel much heavier and much slower. After starting to leave the house again and walk Boris on my own each day, I quickly recognised a connection between how much I did each day, and then how much better I slept and felt the next day.

Now, when I say things 'I did', I don't mean physically or mentally taxing things; we are talking very small steps here. I mean going out for a walk or taking myself to the shops. As long as I navigated it in a way that meant it wasn't too busy, or noisy, I felt better for doing it. I knew that this feeling rippled out from the other things I made time for, too; a soak in the bath, painting my nails, taking time to lie in the sun and read a book. Self-care became very much a part of my life in those early weeks and months. As someone who had spent 16 years in the beauty industry, it should have been second nature, but I found myself consciously making time to ensure I did something for myself each day, to make myself feel better. This didn't have to mean anything lavish or spending lots of money – it could be as simple as doing some yoga stretches in the living room before I ate my breakfast in the morning. And it was starting to make all of the difference.

Of course, I had a reason to get out of the house, to make myself 'do life', as I had Boris. Boris made me smile, he gave me purpose – a purpose that I was so desperately missing from my life. When I didn't want to leave the house, all I had to do was look at his little face, his expectant expression that we would be heading out for our daily walk, and that was enough to make me do it. Day by day I stepped out of that front door, faced the world, breathed in fresh air and became part of daily life again. That was all down to him. On the tough days he was there for me to cuddle. He let me (and still does) cry heavy tears onto him that rolled off his little head, as I clung to each and every thought of Teddy. Anyone who ever says to me that Boris is 'just a pet' will never understand what he has done for us, and I honestly will never be able to repay his kind little soul for saving us. I am thankful for him every day, and I can see why so many people who experience loss go on to get a dog; they truly are little lifesavers.

I knew that I had to help myself in as many ways as I had the power, for my mental as well as physical well-being. I sought solace in many things that I thought *might* just help me. I had begun attending yoga classes twice a week when I was pregnant with

Teddy, and it had helped me to sleep, eased my joint pains and essentially made me feel like less of a lethargic pregnant whale. After Teddy died I was lucky to find a true friend in my yoga teacher, Louise; she wanted to hear all about Teddy and offered many kind and positive words in those early days and weeks. Once I felt strong enough I returned to her regular yoga classes. These were filled with new faces – not the room full of expectant mothers as I had become accustomed to – and they gave me yet another place in which to disappear. The practice of yoga isn't just about the physical, you are able to set an intention at the beginning of each class, with yourself, of what you want to achieve. In those first few classes I set the intention of strengthening both my body and my emotions, to help myself recover. I began practising yoga more regularly at home too, and it helped me face the difficult days with a more positive attitude. It has strengthened my post-partum body beyond my expectations, and allowed me to believe in it again.

Our home was, and has continued to be, a huge healing help for me. It enabled me to have a creative outlet during those early days of grief, and I am unsure how

I would have managed without it. Even now, when I have a day when I feel that cloud of anxiety creeping towards me, I always stop and take time to do things in the house that make me feel happy and calm. Whether that is moving bits and pieces around or painting a piece of furniture, it never fails to make me feel better. I suppose it comes down to control in some respects, but for me it is also just a way of feeling like I am busying my hands and, in turn, calming my anxious mind.

I often wonder whether a time will come when I don't need it as an emotional crutch anymore, or if it is now so engrained into me that we are destined to always live in a show home?! It really has made me realise that we all use these techniques, whatever ours may be, to help us though the darker days. If you're reading and you know what that feels like to need something that calms your mind and helps you see the positive in each day again, I really do hope that you too have found your 'thing'. Always be open to trying new 'things' too – I discuss more that have helped me in chapter 17. I believe that there are always brighter days to be had for all of us, no matter what we have been through; sometimes we just have to find those little extra things that help us get there. Sometimes we just have to be brave enough to help ourselves.

Chapter 11

The Friends I Never Knew I Needed

OF COURSE, THE VERY NEXT DAY AFTER I DECLARED SOCIAL MEDIA COULDN'T BE OF HELP TO ME, THAT THEORY WAS PROVEN COMPLETELY AND UTTERLY WRONG. Say what you will about how it's set to ruin our children's future as we all slowly lose the art of conversation and disappear into an eternity of mindlessly scrolling through smart phones – in the situation I found myself in, it was pretty bloody amazing.

I was using my Instagram account and Pinterest boards as a way of finding inspiration for new changes in the house, and losing myself in a little world of squares that came with no judgement. It was a world away from the pain I was feeling in real life. I happily scrolled through my Instagram feed while sitting in the safety of our garden, feeling the summer sunshine on my skin, and actually beginning to feel more human again as my body recovered from the shock.

I had used my Instagram account a couple of times to post photos of Teddy, to share our fundraising page and as a way to tell the wider world what had happened. It was like an extension of my Facebook page, I suppose. The only people who really followed me were friends and family, but over the months a few fellow pug owners or home interiors enthusiasts had joined them. With just a couple of hundred people following me, it felt like a safe space to share those photos of Teddy and a little of the grief we were experiencing. It was always met with love and positivity – never the heaviness of the 'sad crying emoji reaction face' that Facebook threw my way. I was tired of people's pity; it wasn't what I wanted. I wanted some to say, 'Yeah, that's really shit, but you're going to be OK. Brighter days are coming.' My tireless search had led me nowhere – until today.

I was scrolling through that Insta-feed with my morning coffee as I prepared myself for another day of busying myself. I dipped into the 'Instagram suggested' page and one of the first posts I was met with made me hold my breath. It was a photo of the side of a wall that was covered in graffiti with the word LONDON. The caption started, 'Over the past couple of weeks I have been trying to re-enter the world. . .' What continued were the words of a bereaved mother, who was trying her best to carry on and give hope to others. Her daughter, Orla, had been stillborn in May. *Just like me*, I thought, *she's like ME!* It was my eureka moment in my new reality of motherhood.

As I read her words and how she too was planning new routes to places, avoiding places with prams and pregnant women and (of course) wearing sunglasses at all times to mask the tears, I just thought, *Thank god, I am not alone.*

My thumbs hovered over my phone keypad as I thought about what to say. I wanted to tell her I was here too, that I understood; that Teddy had been born in May too. I tentatively punched out and posted a comment: 'I'm currently living through this journey too. Thank you for sharing and for being so brilliantly honest about the emotions and struggles you are going through. There is hope for us, stay strong. Xx'

I held my breath and then sighed a huge sigh of utter relief. I had made my first attempt to connect with someone I thought might actually get me. I don't know how the Instagram algorithm had done it, but it bloody well had; it had found me someone I could relate to and, by the looks of it, she only lived an hour away.

She replied, 'I'm so sorry for the loss of your beautiful Teddy. I hope that you are doing OK and have lots of love and support around you. I am starting to see the light of hope too. Lots of love and strength back at you.'

Michelle, her name was Michelle, and she had just begun to follow me on Instagram. I started to scroll through the names of the other women who had commented, and I began to follow them all; scanning their Instagram pages and seeing they too had a baby who was no longer there. Where had these women been? I felt like I was scratching the surface of something so much bigger, something that ran so much deeper than I had ever realised. I began reading all of their stories and posts, their fundraising pages, and seeing their positivity leap out of those little squares filled me with so much joy. I *wasn't* alone.

In a few hours I received a new message from Michelle. She told me she had read Teddy's story on our fundraising page, that she was so sorry and she hoped I was doing OK. She explained that her and a few other 'loss mums' were starting a WhatsApp group for support; all had lost babies in recent months. She asked if I wanted to be added, but also said she understood if it wasn't really 'my thing' and that she wouldn't be offended if I didn't want to be included. Hell, I had no idea what my 'thing' even was anymore. I felt so lost, but these women were throwing me a bloody lifeline, something to keep me afloat. I had to take it. 'Yes, yes please.' And with that I gave her my mobile number.

It was like blind dating for the ultimate anti-NCT group, but it felt *so* good! Michelle told me the names of the other girls in the group and I made sure I was following them all on Instagram too. I wanted to put faces to names, to understand their stories and know their babies' names. I wanted them to be people, not just numbers in my phone. Later that evening I was added to a WhatsApp chat with a bunch of random numbers I did not know. It was entitled 'Warrior Women', and let's just say I knew from then that these ladies were going to save me in my darkest hour.

'Hi Elle, welcome' came a random number. I realised that was Jess – she had also contacted me via Instagram earlier that day, after Michelle had told her I wanted in on the chat. She and her wife, Natalie, had their firstborn son Leo in January that year; Leo had been stillborn. Jess had sent me the kindest message through Instagram saying that Michelle's message to her had prompted her to go straight to our fundraising page and read Teddy's story. She explained how she had always wished that Leo would have been the last baby to have ever been lost and that it broke her heart each time she learned of another. Her words made me sob – all she wanted to do was stop this from happening to other families. *Me too*, I thought. Jess and Nat had already raised so much in Leo's name, they looked unstoppable in their resolve and positivity.

The WhatsApp chat was Jess's idea and she introduced everyone in the group. I wasn't sure then if everyone had met already, or if, like me, they had just stumbled across each other via social media. I later found out that a few had met at different things, but not everyone had met everyone, and that Michelle and I hadn't met anyone – as Orla and Teddy had only died very recently, we weren't really in the place for going to anything!

Aimee lived in Devon, her daughter Phoebe had died during labour in January that year. Emma lived in North London, but was from Manchester (through and through, and she will actually kill me if I don't mention that). Her daughter, Florence, had died during labour, also in January of that year. Sam lived near Manchester, and her son, Guy, had been stillborn in November 2015. She was an intensive care nurse and was already back at work – I marvelled at how strong that seemed to me. All of these women, their strength, positivity and the way they wanted to honour their children – it blew me away. So that was us: Jess, Nat, Michelle, Aimee, Emma, Sam and Elle. The Warrior Women. I finally felt as though I had found my tribe.

The messages that ensued over the coming days came thick and fast; it was like speed dating, but with seven of you all trying to get to know each other at the same time. I found it fascinating. All of us had had such different experiences, but all with the same final outcome: our babies weren't here. We got to learn each other's stories; we talked about our pregnancies, our husbands, our jobs, families and lives. We covered everything, and there was so much humour in among it all. My fears had been laced with the idea that connecting with any other women who had lost a child would automatically mean we would be duty-bound to only talk about the sadness, the shock and grief; but here we all were talking about the normal stuff too.

I felt so relieved that there was a place I could finally talk. Somewhere that people understood me, and where there was zero judgement. Had a shit day? Tell the Warriors. Friend just said something wildly inappropriate that proves once again they have no idea what it feels like? Tell the Warriors. Each time I went into that chat and said 'This has just happened. . .' It proved to me that I wasn't losing my shit in the real world; that my feelings were justified and that I wasn't the only one who felt that way. We all had things we needed to share – how our families communicated with us, how our husbands were coping, if we were speaking to any counsellors and how that was going. It didn't feel forced and there was no judgement; these girls became my friends within a matter of weeks. I felt like I knew them, and yet we had never even met one another.

By the end of August, we decided that it would be a good idea to meet up, and we arranged an official 'date' at the end of October, in London. For me it was a huge date in my diary. I hadn't been into London since before Teddy had been born. Given that it had been a place I had lived and worked until we moved to Surrey, and continued to commute into every day until I left for maternity leave, it felt like another world. I knew I had to go, that I had to meet the Warriors and overcome my anxieties to get there. It was just another 'first' that I had to overcome. I put 28th October in my diary and looked forward to meeting them all, if only to give them a hug and say *thank you*.

I told a few of my friends about the Warrior Women after I had got to know them. It's fair to say it was met with mixed reviews; some thought it was a brilliant way to connect with other women who had experienced the same thing, and yet I got a sense from others that they disapproved in some way, that the friends that I had should have been enough for me.

I know that didn't come from a bad place, not at all; in fact, quite the opposite. We all feel protective over our friends, don't we? We would do anything to help them, comfort them and ensure they overcome their struggles, but what if we can't? What if what they are facing is just too far removed from our capabilities to understand? That's losing a child – that's where the understanding stops, no matter how good a friend you are. The way I saw it was that the Warriors were helping where my other friends weren't able. They weren't a replacement or me breaking away to a new life, they were a way for me to continue trying to get back to some kind of the old version of myself without totally losing my shit along the way. The bonus part was that, from what I knew of them all so far, I really bloody liked them all as friends, regardless of whether they had lost children or not.

I also felt like it meant I could spend time talking to my other friends about normal stuff again, without feeling like I was constantly bleating on about how my baby had died, killing the vibe every time we met up. I knew none of them saw it like that, but that was how I was starting to feel – like everyone else had exciting news, fun lives and lots of laughter, and I was just in a limbo of having lost my son and *still* not knowing why. My friends would always ask how I was doing, would always talk about Teddy openly, but having the Warriors to talk to about the heavy stuff just made the time without other friends a little easier, and left me a little less guilt-ridden about always being the sad clown who turned up and ruined the party.

After the weeks of summer came to a close and autumn rolled around, I found myself in October. October already? I don't think a day had gone past where I hadn't spoken to the Warriors – they had become the daily tonic I needed as I adjusted to this new normal. One thing had remained the same since May, though: we still didn't know how Teddy had died, and for that reason we still hadn't registered his birth or death. My story was a little different from all of the other girls in the group for that reason. Teddy had lived outside of me, and then died – on the NHS's time, I might add, which is why they were hell bent on finding out a cause if they were able. Which meant we were still tangled up in the anguish of trying to get some answers as to what had happened to him.

At the beginning of October that call from the coroner finally came, unexpectedly. I remember the day as I had been sitting outside a local café with my friend and her daughter after a walk in the park with Boris. We had decided to grab some lunch and make the most of the dwindling summer sun while it lasted. As we were waiting for our food my phone rang. I knew who it was as soon as I saw the number, and although it felt wholly inappropriate to take the call then, I had to; I couldn't wait another second longer and needed this limbo to be over.

All of the samples they had taken from Teddy had shown nothing, not one thing; months of growing cultures in a lab and absolutely nothing. However, the samples the consultant had taken from him when he was alive – the urine samples I remember them withdrawing from his catheter with a tiny syringe –

those had given us an answer. Just as his consultant had suspected, on that first day she met Teddy when he was admitted into the NICU, he did indeed have a metabolic condition. His was very, very rare; so rare in fact that they had never seen a case of it in the UK, and only a handful worldwide.

Teddy had something called 3 methylglutaric aciduria (or 3MGA), and they had only narrowed it down to perhaps two of five types. It meant that everything was poisonous to him, even the air he was breathing as soon as he was born – his little body couldn't process it and couldn't get rid of any toxins on its own.

How did he survive the whole pregnancy? I thought. The consultant told us at a later date that the placenta had been doing all the hard work for Teddy, processing everything that he couldn't and keeping him alive. My body had been keeping him alive. I have to say I feel pretty bloody proud of myself (and that grotesque placenta) for doing such a great job. It meant I got to meet Teddy, to hold him and smell him and feel the warmth of his skin on mine. If it hadn't been for that placenta then, well, who knows? All I know is that I will never look at one the same way again, no matter how harrowing that image of mine still is.

The coroner said the consultants at the hospital

would go over everything else in more detail in a meeting. For now, all I cared about was that we could register our son as a person; a person who lived and who died. And a few days later, we went to do exactly that. We had made our appointment at the registry office and drove up the leafy driveway on a sunny October morning. The sun shone brightly that day and I remember thinking it was a sign from Teddy that he didn't want me to feel sad. Of course, that didn't help much, I was pretty much in floods of tears the moment we stepped through the doors.

The staff at the office were brilliant and so caring, given the circumstances. It must be so difficult for them to ask such direct and blunt questions in a situation where they have two grieving parents in front of them; in fact it must be difficult with anyone who is grieving a loved one. The lady registrar promised she would make it as quick and pain-free as she could, and she wasn't lying. We were in and out within half an hour, two certificates in hand: birth and death. As I had sat in that office I looked around and took in every detail, the signs on the walls, the detail of the desk and chairs, the way the sun beamed through the window and bounced off the adjacent white wall filling the room with light. It felt so cruel, so earth-shatteringly cruel, that we had to do this. I made a promise to myself that the next time we went there, to that room, it would be to register the birth of a 'take home baby', as I had come to call them.

The certificates were there in black and white. Edward Constantine Wright, our little Teddy, had been born on 16th May 2016 and left this world on 19th May 2016. We drove home that day and I put Teddy's certificates in his memory box, where they have stayed since that day.

Knowing what was wrong with Teddy gave a huge amount of relief in some ways; we knew something, finally. On the flipside of the coin it added to our pain and frustration. The doctors and geneticists were able to screen us both and tell us we didn't carry anything that could have been inherited by Teddy, which meant what had happened to him was a gene mutation. That's right, chance or luck – actually, bad luck. They think it was something that happened at the very second of conception, like any problem, condition or deformity does. Some people are born with an extra toe, some with one eye a different colour to the other, some have a condition that they will always have but can live with; Teddy's 'moment of conception' mutation meant that his condition was, in the doctor's words, non-life compatible. He was never going to make it on his own. They couldn't give us exact odds on it having happened to us, but they were the same as it having happened to anyone – completely random and unexpected. They think it was somewhere in the region of 250,000 to 1. Great, why us? The universe had felt, once more, decidedly unfair the day we found that out. I have to say, some days, the ones where grief lies a little heavier, it still feels exactly that – unfair.

The end of October finally came and so did the Warriors' meet up. They had all been so supportive during the time we had been finding out more about Teddy's illness, as had all our friends. I felt thankful that I could finally give other people answers when they asked me what had happened to Teddy.

We arranged to meet at a Pizza Express in Marylebone (not an #ad for all you Instagram lovers, just a bloody good pizza at a reasonable price!). I was so nervous, for so many reasons; mainly because I had to travel into London and manage my soaring anxieties without losing my shit on the journey. My parents were so worried about me that they insisted I got a taxi from Waterloo. Naturally the traffic was awful, a standard

Friday in London. I thought my heart was going to explode out of my chest with nerves and anxiety.

I walked into the restaurant and went downstairs. It was such a weird feeling. I felt like I had met these girls before, they were my friends, I knew pretty much everything about them; but the truth was, they had lived in my phone until that moment. I was (almost) the last one there, and I was met by a table of smiling faces, welcoming hugs and instant chatter; like we had been friends for years. It felt *so* wonderful to finally meet these women – to share stories of our babies, face to face, and to be able to call them friends in real life, not just Instagram/phone life, you know? The afternoon flew by and soon we had to say goodbye. I can remember coming away feeling so happy, so full of love for Teddy, and finally like I had actual friends who got it; because, sadly, they really did.

We are nearly two years on from that date now and, as I write this, those ladies are still firmly in my life. The chit-chat and banter on WhatsApp remains the same, as does the support they provide me. We call the babies 'The Gang' and take it in turns to write all of their names together in the sand whenever any of us find ourselves on a beach – that gang are well travelled now, I must say! We often joke about them being up in the sky having a rave, and how they watch over us. We all share the same optimism, the same hope that our lives will be filled with laughter again.

Some of the group have been blessed with more babies; precious rainbows that fill all of our lives with even more hope of better days to come. Although, understandably, those pregnancies have come with a new set of worries and anxieties to manage for each of them; losing a baby will do that to you. We are the ones who understand that, who don't immediately shriek congratulations at the first talk of pregnancy or congratulate them on being a 'first-time mum', because we understand that they aren't. It's just a new narrative of motherhood for them. It's a complicated path we have all embarked on, but one we are lucky enough to have each other for. The meet-ups continue, the celebration of our babies' birthdays are acknowledged, and we will continue to help and guide each other through this; for as long as it takes.

Sometimes you just don't know what's around the corner, or where the next decision might lead you. It's that 'sliding doors' moment that we all know can take us from one new reality to a completely opposite one. All I know is that I am glad that Michelle's photo stopped me in my tracks that day, I am glad I had the strength to actually reach out and say it had happened to me too, and I am eternally grateful that I found those women, because they saved me. It may be the club that no one wants to be in, but let's face it, if you've just become a fully paid-up member, you may as well have a bloody laugh now that you're in it and surround yourself with people who make the journey that little bit easier.

To the Warriors, I love you all.

Chapter 12

The Darkness and the Dawn

WE LOST OUR SECOND BABY DUE TO MEDICAL COMPLICATIONS AT ALMOST 15 WEEKS' GESTATION IN JANUARY 2017. It was our longed-for rainbow baby – a baby born after pregnancy loss, stillbirth or neonatal death. The rainbow after the storm. It wasn't meant to be, and it was a huge emotional and physical setback for me in my recovery. I was at a point where I was starting to think that the universe was playing some huge and unimaginably cruel trick on me; that I would never bring a baby home. I had been slowly starting to crawl out of the depths of grief over those eight months and this had shoved me right back down to the bottom of that lonely pit. So many of my friends were pregnant again; I felt that I was the only one for whom it would never be so simple.

After nearly a year away from my job on maternity leave, I finally gave my notice in in March 2017 – breathing out a huge sigh of relief and even more of that pent-up anxiety! Not going back to my job was a huge decision, and not one that I took at all lightly. The decision-making process was all-consuming, and I can tell you that it kept me awake many nights worrying about exactly what I would be throwing away. After a particularly difficult Christmas and an equally bad start to January 2017, it dawned on me that there wasn't *really* a choice at all. The answer was already in me – I wasn't actually *able* to go back to my career.

As much as I could have tried, could have pushed myself to try and be the old me – be competitive, work to targets, appear confident and concise in client meetings – the truth is I *couldn't* do it. The thought of trying to do it brought a tsunami of that crippling anxiety over me, as did facing all of those people in meetings who had merrily waved excited old me off on my maternity leave the previous year. I feared I'd end up being continually signed off unwell and taking a huge step back in my mental and physical wellness. I'd worked *so* hard to get myself back on track and navigate this new version of 'normal' after losing Teddy – it took *every* ounce of positivity and human spirit that I had (mostly that I didn't even know I had!) – and selfishly I couldn't let *anything* jeopardise that.

I had been so passionate about my career, so conscientious. Hitting targets and deadlines always gave me a buzz. After spending my entire career in the beauty and spa industry, it was all I had ever known. I've held some brilliant positions in some fantastic organisations, and I feel very lucky to have done so. (Don't get me wrong, it's not really luck, I've worked bloody hard to get and keep those jobs!) So in some ways turning my back on it all felt like utter madness.

I still feel a little as though I'm in mourning for my career, as if everything I had worked and stressed over didn't ever really matter. Of course, in comparison to losing Teddy, it doesn't. Everything that came before pales into insignificance when you face the pain of losing your child; anyone who has lost a child or loved one can tell you that. Telling the company I worked for that I wasn't coming back, that I *couldn't come* back, was very difficult indeed. Trying so hard to articulate *why* actually brought me to tears.

When I was doing it all, it was with so much fire in my belly and passion for what I believed in, and I suppose that I just couldn't believe in it anymore. The other fundamental problem with the job was the people I would have to face every day – the new people almost every day. The 'getting to know about you' conversations every single bloody day. I wasn't just sitting in an office with the same people who knew about Teddy and could have the conversation with once and do my best to try and get on with things. I would have to put myself through the pain of regurgitating the whole story on a daily basis.

I know (only too well) that many mothers would give *anything* not to go back to work after their maternity leave, and that they don't have a choice. Likewise, many can't wait to get back into the swing of things. I don't know which category I quite fall into: '*Would love to go back to my normal, old, trouble-free life and career, but I can't because my son died.*' Not *having* to go back to that life makes me feel lucky, very lucky indeed; but the circumstances in which this decision had to come about kind of takes the shine away from it, I must say.

Of course I realise that everyone is different. For some people going back to work, to their old life and colleagues and to 'normality', is a huge part of their healing process, but for me it just wasn't an option. I also realise that there are many people and mothers who have lost their babies who have no choice but to return to their job, and I feel incredibly fortunate, but also incredibly sad for them at the same time. I wish we were all given the time and space we need to breathe, and to stop; so that we can just feel the things we need to feel after loss and we can start to heal again. I shall always be eternally grateful to my wonderful husband for allowing me to do so, as he continues working hard at his job. Who knows, if my job had been a different one then perhaps I would have mustered the strength to go back. Perhaps I wouldn't be sitting here writing this.

When I began to write my blog, just eight months after Teddy had died, in many ways I felt like I was well and truly late to the party (as always). Most of the other Warrior Women had long since been writing, some of them since the very early days of losing their baby. For me though, although I wanted to connect with people, I couldn't quite muster the strength and I was terrified that no one would listen. I suppose I feared that in writing about Teddy I would be exposing myself to the same misunderstanding.

It took until January 2017 to realise that it was OK to write about Teddy in a way that was filled with happiness and light. I had also needed the time to get my words straight in my mind. Grief and post-pregnancy hormones had done funny things to me; I couldn't get a sentence out in the right order, let alone set about writing a blog that another person could make any sense of. I needed to be sure that I felt strong enough to articulate myself properly, as I wanted to help other people in the desperate situation I had found myself in eight months ago; at least I thought I did.

When I look back now I realise that the blog and the words that I wrote were as much for me as they were for anyone else. It was, in fact, a way of healing – a form of therapy. It was somewhere for me to place all of my thoughts and feelings and talk about Teddy in the way I wanted him to be remembered. I also realised, slowly, that I didn't really mind about other people's reactions to my writing or if they didn't agree, because this was our story and I could tell it as I was living it, without fear of judgement from others. That felt *so* good.

When my writing did begin to help others, I realised

Teddy's story had become so much more than just something that had touched our family. Almost daily, people wrote to me sharing their experiences and I felt so honoured that they wanted to do so with me. They always began with saying that they had taken the time to read Teddy's story, and each time it meant so much to me. I could see that the positivity was spreading; that these women, like me, didn't want to be confined to the baby loss message-boards or forums to talk about their children. They wanted to feel empowered to speak their child's name every day, and for the outside world to view them as a mother even though they didn't have any living children here to physically show that.

While we are on the subject of blogging, my blog specifically, I want to tell you more about *why*, why I started it. My main focus of the blog was to reach out to those who hadn't experienced baby loss – if I am honest, I was tired of just reading baby loss blogs aimed at a baby loss audience. To me, they were nothing more than people screaming at the top of their lungs, locked into the unfortunate echo chamber they had found themselves in. I truly believe that you don't go searching for a baby loss or miscarriage blog unless you *have* to, in which case the worst has already happened to you.

How are we supposed to educate people and open up the subject of baby loss to a world of people who don't know about it if we just make it sound as scary, unthinkable and utterly miserable as it is? Answer: we won't. How are we supposed to get friends and families of those who have been affected by the loss of their baby to gain an understanding of what those people are going through, if the blogs in which those subjects are covered are only aimed at the people it's only actually happened to? Answer: we won't. Are you seeing what the fundamental problem is here? I could see it and I understood full well that there was a reason I didn't really know about stillbirth or neonatal death until Teddy had actually died and it was too fucking late for us. *No one was really talking about it!*

Teddy is my son, a part of our family and therefore included in all of my other passions in life. I wanted to create a place that allowed me to talk about *everything* that I loved; home, fashion, family and everything in between. Just because Teddy had died, I was not about to see his story swept off into a darkened corner of the internet because it didn't fit the perfect pixels that people wanted to see on Instagram. This is my life, *my* reality, and I am not about to hide it from anyone. If Teddy were here, if he were alive, would I have started a separate blog for him or an Instagram page all of his own away from the goings on of my 'normal' life? No, absolutely not. (Also, what new mum has time for that?!)

Even now, I sometimes find that when I post a new photo of Teddy and a caption that relates to his passing, there is usually a number of followers for whom the penny drops about my not-so-perfect life and they click the unfollow button as swiftly as their desperate thumbs will allow them. Does it bother me? Only that we live in a world that seems to strive for perfection so desperately through the observation of other people's tiny squares of life in our phones, that when the truth and reality of *real* life hits us, we can't quite handle it. Do I want people following me or reading my blog who can't see the beauty in those photos of Teddy, or understand that he made me a mother? Not one bit.

I try to write about Teddy with passion and with an eternal optimism that better days are set to come for our family. I have found that this has led to an incredible reaction from people who are invested in our story and not scared of what has happened. I hope it has allowed more people to look in through the glass onto a life that has been touched by child loss and bring them as close as is possible to understanding what it might feel like to experience something like that, and how you might look to carry on. If I am honest, if it is doing that, then in my eyes it has well and truly served its purpose, as it means that more people will be able to say or do the right thing when they encounter someone who has lost a child. I feel like that could be Teddy's real legacy, not just the fundraising – ensuring people in everyday society are better equipped to deal with the subject of child loss because they have taken the time to learn Teddy's story. What a wonderful legacy that would be.

Believe me when I say that, two years on, we are still so sad; but I think we wear our sadness rather well, especially in the outside world. I mean, people could actually be fooled into thinking I was totally fine! I have just found that continually crying and feeling sorry for myself doesn't get me anywhere, and it makes me feel so much worse and usually results in a face that requires permanent sunglasses, much like the early days. Of course, I still cry (big, heavy tears), and we feel sad; but not all day, every day.

Remember, *grief doesn't last forever, but love does*. I think that is exactly what has shown to be so true in our case – we have allowed our lives and hearts to fill with so much love for Teddy, that it has started to wash much of the sadness of grief away. We love him *so* fiercely and we do our best to parent him, and that helps us feel a little less sad. I like to think that each day we become a little more hopeful and a little less desperate in our sadness although, some days, inevitably, that wave of grief catches us off-guard and temporarily stops us in our tracks again; and that's OK.

Some people have even been brazen enough to ask me, 'How are you so happy and how do you stay so positive?' I think those people might prefer it if I only wore black and cried in the corner for the rest of eternity, only then might they be able to understand me. Some days I feel like doing both, but I have just learned other ways in which to manage my grief and sadness so that those days are lessened and the happy has (slowly) started to overtake the sad once again. I think many people don't understand how you can get on with it; how you possibly set about rebuilding your life after losing a child. Like with anything else, you don't know it's possible until you are in it and until you have to.

People always say things like, 'You are so brave.' I know that when people say those four words to me they are simply expressing, in the only way they know how, that they don't quite know how they would react if they were faced with the loss of their firstborn child. Let me ask you this though, what do you ordinarily do when life throws something your way that you weren't anticipating? Something that is entirely out of your control? I can tell you now that you do deal with it – you might not like it, but you face it head on. Why? Because you *have* to.

What if people didn't think that facing it and being positive was the right thing to do? (Side note again here: when you've lost a baby, there definitely is no right or wrong reaction.) I was fearful that my writing would be misconstrued by those who thought my words should be filled with darkness and sadness for Teddy.

The blog has proven itself as the best way to channel my energy, and even my friends read it in an effort to try and understand what we had been living through and gauge an understanding of my thoughts and feelings a little better. I couldn't have hoped for anything more. Maybe one day my blog will evolve into something that talks about another narrative of motherhood, and not just that of a mother who has lost – I can only hope that is the case. For now, though, like this book, I hope it talks to those mums who feel like there is no parenting manual out there for them, the ones who feel like they've been kicked out of the club. To them I say, 'Welcome to the new club (I know, you didn't want to be here!), and *everyone* is welcome.'

I suppose that this book is the ultimate manifestation of me trying to channel that positivity and give it a place in the world. It's a culmination of the writing, fundraising and open, honest humour that have enabled me to carry on since Teddy died. Hell, I am not telling you to go out and write a book to make yourself feel better (I'll be honest, I never imagined I'd write one, and it turns out that it's quite a lengthy process!), I am simply saying this: do what makes *you* feel better.

Chapter 13

Let's Do This

I THINK THERE COMES A MOMENT AFTER ANY UNEXPECTED EVENT IN A PERSON'S LIFE, WHEN THE REALITY FINALLY SETS IN THAT THIS IS THE HAND OF CARDS THAT YOU HAVE BEEN DEALT. However crappy those cards may seem, you realise you need to try your hardest to make the best of your situation. I have never been one to wallow for long, at least I try hard not to. That's not to say that I don't *feel* sad, of *course* I do. Even now, as we approach two years since Teddy died, I feel a sadness that is with me always because he is not here. I trust myself not to let that sadness override all that I do have in my life though – I would never want it to. As Nico had said just days after Teddy had died,

'We won't ever let this define us. He will be the reason we do, never the reason we don't.' Essentially, we were not about to curl into a ball and let the universe win on this one; we were going to do something positive in the wake of this disaster, anything that we could to make it hurt less.

I do wonder if my reaction would have been quite the same had I not been fortunate enough to have such a wonderful and supportive husband, the security of a happy marriage, and a loving family around us. I know that isn't the situation for everyone; but I do hope that everyone has someone in their life that tells them that they still *can* move forward.

I had started the JustGiving page just a week after Teddy had died as our way of telling the world what had happened and to try and do something, anything, positive in those early weeks. A two birds with one stone tactic, if you like. I became addicted to watching that fundraising total go up, it was mind blowing, I simply couldn't believe people's willingness to donate. All I kept thinking was what a huge difference that money would make to the care of sick babies in that unit.

As the weeks went by, a few friends asked, 'So when will you stop?' I didn't have an answer. The page could just keep going, I supposed. I was sure there was a time that would come where interest would dwindle and we would stop fundraising, but as 2016 rolled on, money *still* seemed to drop into the fund bit by bit. I always kept an eye on the total and found that the more I shared Teddy's story on my Instagram page, the more funds were raised. The odd five pounds here and there were really adding up.

When I started my blog, I knew that the fundraising needed to be front and centre of my writing. There was no point in raising awareness if people weren't then able to feel as though they might help in some way. Not help me, but help another family from leaving the hospital without their baby because, for me, that was all this was about. I think if you ask any parent who has lost a baby what they would wish for (apart from the obvious – that it hadn't happened in the bloody first place), it would be that no one else ever had to experience that pain, that *no* other family had to leave a hospital broken-hearted. That was what the fundraising had become: prevention over cure. I didn't *want* to be writing to all of these parents who had just lost their babies, because I never wanted for it to have happened to them in the first place. As far as I am concerned, the fundraising will continue for as long as it takes.

By February 2017 I had decided we would aim to raise £20,000 by Teddy's first birthday in May. We were already at nearly £16,000, so I hoped it was possible. The blog had been gaining some real momentum, with so many other bereaved parents and their families getting in touch with me.

What struck me the most though was how my writing had started to speak to people outside the world of child loss. That had been my aim, to open up that conversation to a much wider audience, not just those who were looking for it because the worst had already happened to them. People began to follow me on Instagram or read the blog who had never experienced child loss, but they wanted to *try* and understand it, and they were willing to talk about it. I finally felt as though I was making a real difference; people weren't scared of the subject, and it meant they also wanted to help spread the message even further.

I was contacted by a few other Instagram accounts who said they wanted to try and help me raise money and to hit the target I had set for Teddy's birthday, and what they began was like nothing I had ever anticipated. We began to use the hashtag #TeddysLegacy on all of the posts and, just like that, the word spread. People were donating, they were buying products from Instasellers who in turn made a donation to Teddy's fund. People began to contact me from all over the world saying that they wanted to help us raise more funds; I was astounded by their generosity and how we were able to connect with so many people. What I also found was that a theme began to show – their messages always began 'My sister', 'My mum', 'My friend'. Too many people knew someone who had been affected by child loss.

Why was this a subject that no one ever seemed to talk about, if it was happening all around us? Why had it taken me 32 years of my life and the death of my son before I realised this was the case? Again, it seems to come down to what our brains will often allow us to engage in; some subjects just seem too sad, too off-limits, *too* unthinkable. By writing about Teddy I was opening up conversations for people; new ones, and sometimes ones from many years ago that they needed to re-visit in order to allow those wounds to heal. The stories I have heard never cease to touch me or make me wish even harder that so many families weren't affected by this in their lifetime. I suppose once we have common ground, something that bonds us tightly like the loss of a child, we all begin to pull together in the same direction, and that direction became raising more money for the NICU which had tried to save Teddy.

★

I had kept in constant contact with the NICU since Teddy had died, as the paediatricians were working with genetics doctors to give us more answers about Teddy's condition. (They are still working on this, two years on.) I hadn't stepped foot in that unit again. I truly didn't know if I *could*. In April 2017 that changed, as I received an email inviting us to a re-launch of the unit's charity fund. I wanted to go *so* badly, to see the doctors and nurses, and to see the piece of equipment we had already been able to buy for the unit (co-funded by another family who had also been raising funds). We had been able to buy a brain monitor, like the one Teddy had been wired up to when he was poorly. It meant that they could treat another sick baby, and so fewer babies would be sent to another hospital if they became unwell like Teddy. I was thrilled and so very proud of what we had been able to achieve for them already. I was desperate to see it, so I could see all of our fundraising realised in something tangible that would actually make a difference to people's lives.

I accepted the invitation to the event, but I won't

lie – I was terrified of going back there. When the day came I don't think I realised the enormity of it until it was too late, and we were actually there. I thought it would be easy, a joyful event where we got to celebrate all we had done for Teddy as his parents. When we first arrived at the NICU, I got a sense of the huge difference our fundraising has already made. I was so happy to be able to tell them that it was still continuing, and that it would continue for a long time yet.

Walking back into that unit actually took every ounce of strength that I had; I can only describe many of the emotions as similar to walking back into flashbacks from a vivid nightmare. It didn't occur to me until we were in the lift on the way up to the unit that the last time I had been there was the evening of 19th May 2016, the evening Teddy had just died, when we were walking out of there with our hospital bags, but not with him. That wave of emotion came back to me with such intensity, I wasn't prepared. I felt like I had to walk along the corridor to look through the glass into the first room of the unit; the room where Teddy had been. As I stood there I stared intensely at 'his' corner, a place where he had been, where he had actually existed. As I stared, I felt strangely close to him. I felt as though he had given me the strength to walk back through those doors, to remind me why we were there, remind me of his purpose.

We had been asked to choose words for a plaque to go on the machine, so that other parents could see it had been donated in Teddy's memory. We decided upon words from one of Nico's favourite songs by Ben Howard:

Donated by the friends and family of Teddy Wright, in his loving memory.

Keep your head up, keep your heart strong.

Our target was smashed by his birthday. I couldn't believe it – we had raised over £22,000, in just a year, for the unit. After feeling that intense pride in all that we had achieved in Teddy's name in just a year, I knew the fundraising had to carry on.

I thought it would stop there but, as the blog grew, so did the fundraising projects we began to work on with sellers, makers and independent businesses. All through the power of social media – it was incredible! As I write this now, just nine months on from that date in the hospital, we have raised a total of over £50,000; by the time you read this, *who knows?* It has made me realise that anything can be possible in the wake of a tragedy, no matter how hopeless and helpless you feel at the time.

My husband and his friends are less than 90 days away from a charity cycle ride that will mark Teddy's second birthday and will see them cycling across France for seven days. There seems to be no end to people's willingness to help us raise funds in Teddy's name, and it makes me so proud. This has become our way of parenting him. It means I can use his name as part of a positive force, a force for good. Each time we run another raffle or someone approaches me to see if they could donate to the NICU, that's me being a parent to my son. I'll keep going, too. Even if we are lucky enough to be blessed with a healthy, living sibling for Teddy, I have promised myself that I will try my hardest to keep the fundraising going and keep including it as part of our family life.

My writing serves the same purpose. Sharing Teddy's name and his story enables others to feel like they can talk and share too. The more I talk about him and write about him, the more it enables me to connect with him as a mother, as his mother. That feels like a way of parenting, too.

Chapter 14

Please, Just Say His Name

IT BECAME SO APPARENT TO ME IN THE WAKE OF TEDDY'S DEATH THAT SO MANY PEOPLE STRUGGLED TO SAY HIS NAME OUT LOUD. I am not sure if it's because they found it too painful themselves, or if they deemed it might be too painful for me to hear it; a reminder of what we had lost. In the early days after his death it was only our family who had to face us and I think we all taught each other very early on that just ripping off the plaster and saying his name out loud as often as we could seemed the best way for us all to come to terms with what had happened.

'What had happened' – that term makes me shudder by itself, because it represents the unspeakable. So many people addressed Teddy's death as 'What you've been through' or 'After what happened to you'. It was so rare in the weeks after he passed to actually hear someone say, 'Teddy died.' That really got to me because, let's face it, that's exactly what had happened. Sadly, I think society's ingrained behaviour of not speaking about the death of a baby because it is too painful had rubbed off onto so many of the people we knew. Which left us as the ones who had to speak up. If we weren't prepared to say it, then it would seem that no one would, and I didn't want Teddy to become some kind of unspeakable event.

Even the letter that I received from the obstetrician at the hospital made me inclined to believe that people weren't going to accept Teddy as a person, that they wouldn't use his name. The week after he had died I received a phone call from the obstetrician's secretary asking me if I wanted to make a further appointment to discuss the delivery of my baby. In that moment I wanted the ground to swallow me up: she didn't know. I stumbled and stuttered to find the right words and eventually blurted out, 'I had my baby, last week, and he. . .he died.'

Now it was her that wanted the ground to do its thing and allow her to disappear from the other end of that phone call. The silence on the end of the phone deafened me. 'I am so, so sorry. I didn't have those notes here. I should never have called you, I didn't mean to upset you.'

The phone call swiftly ended and I sat stunned, trying to figure out who felt worse out of the two of us. What baffled me next was the follow-up letter. It arrived a few days later when the secretary must have explained to the obstetrician that she had committed the crime of breaking Rule 101 of the NHS: don't ring the lady whose baby has just died and ask her to come in to discuss delivery of a living baby.

The letter read, 'I am very sorry to hear about the unfortunate outcome of your pregnancy. . .' Not that my son has been born and had died, not that I had just lost my firstborn child – no, Teddy had apparently become my 'unfortunate outcome'. Teddy had become a nameless, faceless child, not just a dead one.

Teddy wasn't an 'outcome' or a sad event, he was a person; my son. I wanted to rip the letter up into a thousand pieces and throw it out of the window. It made me so angry that this man didn't recognise my son as a person. I didn't rip it up, though. I waited until I saw him for a follow-up appointment some weeks later and took it with me. Let's just say that I think he'll most likely re-think his use of wording in the future should a similar situation arise. All I wanted to be sure of was that no other mother would ever have to open a letter again that made them feel how I was made to feel. No one should *ever* be made to feel like that.

There was a situation when talking to a well-meaning friend that made me feel almost as bad, like no one would ever really see Teddy as my child. It came after we had been given his diagnosis as to why he was so poorly and why he died. During that time, I was doing my best to explain to our family and friends what Teddy's condition had meant for him. It was at that point when one friend made a comment, one she probably didn't even realise she was making and didn't have an idea of its impact upon me as Teddy's mother. She asked, 'I don't understand why your body worked so hard to keep him alive? You would think a pregnancy like that, with a baby that wasn't going to live, would just have resulted in a miscarriage much earlier?'

What I heard, of course, was, 'Your son shouldn't have been born, you should have had a miscarriage.' Those words burnt into me and hurt so much. I know she was just trying to make sense of what had happened, trying in some way to make me feel less guilty, but the outcome of that remark was the exact opposite. I wanted to tell her why my motherhood was worth as much as hers, why her words hurt me so much; but I was at a time in my life when I felt so fragile, so broken, I couldn't muster the strength to tell her how those words broke me that little bit more.

Of course people say things they don't mean in the wake of something shocking. I just wanted people to be a little bit more mindful and a little bit more understanding that I had given birth to a baby, full term, and then he had died. I knew that if I wanted people's acceptance, to be seen as a mother, then I was going to have to work a lot harder to get there.

People began to often address us with that familiar sympathetic head tilt (they still do) when talking about 'What we had been through'. Some failed to even say anything, just the tilt, perhaps with a shrug of the shoulders and a pained sympathetic smile. Now generally The Sympathetic Head Tilt comes hand in hand with the Benchmark of Shit (see Chapter nine) and can only be performed when people feel so utterly sorry for your circumstances that they really don't know what to say. It's when they know what's happened and they are approaching you for the first time since 'the event'. (Nico and I joke about this now

– I see it far less these days, but when I see it coming I do try not to chuckle to myself.)

It started to make me feel so sad that no one felt they could mention Teddy for fear of upsetting me. I'm not sure if it was a conscious decision to take matters into my own hands, or whether it kind of just happened over the weeks that followed his death, but I found myself saying the words 'When Teddy died' or 'When I was pregnant with Teddy' or 'The day Teddy was born' on repeat when I spoke to people. Each time it was like ripping off that painful plaster again, and again, trying to hammer it home to my subconscious the truly painful reality that our son had died. I recall seeing the shock in people's eyes, watching them wince ever so slightly as the words left my mouth. I am not sure who was more shocked when I said it, them or me. Sometimes I would say it aloud and think to myself what a sad story. Then I would remember it wasn't a story at all, but what had happened to us.

The other reason I think many people struggled to talk about Teddy, to say his name and recognise him as a person who had existed, was because they never got to actually meet him. They didn't see him or hold him; he was just a photograph of someone who had existed for such a short time in the grand scheme of life. His little soul danced into this earth and fluttered out again, just like that. I didn't want him to be 'just a photograph'. I needed him to be remembered as Teddy; a member of our family. When we meet someone, we remember the things about them, the way they smiled or the sound of their voice. People didn't have any of those tangible things of Teddy's to hold on to. All they had were our photos and our stories about his short time with us, which meant we had to try that little bit harder to bring those memories to life when we spoke so that people felt close to him.

As my closest friends began to talk about him and say his name, they would do so tentatively, like they were just trying it to see how it sounded out loud. I noticed their voices dipped in volume as those two syllables of his name began to creep into their conversation. I didn't care how quietly they were saying it. Or how weird it may have felt for them at first. All I could think was that my goal had been achieved – I said his name so often that they had begun to feel empowered enough to do the same. It was as though they could see that hearing his name aloud brought a smile to my face, one that represented the glow of a new mother; not the hurt and pain that his death had brought upon us.

I heard this phrase after Teddy died: you will learn

to feel the love more than the loss. For me, that's exactly what saying his name aloud was enabling us to do. By hearing it, normalising it and acknowledging his existence, we were filling that cavernous space of loss with love, so much love. Each time someone said his name or wrote it in a card, it filled that hole a little more. That was what I wanted to feel, especially after the early months of grief and loss had passed. I didn't want to live out the rest of my days in that murky bubble of grief and shock, I wanted to immerse myself in that love that we had for Teddy and start to do positive things in his name.

Writing his name down became a new hobby of mine. At first it was in letters to him in my notebook, but then it became anywhere I could – in the condensation of windows, in the sand of our favourite beaches, anywhere that made him feel that little bit closer. I would write it down in different ways in my notebook, lines and lines of just 'Teddy'. I would find myself wondering how he would have written it when he got old enough to write; would he have big swirly writing like mine, or my husband's less glamorous 'spider writing'? (I obviously hoped that it wasn't the latter!)

There were always safe places I could find to write

his name. The beach was my absolute favourite. I will never ever tire of seeing those five letters in the sand, even though Boris does his best to dig them up as I write them! As I said in Chapter 11, the Warriors all made a habit of writing names in the sand, we still do. There is something about seeing all of the babies' names together that warms my heart; to me it makes it feel like Teddy isn't lonely and that I shouldn't be scared for him. I take so much comfort in seeing his name surrounded by others, but at the same time it always saddens me to see them all there together. I think it's facing the reality of knowing that all of them are gone; it just seems too cruel, too impossible.

Their names have been all over the world now, but for me my favourite place to see Teddy's name will always be Constantine Bay. That beautiful place means so much to us, and seeing his name there just makes him feel so much closer. Sometimes I see other people walk by and read it as they pass us. I wonder if they wonder who Teddy is or if one day they might ask us? Sometimes I get the urge to shout at them as they pass and I see them looking, '*He's my son.*' But, for now, just knowing that more people get to see those five letters is enough for me.

I found it nearly impossible to decide what to do when it came to signing cards from us – should I include Teddy's name? Or was that too weird? I mean he *was* here, he *is* part of our family, but he was never *really* here, you know, long-term. It was such uncharted territory for us as a family, such a minefield; I knew there wasn't a wrong or right answer in how to deal with it, and I didn't want to upset anyone.

When our first Christmas without Teddy was upon us, I knew I would have to make some kind of decision on how I was going to acknowledge him. I was actually so scared about the prospect of writing Christmas cards and not writing his name in them that I decided to make a donation to a baby-loss charity in Teddy's name, to the value of what I would usually spend on cards and postage. I went on to social media to explain to everyone what I was doing. It was partly because we were only just six months on from losing him, but also because I couldn't cope with not seeing his name in those cards or writing it and then people thinking I had totally lost the plot.

I was off the hook from that particular task, and feeling rather smug that I had thought of a way to escape it, but there were still a few cards to write, ones to family and our very closest friends. I wanted to thank them all for being there for us through what had been the most difficult year of our lives.

After much deliberation I settled on a little 'T' inside a hand drawn star, just to the top right corner of our names. It made me feel like I had included Teddy. I know it might not suit everyone, but it felt right for us, and I have continued doing it to this day. Every time I write a card and put that little 'T' in it, it makes me feel proud that we are continuing to include Teddy in our family story. I never want that 'T' to disappear.

I think my love of writing Teddy's name was definitely what inspired me to write and share with others. I wanted to show people how healing it could be to just 'say it out loud', and to make them realise that there should be no shame associated with that. I also find myself writing those words again, over and over, 'When Teddy died.' It was like a kind of therapy for me, I suppose, seeing them there in black and white.

The first time I typed those words in a blog post I recall the burning in my eyes, that familiar feeling welling up ready to let those hot, heavy tears flow down my cheeks again. It was that reality check, the one that made me read it over, again and again, until I understood the impact of its meaning. Teddy had died.

There was something so cathartic about writing and sharing in those first months of the blog, that I found my words and feelings just came flowing out so easily. I never found any trouble in finding the 'right' thing to say when talking about my feelings that surrounded losing Teddy; I guess I was very lucky in that respect. I had given myself enough time to get those feelings straight in my head and now I was in a position to write those words.

The most impactful thing for me started when people began to write them back. Comments and emails that started with 'My daughter died'. Some even said things like 'I don't think I have ever written that before' or 'I have never told anyone I felt like that as I don't know who to share with.' It made me feel like the pain I had felt writing those three words 'When Teddy died' had been so worth it. It meant other people could say them too.

I don't think I understood the magnitude of what it would mean to just say those things, out loud, with an air of ease and nonchalance (not that inwardly I felt either of those things) – that it would help other bereaved mothers to talk, and to acknowledge their babies out loud; some who had never done so in decades. When I realised the enormity of that effect,

I knew it was the right thing to keep on writing and saying those three words.

Society still has a long way to go when it comes to talking about child death in an everyday conversation. When someone says, 'Do you have any children?' I usually have to decide in a moment whether I am going to share Teddy with them or not. I have to decide whether my heart is strong enough that day to say his name aloud and tell them that he died without the risk of bursting into tears. Usually because I don't want to cry in front of a stranger, but also because I don't want them to think they have upset me, or that having to talk about Teddy has upset me. Talking about Teddy and saying his name never upsets me, but sometimes in that moment when I have to play back the reality that we lost him, that's when I crack, and I can't hold back the tears.

It doesn't happen every time now, but it does still happen and I have to be prepared for it. The problem I think we have is that 'So, do you have any children?' or 'Is this your first pregnancy?' is such a commonplace question, one we would regard as casual chit-chat, but we don't really know the impact it could have on the person we are speaking to. We don't realise we might be putting them in a position that means they might have to share their story with us and give us a little piece of their heart.

I have had so many mixed reactions from people when I have told them about Teddy. My answer varies, but I tend to go along the lines of, 'Yes, I have a son, Teddy, but he only lived for three days and sadly never made it home with us.' It has taken me almost two years to practise that answer; saying it to myself at home so that I might be well-practised enough not to cry when I actually have to use it as my answer to a question from a real person. The first reaction, without a doubt, is always, 'Oh, I am *so* sorry.' People are always sorry, that's very British I think, we just can't help ourselves. I think it's a natural reaction and it's what we are almost trained to say as the reaction to the news of anyone passing away.

The bit that always troubles me, though, is what comes next, or should I say what doesn't come next? It is people's inability to take the conversation on from there, to say something (anything?) else. The awkwardness just kind of hangs there in the air, waiting for me to say something else about it, or for a complete U-turn in conversation to take place.

Een overdosis GIRLpower

Een overdosis GIRLpower

Loes Hazelaar

LANNOO

Voor HQ

Kiki – Blijven ademen.

Hoe oud moet je zijn voordat je een eerste keer niet meer eng vindt? Rustig blijven ademen. Ik loop de klas in, mijn voeten brengen me naar de derde rij tafels, en ik plof snel op een stoel neer. Als ik maar eenmaal zit. Dan zie ik wel weer verder. In de verte klinkt een zoemer: het signaal dat het lesuur begint. De eerste schooldag na de zomervakantie. Ik voel de gedachten door mijn hoofd deinen. Mijn hoofd is een golfslagbad: altijd in beweging, op en neer, heen en weer, eb en vloed. Ik zit op de stoel en plant mijn voeten stevig naast elkaar op de grond. De nerveuze angst die vanuit mijn maag komt opzetten, probeer ik via mijn voeten in de grond af te voeren. Ik staar naar de vloer. De rubberzolen van mijn gympen geleiden de bliksemende paniek uit mijn lijf. Laat het gaan. Een liedje, een liedje, zing een liedje. Ik zing het liedje dat Ella me geleerd heeft: geluidloos echoën de woorden in mijn schedel. Een lage stem doorkruist de tonen in mijn hoofd.

'Hé, wie ben jij?'

Ik kijk op. Een meisje staat naast mijn tafel – hoewel het nog absoluut niet als mijn tafel voelt. Ik zie een zwart strak rokje, oranje truitje, piekend pikzwart haar en knalrode lippen. Een meisje met een jongensstem.

'Ik ben Kiki. Kiki Vermaten', antwoord ik. Mijn stem hapert een beetje. Adem vanuit je buik en laat je stem los, laat de woorden soepel rollen, als de golven.

'Ben jij de nieuwe?'

Ik knik. 'En wie ben jij?' vraag ik.

'Hilde. Wilde Hilde', grijnst ze. Haar ogen glinsteren trots.

De klas stroomt vol. Leerlingen wringen zich langs elkaar heen, maar Hilde laat zich niet opzij duwen. Ik zie dat ze gebaart naar een blond meisje dat in de deuropening staat. Zij steekt knikkend haar duim op naar Hilde. Hilde draait zich weer naar me toe en vraagt:

'Zal ik naast je komen zitten? Hou je van dollen?'

Ik knik weer. Hou ik van dollen? Ja, ik hou wel van lachen. Maar alleen als er echt iets te lachen valt. En dat was niet zo vaak, de laatste tijd.

Hilde laat zich naast me op de stoel vallen.

'Dolle Kiki en wilde Hilde. Klinkt lekker, hè?'

Weer knik ik. Ik voel haar vurige energie tintelen tegen mijn huid.

Dan priemt er iets in mijn rug, merk ik. Ik ga rechtop zitten en draai me om.

Twee pikzwarte ogen kijken me strak en zonder te knipperen aan.

'Dat is Zora. Onze 1001-nacht prinses', fluistert Hilde naast me. Zora zit kaarsrecht, haar lange slanke vingers liggen uitgespreid voor haar op tafel.

Ik zeg kort: 'Hoi, ik ben Kiki.'

'Ik heb je nog nooit gezien, weet je', reageert Zora, 'waar kom je vandaan?' Haar stem sleept de woorden met zich mee: melodieus en traag. Ondertussen maakt ze een fel afwerend gebaar naar een meisje dat naast haar wil komen zitten en snauwt: 'Wegwezen, hier zit Mandy.'

'Ik kom uit Utrecht. We zijn in de zomervakantie hierheen verhuisd', antwoord ik.

'Waarom zijn jullie verhuisd?' vraagt ze.

Ik probeer rustig te blijven ademen onder haar indringende blik. Ze lijkt de antwoorden uit mijn hersens te willen zuigen met die ogen. Maar ze krijgt ze niet. Ik hoor geklap, glimlach kort – zo nep als maar kan, zou Zora het merken? – en draai me om. Er staat een man voor in de klas. De leraar. Ik sluit een paar seconden mijn ogen en open ze weer. Een paar meisjes passeren de man. De laatste leerlingen gaan zitten.

Hilde sist: 'Mussjeu Ravage. Frans.'

De man schraapt zijn keel en klapt weer in zijn handen.

'Mesdames et messieurs! Attention s'il vous plaît. Voor degenen die mij nog niet kennen: ik ben Simon Ravas. Je kunt me gewoon Simon noemen. Ik ben leraar Frans en jullie mentor het komende jaar.'

'Olalalala, Simon, quel bel', zingt zacht een stem achter me.

'Mandy, jij femme fatale', fluistert Hilde.

'Je veux l'amour', zingt de stem.

Ik kijk achterom. Naast Zora zit nu Mandy. Ze lijkt het diapositief van Zora te zijn. Helblond haar, lichtblauwe ogen. Het is het meisje dat haar duim opstak in de deuropening. Ze glimlacht naar me.

'Welkom allemaal in jullie derde jaar. Een nieuw schooljaar. Nieuwe kansen. En een nieuwe leerling in de klas.' Hij wijst mijn kant op en mijn adem stokt. Blijf ademen, blijf ademen. Alle ogen staren naar me, speldenprikjes steken in mijn zenuwen. De leraar loopt tussen de tafels door naar me toe.

'Wil je je voorstellen?' vraagt Ravas aan mij. Nee! Kijk niet naar me!

Ik haal diep adem en laat de lucht weer langzaam ontsnappen.

Mijn stem zegt kalm: 'Ik ben Kiki Vermaten, ik kom uit Utrecht en we zijn in de zomervakantie hierheen verhuisd.' Ik peil even snel de gezichten rondom me, de meeste jongens en meisjes knikken naar me of glimlachen. Meer hoeven ze niet te weten, dit is wat ik kwijt wil.

'Leuk dat je er bent. Het zal wel een fikse omschakeling voor je zijn: van zo'n grote stad naar een provincieplaats. Heb je nog broers en zussen?' vraagt Ravas.

Ik schud zwijgend mijn hoofd. Nee, die heb ik niet. En geen vrienden. Ik heb alleen ouders. En twee huisdieren. Boven het bord hangt een stationsklok. De secondewijzer tikt in de stilte. Mijn hart slaat volgens mij wel drie keer op elke tel, roffelend als een trommel. Kijk niet naar me!

'Goed, nou, welkom en veel succes op het Almonde College', zegt Simon Ravas.

Ik knik en Hilde fluistert: 'Dat gaat wel lukken hè, dolle Kiki?' De leraar draait zich om en loopt pratend naar voren.

'Mesdames en messieurs, mochten er zich dit komende schooljaar problemen voordoen van welke aard dan ook, aarzel dan niet ze met mij te bespreken. Daarvoor ben ik jullie mentor. En laten we nu beginnen met la belle langue française.'

Na de Franse les volg ik Hilde naar het volgende lokaal. We lopen door de grote rechthoekige aula en gaan een brede trap op naar de eerste verdieping.

'Best een grote school voor zo'n shitstadje, hè?' zegt Hilde terwijl we de trap oplopen.

'Ja, best wel', antwoord ik.

'Je vorige school was zeker veel groter?'

'Ja.'

Ik heb geen zin om te praten of vragen te beantwoorden. Het is beter als ik de vragen stel, dan stopt Hilde in ieder geval met mij uit te horen.

'Hoeveel leerlingen zitten er op het Almonde?' vraag ik.

'Mwa, ik denk bijna zevenhonderd.'

'Zijn Zora en Mandy vriendinnen van je?'

'Heb je het over ons?' hoor ik een inmiddels bekende trage stem achter me.

Ik draai me om op de bovenste tree en kijk recht in de gezichten van Zora en Mandy.

'Ben je nu al over ons aan het roddelen?' vraagt Mandy glimlachend.

'Nou, ze kletst heel wat af!' zegt Hilde.

'Hoe was je op je vorige school? Een kletskous of juist een stille?' vraagt Zora.

'Ergens ertussenin, denk ik', antwoord ik.

'Niks bijzonders?' vraagt Mandy.

Ik aarzel en antwoord: 'Nou ja, iedereen heeft natuurlijk wel wat bijzonders. Ik ben nogal gevoelig, als je dat bijzonder wilt noemen.'

'Ik ben bijzonder lomp', lacht Hilde.

'En ik ben altijd de beste', zegt Mandy. Ze meent het serieus, dat zie ik aan de manier waarop ze haar kin opheft.

'En ik very geheimzinnig, weet je.' Zora kijkt me strak aan.

'Zijn jullie vriendinnen?' vraag ik.

Ze kijken elkaar een moment zwijgend aan en dan knikken ze gelijktijdig.

'En we zijn linke ladies', voegt Hilde toe.

'Wil jij met ons clubje meedoen?' vraagt Mandy.

Ik aarzel. De lucht drukt opeens op me, voel ik. Het is of ik me met mijn antwoord bind aan deze drie meiden. Maar ik

ken ze amper. Of vat ik het te zwaar op? De brede trap voelt
even als een hoge duikplank. Ik sta onvast. Kiki, doe wat vlot-
ter en relax, spreek ik mezelf toe.

'Lijkt me leuk', zeg ik dan.

'We gaan je dan nog wel een keer screenen, hoor. We willen
weten wat je kunt. Waar je goed in bent, en dat soort dingen',
zegt Hilde, 'even checken wat je chickpitscore is.'

'Chickpit?' vraag ik.

'Ja, of je lef hebt', zegt Mandy.

'Geintje', lacht Hilde.

Zora bestudeert me met haar donkere ogen. Het zijn net
zwarte gaten. Valkuilen.

De volgende twee uur zitten we steeds in dezelfde formatie in
de klas. Ik naast Hilde en direct achter ons Zora en Mandy.
In de kleine pauze lopen we met z'n vieren naar buiten. Ik
volg de drie meisjes. De zon schijnt over het plein. De stralen
verwarmen mijn hoofd, maken de golfslag in mijn schedel
lomer. Ik ontspan mijn schouders.

'Kom, we gaan naar ons bankje', zegt Mandy.

'Het bitchbankje', grapt Hilde.

Bij het hek dat het plein van de straat scheidt, gaan we zitten
op een ijzeren bank. Er lopen groepjes leerlingen over het
plein; jongens met jongens, meisjes met meisjes, soms een
stelletje. Stemmen waaien in de wind. Een lange, donkerha-
rige jongen racet op een fiets voorbij op weg naar de stalling.
Hij kijkt aandachtig onze kant op. Zora steekt haar hand even
omhoog en hij zwaait terug.

'Domien is laat', merkt Zora op.

Mandy negeert Zora's opmerking. Of zou ze het niet gehoord
hebben?

Hilde neemt een pakje sigaretten uit haar tas – een grote

felgebloemde – en biedt er mij ook een aan. Ik schud mijn hoofd.

Een gezonde geest hoort in een gezond lichaam, hoor ik de stem van Ella in mijn hoofd.

Zora en Mandy roken ook niet, zie ik.

'Zullen we na school naar jou gaan, Kiki?' stelt Mandy voor. Ik voel weer dezelfde schok als vanochtend, toen iedereen in de klas naar me keek.

Ik wil niet dat ze naar me kijken, dat ze me zien. Maar aan de andere kant wil ik juist wel gezien worden. Houden die kibbelende stemmen in mijn hoofd ooit op? Ella zei van wel. Als er geen ruzie in je hoofd is tussen wat je denkt en voelt en doet, dan is er vrede, zei ze. Maar ja, ik weet niet altijd wat ik voel en denk en wil, zeker niet als ik opeens een keuze moet maken of direct moet beslissen of antwoorden, zoals nu. Ik ben bang dat ik het fout doe. Niet liegen maar eerlijk zeggen wat je vindt, dat voelt goed en sterk. Dat is het beste, dat zul je merken, beloofde Ella.

'Nou, ik weet niet of dat nu zo'n goed idee is. Ik vind het hartstikke leuk als jullie komen, hoor, maar het huis is nog niet helemaal af. Mijn ouders hebben nog een weekje nodig om de boel op te ruimen en in te richten', antwoord ik.

'Waar woon je eigenlijk?' vraagt Zora.

'De Maliesingel. Nummer 18.'

'Chic. Zijn je ouders rijk?' vraagt Hilde terwijl ze een grote haal aan haar sigaret neemt.

'Nee, niet echt. Gewoon. Mijn oma is verleden jaar overleden en toen heeft mijn moeder wat geërfd. Vandaar dat we groter konden gaan wonen, buiten de stad. Hartenwens van mijn ouders.' Dat lieg ik, maar dat is om bestwil.

'Het is maar wat je wenst. Ik vind dit gat een nachtmerrie', hinnikt Hilde.

'Ben je wel eens blijven zitten?' vraagt Mandy.

Nee, niet liegen nu! Leugens maken het leven alleen maar ingewikkelder, je hoofd nog voller, zei Ella.

'Ja, verleden jaar', antwoord ik.

'Dus je doet 3 HAVO nu voor de tweede keer?'

Ik knik. Mijn keel knijpt zich samen. De woorden willen verborgen blijven, ze liggen zwaar opgestapeld in mijn maag. Verzwijgen is geen liegen, vind ik. Maar je krijgt er wel buikpijn van, zei Ella.

'Zijn jullie wel eens blijven zitten?' vraag ik snel.

Ze schudden hun hoofd.

'Dat lukt mij niet, al zou ik willen', reageert Mandy. 'Ik ben gewoon te slim en te goed.'

Hilde hoest even en zegt: 'Ja, zo zijn we allemaal ergens goed in.'

'Hebben jullie al gelezen op de website over het schoolproject dit jaar?' vraagt Zora.

'Catwalk Cats, bedoel je?' vraagt Mandy.

Zora knikt: 'Zo cool.'

Hilde tuit haar lippen en blaast de sigarettenrook uit in felle stoten.

'Doen we mee?' vraagt ze aan niemand in het bijzonder.

'Ja hèhè, zeker weten!' roept Mandy en ze springt overeind. Met haar handen op haar heupen en met lange passen paradeert ze voor ons heen en weer. Ik ben dolblij dat ik het gespreksonderwerp niet meer ben. Ik weet waar ze het over hebben. Gisteravond had ik – voor het eerst – de site van het Almonde bezocht en over Catwalk Cats gelezen. Een modeproject waarbij ontwerpteams een eigen collectie van twee outfits mogen maken: een hippe set voor overdag en een chic ontwerp voor een avondfeest. Die worden op woensdag 1 oktober – over drie weken – tijdens een grote modeshow gepresenteerd in de aula. Hoofdprijs: drie dagen Parijs in de herfstvakantie met het winnende team van vier, roep ik de gegevens op. Mijn geheugen is perfect, mijn hersens werken feilloos. Het zijn niet de feiten en weetjes in mijn hoofd die me dwarszitten, maar het is de manier waarop ik omga met mijn gedachten. Die zijn mij soms de baas. Feitjes laten zich oproepen en weer wegsturen als gehoorzame bedienden, maar mijn gedachten niet: die houden stand, dag en nacht, houden me wakker. En hoe krom ze ook zijn, vaak zijn ze mijn waarheid. Meer waar nog dan de feiten. Die meiden zouden mij eens moeten horen denken. Krankjorum!

Zora kijkt me vragend aan: 'Weet jij eigenlijk wat van mode?' Ondertussen lijkt ze me te scannen van top tot teen: mijn stoere laarzen, merkspijkerbroek, peperdure shirt. Ik zie er hip en cool uit, weet ik. De buitenkant.

'Mijn moeder zit in de mode. Ze heeft een boetiek in Utrecht', verklaar ik.

'Wow, dat is super. Daar kunnen we inspiratie opdoen!' roept Mandy. Ze komt voor me staan en grijpt mijn handen vast. 'Oké, jij doet ook mee, Kiki.'

'Dat is dan geregeld, ons team is compleet', zegt Hilde, terwijl ze haar peuk achteloos in de struiken achter het hek mikt. De bel zoemt over het plein.

Zora – De Catwalk Clash

Een vreemde meid, die nieuwe, denkt Zora terwijl ze zo langzaam mogelijk naar huis fietst. Lang en slank, bruine haren, groene ogen. Een mooie meid. Zora voelt jaloezie gloeien in haar borst. Alle jongens zullen gek van Kiki zijn. Ook Domien, vast en zeker. De jaloezie lijkt nu een gat in haar borstbeen te branden. De kleren van Kiki zijn zo hot. Maar ze zei niet zo veel, had Zora gemerkt, wat zou ze denken, die nieuwe? Mandy had alleen maar aandacht gehad voor de boetiek van de moeder van Kiki, sinds ze erover gehoord had. De rest van de dag had die dus met Kiki gekletst over waar en hoe groot de boetiek precies is, welke soort kleding er verkocht wordt en wanneer ze samen naar de boetiek zouden kunnen gaan om de collectie te bekijken. Blablabla. En dat Kiki perfect hun ontwerpen zou kunnen showen straks, omdat ze eruitziet als een fotomodel. Na school had Kiki haastig afscheid genomen. Ze was bleek geweest, had Zora gezien.

'Ben je niet lekker?' had Zora gevraagd toen ze nog even met z'n vieren op het plein stonden te kletsen.

'Jawel hoor, alleen beetje hoofdpijn. Ik zal wel ongesteld moeten worden. En die verhuizing en zo. Ik ga naar huis, ben bekaf', had Kiki geantwoord.

Ze was naar de stalling gelopen. Even later was ze hen op haar fiets voorbij geracet.

'Wat vinden jullie van haar?' had Hilde gevraagd.

'Cool', antwoordde Mandy.

'En hip', zei Hilde.

'Wel een beetje vreemd, weet je', had Zora toegevoegd.

'Da's toch logisch! Ze is toch ook nog vreemd hier', had Hilde lachend opgemerkt.

Zora gaat nog trager fietsen. Met een beetje mazzel komt Domien er zo aan, hij moet haar kant op. Ze is al sinds ze hem voor het eerst zag verliefd op hem, maar hij merkt het niet. Of wil het niet merken. Bijna ieder meisje op school heeft wel een oogje op hem. Mandy ook, al had Zora daar nooit iets van gemerkt. Mandy had in de zomervakantie zelfs even verkering met hem gehad, had Hilde haar verteld. Eventjes maar, want het was na een week al uit en Mandy had er verder niets over gezegd, jammer genoeg. Zora had het zelf niet mee-gemaakt, want iedere zomervakantie zat ze in Marokko, zoals altijd, en ze was afgelopen zaterdag pas teruggekomen. Zora staat nu bijna stil. Nog langzamer en dan valt ze met fiets en al om. Waar blijft Domien nou? Of zou hij niet komen? Ze kijkt achterom. Niets. Hij komt niet. Ze zucht, maakt vaart en fietst haar eigen straat in. De rijtjeshuizen volgen elkaar links en rechts van de straat monotoon op. Zora draait een smal steegje in aan het einde van een blok. Ze rijdt met haar fiets over het slordig betegelde pad, slaat links af en stopt bij een hekje. Ze stapt af, opent het hekje en rijdt haar fiets een houten schuurtje binnen. Ze sluit de schuurdeur achter zich, trekt een sjaal uit haar schooltas en bindt die om haar hoofd. Dan loopt ze naar het huis. De achterdeur is vaalgroen, de verf bedekt amper nog het hout. Zora drukt de klink naar beneden. Het moment dat ze de deur opent, springt de herrie haar tegemoet. Meestal een mix van een krijsende peuter, loeiende muziek en een schreeuwende tv. Een broer die keihard zijn favo songs draait op zijn kamer en een vader die geen enkel Marokkaans televisieprogramma wil missen en het volume voluit zet. Haar familie. Hoe zou het zijn bij die nieuwe thuis? In het chique huis van Kiki?

Zora gaat de keuken binnen, zet haar tas in de hal en loopt de kamer in.

Zora's vader zit op de bank met de afstandsbediening in zijn hand. Naast hem zit haar broertje Nader van negen. Hij kijkt met een lege blik naar het flikkerende scherm. Haar moeder is de vensterbank aan het stoffen terwijl ze Zora's jammerende peuterzusje in haar armen sust.

Haar vader blikt even fel naar Zora en commandeert: 'Zet thee! Je moeder is druk.'

En jij dan, papa, ben jij druk? Jij zit maar op je kont en doet niks, helemaal niks. Sukkel!

Maar ze zegt het niet hardop. Als ze hem tegenspreekt, wordt hij hels. En zijn handen zijn hard. Zora loopt terug naar de keuken en zet een ketel met water op het gasfornuis. Terwijl ze wacht tot het water kookt, hoort ze haar broer de trap afkomen. Een zware, bonkende stap. Kamal komt de keuken binnen. Hij lijkt haar niet op te merken en trekt de koelkast open. 'Ook hallo', zegt Zora.

Hij kijkt haar over de koelkastdeur aan. Zijn zwarte haar hangt slap langs zijn bleke, mollige gezicht. Zijn ogen staan dof. Kamal houdt van uitgaan, uitslapen, eigenlijk van veel dingen die met 'uit' beginnen, denkt Zora. Kamal heeft of zoekt problemen.

'Hoe was het op school?'

'Wel leuk. We hebben een nieuwe in de klas, weet je. Ze komt uit Utrecht en ze woont aan de Maliesingel.'

Zijn wenkbrauwen schieten omhoog. 'Da's een vette wijk. Die zullen wel veel poen hebben.'

Ze knikt. Kamal sluit de koelkast en opent een keukenkastje. Hij verdwijnt met een volle fles cola en een zak chips de trap op naar boven. De ketel begint te fluiten. Ze giet het water in de theepot en hangt er twee theezakjes in. Haar vader houdt van sterke zwarte thee met veel suiker. Ze zet vier glazen en de theepot op een dienblad en loopt voorzichtig de kamer in. 'Zet maar op tafel. Ga je huiswerk maken. Naar boven!' blaft haar vader.

'Kamal, mag ik even op je pc?' vraagt Zora na het eten. Haar broer ligt languit op zijn bed en de computer staat werkeloos op een tafel voor het raam.

'Mij best', bromt hij.

Ze zoekt eerst de site van het Almonde op en bekijkt de pagina over de Catwalk Cats. Parijs. Ze is nog nooit echt op vakantie geweest. Iedere zomer naar een achterlijke familieboerderij in de stoffige Marokkaanse binnenlanden kan ze geen vakantie noemen. Een echte wereldstad heeft ze nog nooit gezien. Daarom alleen al wil ze aan het project meedoen. Hun team maakt kans, dat weet ze zeker. Mandy wil sowieso altijd winnen en ze is modegek. Hilde is handig. Zijzelf kan goed naaien. Borduren en stoppen, geleerd van haar oma en moeder in de saaie zomervakanties. Dat komt nu eindelijk eens van pas. En Kiki? Die heeft een moeder met een boetiek. En ze zal de kleren showen. Waarom geeft dat haar zo'n rotgevoel? Woest en triest tegelijk. Het is meer dan alleen jaloezie. Het is verdriet om wat ze mist, woede om wat ze niet krijgt, in deze puinbak waar ze woont. Ze hoort dat Kamal steunend opstaat van zijn bed en achter haar komt staan. Hij zwijgt, wijst naar het scherm en vraagt:

'Doe jij mee aan dat modegedoe?'

'Ja, zo gaaf, je kan er een reisje naar Parijs mee winnen, weet je.'

'Parijs?' herhaalt hij op lage toon.

'Ja, in de herfstvakantie, zo super!'

'Als jij maar niet denkt dat jij naar Parijs komt!' valt Kamal uit.

Zora voelt de bekende boosheid opkomen die ze altijd voelt als haar vader en broer weer eens de baas denken te moeten spelen over haar. Ze haalt een keer diep adem en zegt dan:

'Maak je niet zo druk.'

'Wie is we?'

'Mandy, Hilde, die nieuwe en ik.'

Om hem af te leiden tikt ze snel op de pagina 'nieuwe leerlingen'.

Bij de V van Vermaten duikt het gezicht van Kiki op.

Ze hoort Kamal zijn adem inhouden. Dan fluit hij een keer tussen zijn tanden en vraagt: 'Wie is dat chickie?'

'Dat is nou Kiki. Die nieuwe op school waar ik het over had.'

'Maliesingel 18. Het is dus een rijk én mooi chickie? Dat zie ik wel zitten', grinnikt Kamal.

'Ja vast. Maar zou ze jou zien zitten?'

'Hoezo? Wat is er mis met mij?' reageert haar broer fel.

Ze draait zich naar Kamal om. 'Nou, echt fris zie je er niet uit'. Ze bekijkt hem met opgetrokken wenkbrauwen, in zijn verfrommelde boxershort en smoezelige hemd. Ze schaamt zich rot voor haar broer en zijn loservrienden. Ze hangen maar wat rond, vallen iedereen lastig, hebben geen baan en gaan niet naar school. Ze vinden zichzelf stoer, voelen zich 'vrije jongens' omdat ze soms een klusje opknappen. Het zijn grote sukkels, allemaal.

'Jij hebt nogal praatjes. Nou wegwezen, ik wil op mijn computer.'

'Kun je nog wel lezen dan?' vraagt Zora spottend.

Hij heft zijn vuist op en Zora duikt weg.

'Raak me niet aan, Kamal', zegt ze op een lage toon.

'Jij moet uitkijken, zussie, met je grote waffel. Jij met je vriendinnetjes, je schooltje en je reisje naar Parijs. Vergeet het maar!'

'Ik ga echt wel als we winnen. Wacht maar af, weet je', zegt Zora fel, 'en wat wou je doen dan?'

Hij lacht minachtend en zegt: 'Jullie winnen toch niet. Denk maar niet dat jij zo speciaal bent.'

'En jij wel, dan? Jij doet niet eens moeite om iets te zijn, weet je. Sukkel!'

Ze draait zich om en loopt naar de deur. Dan wordt ze opeens hard aan haar haren naar achteren getrokken. Haar haarwortels protesteren. Kamal trekt haar ruw tegen zijn borst en sist in haar oor: 'Zussie, een beetje respect voor je broer. Anders krijg je klappen.'

Ze zegt kil: 'Laat me gaan, NU, anders roep ik papa.'

Hij laat haar los, zet zijn handen in zijn zij en grinnikt. Ze loopt zijn kamer uit en smijt de deur met al haar kracht achter zich dicht. Ze haat hem soms zo. Haat voelt koud.

Juist als Zora haar kamer weer inloopt, gaat haar mobiel. Ze pakt hem op van haar bureau.

'Hoi, met Zora.'

'Zoor, Mandy hier. Kom je naar me toe? We gaan vergaderen.'

'Hoe laat?'

'Over een kwartiertje.'

'Goed, dan ben ik er.'

Zora ploft op de bureaustoel neer en kijkt naar het opengeslagen boek voor haar. Alleen nog wat Franse woordjes leren, dan is haar huiswerk af. Dat kan ze morgenochtend voordat de school begint ook nog wel doen.

Ze staat op en stopt de mobiel in haar tasje. Wat zal ze nu eens bedenken om weg te komen? Huiswerk maken bij haar nichtje Gudrun? Dat is haar vaste smoes. Gudrun krijgt in ruil voor haar zwijgen iedere week een pakje sigaretten. Werkt perfect. Zora vist haar hoofddoek van het bed en knoopt hem om haar haren.

Kiki – Blijven praten

Ik fiets de Maliesingel in. Het is een brede laan die langs een gracht loopt. Achter de donkere strook water strekt zich een park uit met grote eiken. 'Dat zijn zeker eeuwenoude bomen?' had mijn moeder enthousiast gevraagd, toen ze het huis net voor de vakantie de eerste keer bezichtigd hadden. De makelaar had ijverig geknikt. Dat was twee maanden geleden geweest. Nu kijkt mijn moeder iedere dag genietend uit op die superbejaarde bomen. Soms wandelt ze in de avond een rondje met de hond door het park. Ze staat dan onderweg vast te knuffelen met die bomen, stel ik me voor. Ik ben eigenlijk al jaren geleden gestopt met me te verbazen over het gedrag van mijn moeder. Sinds drie jaar wil ze bijvoorbeeld geen mam meer genoemd worden maar Alice: dat vindt ze hipper. Nu heb ik dus geen moeder meer maar een Alice, pff, what's in a name. Als mam was ze ook niet echt mijn moeder. Rechts staan vrijstaande villa's. Ik stop bij nummer 18. Het huis oogt als een oud hotel – drie verdiepingen hoog, twee erkers, een serre, een veranda aan weerszijden van de voordeur, grote ramen – en zo voelt het ook. Het is geen thuis. Maar waar is het nu wel thuis? Nergens meer, nergens nog. Binnenkort wel weer, heeft Ella beloofd, dan voel je je weer thuis waar je bent. Ik loop de oprit in en zet mijn fiets tegen de zijmuur van het huis. Dan loop ik verder over het brede pad naar de serre. Mijn moeder zit op de bank met de poes op schoot, zie ik door het glas. Haar lange, rode nagels strelen de witte pels van de dikke pers. Ik duw de deur open en stap binnen. Jesse de hond springt overeind en likt kwispelend mijn handen. Mijn moeder kijkt op en glimlacht vaag. Onecht. Dat zie je niet, maar voel je wel. Zo zal ze ook wel naar haar klanten in de winkel glimlachen, nee, cliëntèle, zo noemt ze ze.

'Hoe was het op school, darling?' vraagt mijn moeder. Alice, herinner ik mezelf. Alice wijst even naar de stoel tegenover haar.

'Best leuk', antwoord ik en ik ga op de stoel zitten. De tas gooi ik voor mijn voeten neer. Jesse zet zijn poten op mijn benen en likt mijn wang.

'Jesse, down!' zegt Alice gebiedend.

Mijn vader komt de serre binnen. Hij loopt naar me toe, buigt zich voorover en kust me op mijn wang. Niet zo nat als Jesse, gelukkig.

'Dag lieverd van me. Ging het goed vandaag?' vraagt hij. Terwijl hij me afwachtend aankijkt, gaat hij naast mijn moeder op de bank zitten. Die blikt even geërgerd zijn kant op. Zouden ze weer ruzie hebben gehad? Ik voel de spanning tussen mijn ouders, die klemt als een strakke helm om mijn hoofd. Mijn lichaam zegt altijd wat er aan de hand is, wat mensen ook verscholen willen houden, ik voel het toch. Ella zei dat dat een gave is, maar eentje waarmee je moet leren omgaan. Een hooggevoelig meisje ben ik. Was ik verdomme maar hoogbegaafd! Dat zou stukken handiger zijn geweest. Dan was ik niet blijven zitten. Al had dat natuurlijk niet alleen met mijn wel of niet begaafd zijn te maken... Ik schud even

mijn hoofd, niet aan denken. Gedachten kun je zelf contro-
leren: niet aan denken betekent ook dat je er niets bij hoeft te
voelen. Want wat je denkt, dat voel je, had Ella me uitgelegd.
Probeer maar eens uit, zei ze: ook al is het niet echt warm,
als je denkt dat het warm is, krijg je het vanzelf warm. En al
vinden mensen je leuk, zolang je zelf denkt dat ze je niet leuk
vinden of denkt dat je zelf niet leuk genoeg bent, voel je je
niet geliefd. Dat is de misleidende kracht van de gedachte. Zo
werkt het, zei Ella. Gedachten zijn lang niet altijd waar, maar
je lijf, je gevoel, dat spreekt de waarheid, altijd, had Ella me
verteld. Daarop mag ik vertrouwen, weet ik nu.
'Heb je al wat klasgenoten leren kennen?' vraagt mijn vader.
'Ja, ik zit zelfs al in een clubje', antwoord ik.
'Wat?! Maar dat is geweldig, darling! Ik had het gehoopt maar
niet verwacht dat je zo snel weer vriendinnen zou maken',
reageert Alice.
'Ik hoefde er eigenlijk niets voor te doen, het ging vanzelf',
vertel ik. Het verbaast me zelf eigenlijk ook, dat het zo makkelijk ging. Bijna of het de bedoeling was.
'Ah, dat zijn de mooiste vriendschappen, schat, degene die als
vanzelf komen', zegt mijn vader vriendelijk.
'Wie zijn het?' vraagt Alice.
'Ze heten Mandy, Zora en Hilde. En we doen samen mee
aan de modeontwerpwedstrijd op school: Catwalk Cats heet
het. Daar kunnen we een reisje Parijs mee winnen. Mandy is
helemaal gek van mode. Ze wil ook graag een keer in jouw
boetiek kijken. Het liefst zo snel mogelijk. Dan kunnen we
inspiratie opdoen.'
'Jij?!' roept mijn moeder uit.
'Nou, ik ontwerp niet, hoor, maar Mandy. Ik doe mee omdat
ze willen dat ik de collectie straks show op het podium', antwoord ik. Ik voel mijn moeder denken: nee maar, wat een

lef. Wat een verschil met verleden jaar. Dat denk ik zelf ook. Al had ik altijd wel lef, ook als klein meisje. Maar het lef is verleden jaar van me afgepakt. En nu pak ik het weer terug. Het is alsof die meiden me vandaag uit een tunnel hebben getrokken. Alles lijkt wat lichter dan gisteren. Al voel ik me bekaf van de eerste schooldag en ken ik ze maar net, ze geven me wel kracht: *girlpower.*

'Denk je niet dat ze willen dat je meedoet omdat ik een mode-zaak heb?' vraagt Alice scherp.

Ja natuurlijk, mam. Het gaat allemaal weer om jou.

'Alice, doe toch niet zo raar! Hoe kun je nu zoiets zeggen? Kiki is een leuke mooie meid, logisch dat ze vriendinnen heeft, die heeft ze altijd gehad', reageert mijn vader fel.

'Wanneer mogen ze komen kijken, Alice? Zaterdag of zo?' vraag ik.

'Dat weet ik nog niet, hoor, laat me daar even over nadenken', antwoordt ze kortaf.

De kat springt van haar schoot en landt met een bons op de houten vloer.

'Ik ga huiswerk maken', zeg ik en sta op.

'Kom je zo even theedrinken op mijn werkkamer?' stelt mijn vader voor.

'Ja, ben er over een halfuurtje', antwoord ik. Ik loop naar de hal en Jesse volgt me.

'De hond mag niet naar boven, Kiki, dat weet je!' roept mijn moeder me na.

Ik aai Jesse over zijn kop en kijk hem lang aan. 'Wat heb je een streng vrouwtje, hè? Het zal je moeder maar wezen', fluister ik in zijn oor. Hij likt me over mijn hand en gaat braaf liggen bij de eerste traptrede.

Ik heb een grote kamer met een hoog plafond. Hij heeft wel twee keer zoveel inhoud als mijn oude kamer in Utrecht. Ik vind het wel lekker, voelt spacy. Ik heb een nieuw withouten bed, een bureau met boekenplanken erboven en een schommelstoel. Er hangen nog geen gordijnen. Door het open raam zie ik de kruinen van de eiken in het park. Iedere dag wandelen of rennen of fietsen, veel bewegen in de buitenlucht is goed voor je, hoor ik Ella's stem in mijn hoofd. Ik heb haar beloofd iedere dag wat te schrijven in mijn dagboek, zodat het is of ik haar iedere dag even spreek. Ik ga op mijn bureaustoel zitten, zet de schooltas bij mijn voeten, en laat de pc onberoerd. Outlook controleer ik eens per week, Hyves bekijk ik niet meer, Windows Live Messenger bezoek ik niet meer. Wat niet weet, wat niet deert.

Ik haal mijn dagboek uit de bureaula, sla het boek open bij het volgende lege blad, pak een pen en begin.

Hoi Ella, schrijf ik.

Ik hou er niet van om altijd aan mezelf te schrijven, dus doe ik soms net of ik een brief schrijf. Aan Ella. Dan hoor ik de stilte. Doodstil. Als plotseling mijn mobiel gaat, schiet de pen uit mijn vingers. Ik grijp het toestel uit mijn schooltas. De mobiel is nieuw, gifgroen en lichtgevend. Ik houd hem bij mijn oor, hoor niets en leg het toestel naast het toetsenbord. Wie zou het geweest zijn? Ik tik het oproeplog in maar het nummer dat verschijnt, is onherkenbaar. Ik huiver even. Niet denken. Ik neem de pen weer tussen mijn vingers en schrijf:
Je zei toen ik wegging dat je niet wilt dat ik vereenzaam hier. Ik was het afgelopen halfjaar inderdaad eenzaam, zoals je weet. Maar ik vind het lang niet altijd erg om alleen te zijn, dat weet je ook. Soms ben ik zelfs liever alleen, zeker als er zoals vandaag een hele dag lang een hele klas op me let en naar me kijkt. Het

*was mijn eerste schooldag op de nieuwe school. En je zult het fijn
vinden dat ik al drie vriendinnen heb! Dus eenzaam ben ik hier
niet. Ik ga nu mijn allereerste huiswerk na de zomervakantie
maken. En daarna ga ik even kletsen bij mijn vader op zijn
nieuwe werkkamer. Mijn moeder wilde eigenlijk niet verhuizen,
zoals je ook weet, maar ze lijkt toch al helemaal gewend. Ze zit
hier precies zo te chagrijnen als in Utrecht. Onze verwende kat
Gruwella vindt alles best zolang ze maar te eten krijgt en Jesse is
blij met het park voor de deur. Ik schrijf snel weer.*

Ik sla het dagboek dicht en berg het op in de la. Daarna pak
ik mijn tas en trek mijn agenda eruit. Franse woordjes, een
hoofdstuk aardrijkskunde en twee opdrachten wiskunde. Ik
haal de boeken en schriften tevoorschijn en ga aan het werk.

Een halfuurtje later klop ik op de deur van de werkkamer van
mijn vader. Zijn kamer ligt precies boven de mijne, op de
derde verdieping.

'Binnen', bromt hij.

Ik duw de deur open en blijf even naar hem staan kijken.
Mijn vader zit achter een reusachtig notenhouten bureau
met hoge stapels boeken voor zich. Een vlieg zou tussen die
papiertorens kunnen verdwalen. Op de boekenplanken langs
de muren staan nog meer boeken en her en der aan de muur
hangen kapmessen, bogen met pijlen en speren. In een glazen kast heeft mijn vader zijn verzameling kleine steekwapens
uitgestald. Zakmessen en bijltjes liggen glanzend in het gelid.
Hij is vredelievend maar zijn hobby is nogal agressief. Mijn
vader schuift zijn bril wat verder op zijn neus en kijkt op.

'Ah, Kiki, ga lekker zitten. De thee staat al klaar', zegt hij.

'Hoe gaat het met je artikel, pap?'

'Loopt wel aardig. Nog wat achtergrondinformatie en een
interview, en dan kan ik het onderzoek afronden. Dan begint
het schrijven.'

'Dit keer een sappig onderwerp? Gevaarlijke criminelen?' vraag ik grinnikend.

'Nee, zoals altijd brave boegbeelden van onze maatschappij. Ik ben nu bezig met een verhaal over een oude ondernemersfamilie, de laatste generatie staat aan het roer en het bootje dreigt te kapseizen. Als ze de komende maand failliet gaan, kan ik de primeur meenemen in mijn boek.'

Ik reik naar het tafeltje naast mijn stoel en schenk thee in twee mokken. De ene mok zet ik op het bureau en de andere neem ik in mijn hand.

'Proost dan maar, op jouw verhaal!'

'En op jouw school', reageert mijn vader met een serieus gezicht.

'Pap, dat komt wel goed! Maak je nou maar geen zorgen.'

Ik babbel wat over het schoolgebouw, hoeveel leerlingen er op de school zitten en over de lessen en mijn klasgenoten.

'En de leerkrachten?' vraagt mijn vader.

'Gewoon', antwoord ik kort en neem het laatste slokje thee. Ik sta op en loop naar het raam. De zon is aan het zakken. De boomkruinen in het park tekenen zich scherp af tegen de geeloranje bol. Beneden langs de gracht loopt een oude man met een teckel. Bij de lantaarnpaal tegenover ons huis staat een jongen met een scooter. Ik kan hem niet goed zien want hij draagt een helm. De jongen kijkt omhoog, hij staart me even recht aan, lijkt het. Ik krijg de neiging weg te springen bij het raam en om me te verstoppen. Mijn vader schraapt zijn keel en hoest. Hij wil weer verder met zijn werk, weet ik. Ik draai me om, zet de mokken en theepot op het dienblad. Ik zeg 'doei' tegen mijn vader en loop twee trappen af, naar de keuken.

Ik dwaal door de hal. Wat zal ik eens gaan doen? Huiswerk af, thee op. Zal ik met Jesse gaan wandelen in het park? We eten altijd pas om zeven uur. In de woonkamer hoor ik Alice bellen.

Ze praat zo hard dat het onmogelijk is haar niet te verstaan.

'Ja, ik hoop dat ze geen terugval krijgt.'

Even stil.

'Nee, dat denk ik niet. Ze eet goed en is levenslustig.'

Zouden ze het over onze verwende kat hebben of over mij? vraag ik me af.

Ik neem Jesses halsband van de kapstok, loop door naar de serre en lijn Jesse aan.

Zijn lijf lijkt alle kanten tegelijk op te willen rennen van blijdschap. Iedere keer is het alsof hij voor de eerste keer van zijn leven mee gaat wandelen, zo ongelooflijk blij is hij steeds als we uitgaan. Honden denken niet, hebben geen herinneringen of verwachtingen. Ze voelen en beleven alleen maar wat er nu gebeurt, op dit moment. Daarom hebben ze zo'n zorgeloos leven, denk ik. Nooit denken, alleen maar doen. We lopen de serredeur uit en steken de straat over. Een ijzeren bruggetje leidt ons over de gracht en dan wandelen we het park in.

Jesse lijkt met zijn neus de bodem op te willen snuiven. Bij bomen ruikt hij extra lang en tilt hij telkens zijn poot op. Er zijn heel wat bomen. Ik kijk omhoog en zie de kruinen als wolken hoog boven me drijven. Er komt een man aanlopen met een teckel, ik herken ze van daarnet. Jesse trekt hard aan de lijn en wil het hondje besnuffelen maar de man sleept de teckel met zich mee en bromt 'het is een kwaaie rakker op z'n ouwe dag'. Midden in het park ligt een vijver. Ik maak een rondje om die waterplas en dan loop ik weer terug, spreek ik met mezelf af. Ik voel me nog lang niet altijd op mijn gemak als ik alleen buiten ben. Dat komt wel weer, zei Ella, beetje bij beetje, steeds een stukje verder. En ik ben nu met Jesse, mijn stoere schapendoes, dus wie doet me wat. Halverwege het rondje om de vijver hoor ik voetstappen achter me. Mijn adem versnelt. Jesse reageert niet, dus er is niets aan de hand, stel ik mezelf gerust. Honden hebben het direct door als iemand iets akeligs van plan is. Of zou Jesse de achtervolger niet in de gaten hebben omdat hij te druk is met snuffelen? Ik kijk over mijn schouder en schrik. Ik draai mijn hoofd snel weer om. Het is de jongen met de zwarte helm. Een gouden adelaar staat er op, zie ik nu. Ik vind het nogal maf van hem om door een park te wandelen met een helm op. Zou hij niet herkend willen worden of zo? Ik ga wat sneller lopen en trek Jesse mee. Hij verzet zich omdat hij het liefst bij elke boom wil plassen. De voetstappen versnellen achter me. Ik krijg het warm en voel het zweet onder mijn oksels plakken.

Dan voel ik een hand op mijn schouder.

'Hé, niet bang zijn! Ik doe je niks. Volgens mij heb je een pakje kauwgom verloren', zegt een stem. Ik keer me om en zie dezelfde jongen weer, maar nu zonder helm en met een strip kauwgom in zijn uitgestoken hand. Wat mij betreft had hij net zo goed zijn helm op kunnen houden want ik vind hem lelijk. Hij glimlacht overdreven. Pafferig bleek gezicht, slap donker haar. Gouden oorringetje. Ik geloof dat hij zelfs een gouden tand heeft.

'Nee, dat is niet van mij, ik eet nooit kauwgom', zeg ik.

'Oké, dan niet. Ben jij nieuw hier? Ik heb je nooit eerder gezien in het park', gaat de jongen verder.

'Ja, klopt, ik ben hier pas komen wonen. Maar ik moet nu snel verder. Eten', zeg ik terwijl ik op mijn horloge tik.

'Ja, ik moet ook naar huis. Ik zie je nog wel', mompelt hij terwijl hij zijn helm weer opzet.

Rare knul. Ik hoop niet dat ik hem ooit nog tegenkom. Mijn nekharen kriebelen. Het is dat Jesse te druk is met de bomen, anders had hij vast en zeker naar die jongen gegromd. Ik zie hem verdwijnen over het pad en ik ontspan me weer. Opeens merk ik dat ik fluit. Lang geleden dat ik dat deed. Maar je verleert het nooit. Ik glimlach. Ik heb een grote ronde gelopen door het park en ik voel me goed.

'Waar blijft ze nou?' hoor ik mijn moeder vragen als ik de serredeur open.

'Ze is wandelen met Jesse, zijn riem is weg. Ze komt vast zo… o kijk, daar is ze al', antwoordt mijn vader.

'O, gelukkig! Darling, heb je fijn gewandeld?' vraagt ze als ik de hal binnenloop.

'Ja, ik kwam alleen een rare vent tegen. Hij droeg een helm. Vreemd om daarmee rond te wandelen. Of zou het een *alien* zijn geweest?' reageer ik met een grijns. Mijn ouders kunnen het grapje niet waarderen. Alice kijkt zuur en mijn vader neemt me onderzoekend op. Ik voel hem denken: gaat het wel goed met haar? Zou hij denken dat mijn verbeelding me in de maling neemt? Of dat ik hem in de maling neem? Zoals in Utrecht. Nee, toen was het anders. Toen wilde ik de waarheid wel zeggen maar wist ik zeker dat niemand me zou geloven. Dus hield ik mijn mond en loog. En was ik bang, doodsbang. Maar nu niet! Nooit meer! Het is of ik mijn gedachten voel stampvoeten van woede. Mijn wangen tintelen. Nee, nee! Het gaat verdorie goed met me!

Maar mijn vader gelooft me waarschijnlijk niet als ik dat zeg. Hij denkt vast dat ik lieg om niemand ongerust te maken. Nog steeds. Ik zie het aan de manier waarop hij zijn voorhoofd fronst. En ik kan het hem niet kwalijk nemen.

'Heeft die jongen je lastiggevallen?' vraagt Alice scherp. Ik schud mijn hoofd en antwoord: 'Tuurlijk niet! Echt niks aan de hand, maak je niet druk alsjeblieft.' 'Kom, we gaan lekker eten. En dan vanavond vroeg naar bed, schat, dan ben je morgen weer fris', mompelt mijn vader en hij slaat een arm om mijn schouders.

Zora – Linke ladies

'We kennen Kiki pas een dag, weet je. Is ze eigenlijk wel geschikt voor onze club?' vraagt Zora. Mandy en Hilde zitten naast elkaar op het bed van Mandy. De vraag van Zora blijft even in de lucht hangen.

Hilde antwoordt bondig: 'Yep.'

'Ik vind haar wel linke-ladies-proof, wat mij betreft mag ze bij de club', vindt Mandy.

'Ja, maar ze moet nog wel een testje doen, vind ik. Ik verzin nog wel wat leuks', zegt Zora. Iets heel leuks, denkt ze venijnig.

'Hil, hoe zit het met de kas?' vraagt Mandy.

Hilde haalt een grote, zwarte portemonnee uit haar gebloemde tas en zegt: 'Ik moet nog even tellen, geen tijd voor gehad.'

'Je hebt verdorie de hele zomervakantie tijd gehad om dat geld te tellen, weet je', valt Zora uit.

'Ja, ik had het wel geteld maar ik ben het weer vergeten. En vandaag heb ik de kas bijgevuld, meiden, dus het is meer dan we hadden!' roept Hilde vrolijk. Ze wipt enthousiast op het bed op en neer, Zora en Mandy deinen aan weerszijden mee op het matras.

'Kappen, Hil, ik word zeeziek', snauwt Zora.

'Jij bent zeker nog misselijk van al dat kameelrijden in Marokko', lacht Mandy.

'O zo leuk', valt Zora uit, 'ik zou jou daar wel eens al die weken willen zien!'

'Nee, dank je wel. Geef mij maar Parijs in de herfst', antwoordt Mandy droogjes.

'Willen jullie nog weten hoe ik aan dat geld ben gekomen vandaag?' vraagt Hilde.

'Gestolen!' roept Zora.

'Afgeperst', raadt Mandy.

'Nee, ik heb het gevonden', verklaart Hilde, 'ik fietste en zag een portemonnee op straat liggen. Op de buskaart die in de portemonnee zat, stond van wie die was en toen heb ik hem daar heengebracht.'

'Wat?!' schreeuwen Zora en Mandy tegelijk.

'Ja, nadat ik er eerst al het geld uit had gehaald, natuurlijk', zegt Hilde.

'Yes', juicht Mandy, 'goed gedaan, Hil!'

'En omdat ik hem had teruggebracht, kreeg ik van die sukkel ook nog een tientje. Daar hoopte ik al op en bingo! Dus in totaal zevenenzestig euro erbij voor de kas!' roept Hilde.

'Hoeveel hebben we?' vraagt Mandy.

Het is even stil terwijl Hilde ingespannen het papiergeld en de munten telt.

'Alles bij elkaar zit er nu 231,35 in de kas', antwoordt Hilde en ze houdt het stapeltje biljetten als een waaier omhoog tussen haar vingers.

'Wat gaan we ermee doen?' vraagt Zora.

'Investeren, uitgeven of sparen?' peinst Mandy hardop.

'Ik vind dat we echt alles moeten doen om die modeshow te winnen, weet je. Dan kunnen we naar Parijs. Zullen we daarin investeren?' stelt Zora voor.

'Ben je maf? We krijgen vast iets in die boetiek van Kiki's moeder. Die geeft ons wel wat leuks mee. Een jurkje of rokje of zo. Of nog meer. Die dingen hoeven we dan alleen maar een beetje te pimpen en onze collectie is klaar!' reageert Hilde.

'Nou, ik wil ook wel iets origineels maken, hoor. Iets waarmee we het helemaal gaan maken bij die show', zegt Mandy vastbesloten.

'Parijs, here we come!' zingt Hilde.

'Er is wel een probleempje', zegt Mandy.

'En dat is?' vraagt Zora bezorgd.

'Ik mag op school niks lager dan een zeven halen, anders laten ze me niet gaan. Jullie weten hoe mijn ouders zijn. School gaat voor alles, alleen het beste is goed genoeg.' Mandy laat haar ogen wegdraaien naar het plafond.

'Jeetje, die zijn gek!' roept Hilde uit.

'Ja, maar ik zit er mooi mee', antwoordt Mandy.

'Dat komt wel goed. Jij haalt sowieso de hoogste cijfers van de klas. Dat kan ik geen probleem noemen, weet je', reageert Zora opgelucht.

'Wanneer zullen we beginnen met de voorbereidingen voor de modeshow?' vraagt Mandy.

'Hoe eerder hoe beter', vindt Zora.

'Dan gaan we Kiki morgen vragen om een afspraak te maken zodat we bij haar moeder in de boetiek kunnen gaan kijken', zegt Mandy.

'En wat doen we dan met het geld?' vraagt Zora.

'We kunnen ook een combinatie bedenken van uitgeven en investeren', zegt Hilde en ze knipoogt.

'Wat dan?' informeert Mandy.

'Drugs inkopen en daarna verkopen? Dan kunnen we winst maken', stelt Hilde voor.

Het is even stil. Zora kan zichzelf horen ademen. Ze worden steeds overmoediger, merkt ze. Griezelig, maar zó spannend!

'Zouden we dat wel doen? Dat hebben we nog nooit gedaan. En voor je het weet heb je allerlei maffe junks en dealers in je nek', reageert Mandy nuchter.

Zora knikt en zegt: 'Welke ideeën hebben we nog meer?'

'We kunnen geld uitlenen op school. En ze moeten ons dan rente betalen, veel rente', stelt Mandy voor.

'Nou, je kunt wel merken dat jouw vader bij de bank werkt! Nee, dat lijkt me helemaal niks, moet ik steeds geld gaan innen bij al die losertjes, nee hoor, daar heb ik geen zin in', reageert Hilde.

'We kunnen ook gaan gokken', zegt Zora.

'Gokken? Daar moet je toch achttien voor zijn?' vraagt Hilde.

'Nee, mijn broer doet het wel eens in een club. Illegaal', legt Zora uit.

'Lijkt me niks. Daar zitten vast alleen maar jongens', reageert Mandy.

'Maar jij bent juist gek op jongens!' roept Hilde uit.

'Maar ab-so-luut niet op het soort jongens als die broer van Zora. Sorry Zoor', antwoordt Mandy.

Zora haalt haar schouders op en mompelt: 'Ik zou er zelf ook niet op vallen, weet je.'

Het is even stil.

'We kunnen ook gewoon wat we verdiend hebben sparen en nog meer gaan verdienen?' stelt Zora voor.

'Wat dan? Een hondenuitlaatservice? Een babyoppascentrale? Een boodschappendienst voor bejaarden?' somt Mandy spottend op.

'Pfff, veel te braaf en het kost allemaal bendes tijd', zegt Hilde afwijzend.

'We moeten zoveel doen voor de modeshow', reageert Zora.

'Brugpiepertjes afpersen?' stelt Hilde hoopvol voor.

'Nee, we moeten ons voorlopig een beetje gedeisd houden op school. Anders worden we misschien uit de wedstrijd geknikkerd', zegt Mandy kortaf.

'Heb jij een beter idee?' vraagt Hilde.

'Ja, ik denk het wel', reageert Mandy, 'wat vind je van een collecte voor een goed doel? En dat goede doel zijn wij!'

'Dan moeten we wel een serieus doel bedenken, weet je. En heb je dan niet een pasje nodig dat je aan de mensen kunt laten zien?' vraagt Zora.

'O, da's geen probleem. Mijn moeder is zo'n vrijwilligersfreak, die collecteert bijna altijd! Ze heeft vast wel ergens een pasje liggen en dan maak ik dat na', antwoordt Hilde.

'We moeten wel betrouwbaar lijken', zegt Mandy.

'Tja, dat zal niet meevallen', grinnikt Hilde.

'Ik heb zo'n hot plan! Waarom laten we Kiki niet collecteren? Die hoeft niets te doen voor de modeshow en ze ziet er very braaf uit. En dat is dan gelijk haar test. Als ze genoeg ophaalt, is ze een linke lady', roept Zora opgewonden.

'Perfect', reageert Hilde en ze klapt in haar handen.

'Moeten we haar van tevoren vertellen dat het om een nep-collecte gaat?' vraagt Zora.

'Nee joh, dan wordt ze alleen maar zenuwachtig. We zeggen dat we allemaal meedoen en dat zij een bepaalde wijk krijgt. En als ze klaar is, dan bedanken we haar en vertellen we dat het voor ons is. En als ze dan net zo blij is als wij, dan is ze een echte linke lady!' stelt Mandy voor.

'Klinkt prima', stemt Zora in.

Hilde knikt: 'Ik zal dit weekend dat pasje maken. Dan kan Kiki volgende week beginnen met de collecte. Maar voor welk doel?'

Het is even stil en dan springt Mandy op van het bed. Ze gaat voor hen staan, kijkt hen stralend aan en zegt:

'Een kledingatelier in Afrika! Ze zeggen toch dat er zoveel kinderarbeid is in de modewereld? Nou, de collecte is voor de start van kledingateliers van echte Afrikaanse kleding: mooie kleurtjes, natuurlijke stoffen. Heel apart, de nieuwe trend! Afrikaanse moeders kunnen daarmee genoeg geld verdienen zodat hun kinderen niet hoeven te werken', legt ze enthousiast uit.

'Ja, hartstikke leuk!' roept Hilde.

'Very nice', zegt Zora.

'Dan is dat geregeld. Hoe komen we aan zo'n echte collectebus?' vraagt Mandy.

'Hildes moeder heeft er vast wel een paar in huis', reageert Zora.

'Vast', zegt Hilde, 'en ik kan ook net doen of ik mijn moeder wil helpen met collecteren, dan geeft ze me zo'n bus mee. En dan zeg ik dat-ie onderweg gestolen is.'

'Briljant bedacht!' roept Mandy.

'De linke ladies gaan luxe naar Parijs!' jubelt Zora. Ze voelt haar wangen gloeien.

Samen met Mandy en Hilde voelt ze zich sterk. Ja, onoverwinnelijk. Dat is al zo sinds de eerste klas, toen ze elkaar tegenkwamen. En toen ze elkaar beter hadden leren kennen, waren ze er al heel snel achter gekomen dat ze alle drie geen brave meisjes waren. En zijn. Hoe braaf zou Kiki zijn? Zora stelt de vraag niet hardop. De tijd zal het leren.

Zora heeft er moeite mee om haar ogen open te houden. Gelukkig is het vrijdag, laatste uur. Ze heeft slecht geslapen de afgelopen week. Eigenlijk sinds de vergadering op maandagavond. De dagen erna hadden ze ook steeds na school met z'n drieën bij Mandy overlegd. Ze droomt nu iedere nacht over de modeshow. Maar het is een show met alleen maar Afrikaanse kleding. En de hoofdprijs is geen drie dagen Parijs maar een maand in een saaie, kale woestijn. Zo vreselijk! Vanochtend was ze met een kurkdroge mond wakker geworden.

De bel zoemt door de klas. Kleine pauze.

Iedereen verlaat zo snel mogelijk het lokaal. Kiki is de laatste die de klas uitloopt. Zora, Hilde en Mandy wachten haar op in de gang.

Mandy knipoogt even naar Hilde en Zora, die achter haar lopen, en steekt dan haar arm door die van Kiki.

'Heb je nou al met je moeder geregeld dat we in haar boetiek gaan kijken? Morgen zou perfect zijn!'

Kiki geeft niet direct antwoord. Wat zou er in haar omgaan, denkt Zora. Ze is de hele week zo stilletjes, ging direct uit school naar huis. Kon niet met hen vergaderen, moest thuis nog van alles doen, zei ze steeds, weinig lol mee te beleven, vindt Zora.

Hilde port Kiki even in haar rug en roept:

'Wakker worden! Mandy vraagt je wat!'

'Mijn moeder moest er nog even over nadenken', reageert Kiki, 'ik zal het vanavond nog eens vragen.'

'We beloven dat we muisstil zijn in de winkel. We kijken er alleen maar een beetje rond om inspiratie op te doen, dat is alles', zegt Mandy. Wat is Mandy toch een slijmjurk als ze haar zin wil krijgen, denkt Zora.

'Dan kunnen we met de trein naar Utrecht, leuk', zegt Hilde.

'We maken er een gezellig uitje van, oké?' stelt Mandy voor en ze stoot Kiki aan.

'Ik denk niet dat ik met jullie meega, hoor, ik moet mijn kamer nog helemaal inrichten', antwoordt Kiki weifelend.

'Ben je maf! Natuurlijk ga je mee! We gaan niet zonder je, hoor! Jij gaat mee!' commandeert Mandy.

Zora kijkt Kiki oplettend aan. Die lijkt bleker te worden.
'Nou... ik zie nog wel', antwoordt Kiki kortaf, 'ik ga ervan-door. Ik sms je nog wel.'
Wat een haast om weg te komen, denkt Zora.

Domien loopt met zijn fiets aan de hand over het schoolplein. Zora kijkt hem na. Ze zou willen weten wat hij denkt en voelt. Zou dat helpen? Als ze zou weten dat ze geen enkele kans bij hem maakt, zou haar verliefdheid dan overgaan? Dat hunkerende gevoel in haar borst, alsof iemand in haar hart knijpt. Ze heeft Domien de hele week nog niet gesproken. Verleden jaar fietsten ze best vaak samen naar huis. Het lijkt bijna of hij hun groepje uit de weg gaat, bedenkt ze opeens.
'Meiden, ik ben weg', zegt ze kordaat, 'ik hoor nog wel over morgen, hè?'
Mandy en Hilde knikken verbaasd.
'Ik moet mijn moeder helpen, weet je', licht Zora kort toe.
'Oké, ik sms je wel', antwoordt Mandy.
Zora wuift haar vriendinnen gedag, rent naar de fietsenstalling, grijpt haar fiets en sprint over het schoolplein. In de verte ziet ze Domien over de Penninglaan fietsen, de andere kant op dan waar hij woont. Ze trapt hard en zet de achtervolging in. Ze wil niet dat hij haar opmerkt en houdt flink afstand. Via de Penninglaan komen ze op de Gildeweg, ze passeren het centrum en daarna slaat Domien de Parkstraat in. Hij fietst snel en er staat een ferme wind. Zora voelt haar adem sneller gaan. Of zou dat door de spanning van het achtervolgen komen? Rechts komen de grote bomen van het park in zicht. Domien remt en stapt af. Met zijn fiets loopt hij het park binnen. Zora houdt in en stopt bij de ingang van het park. Ze twijfelt even. Dan stapt ze af, parkeert haar fiets tegen het hek en zet hem op slot. Haar vingers trillen.

Als ze het brede zandpad tussen de bomen inloopt, lijken de kruinen te fluisteren boven haar hoofd. Ze weten zoveel en zij weet niks. Zora balt haar vuisten. Ze is bang voor wat ze gaat ontdekken. Het liefst zou ze zich omdraaien, het park uit rennen en keihard wegfietsen. Doen alsof alles is zoals het was voor de vakantie, toen zij en Domien soms samen naar huis fietsten. De pijn die ze voelde toen ze afgelopen weekend had gehoord over de korte vakantieverkering van Mandy en Domien, borrelt heftig op in haar maag. Het nieuws had als een klap in Zora's gezicht gevoeld. Hilde had er iets over gezegd en Mandy had kortaf gesnauwd dat het over en uit was. Zora had door willen vragen – hoe, waarom?! – maar Mandy's samengeperste lippen hadden haar tegengehouden. Nou ja, wat doet het er nog toe, die verkering is nu voorbij, stelt ze zichzelf gerust, Mandy praat nooit over Domien. Of is het juist raar dat Mandy het nooit over hem heeft? Zijzelf praat ook nooit over Domien en toch is ze al jarenlang zo verliefd op hem. Maar dat moet geheim blijven. Als haar familie erachter komt dat ze verliefd is op een jongen die geen moslim is, krijgt ze huisarrest. En niet eventjes, maar de rest van haar leven! Zora loopt zo dicht mogelijk langs het struikgewas verder over het pad. Aan het einde van het pad is de vijver, herinnert ze zich. Ze komt bijna nooit in het park. De laatste keer was toen ze er met haar moeder en jongste broertje in het voorjaar ging wandelen, op een snikhete dag. De wind blaast een paar lange, donkere lokken langs haar wang. Als ze de vijver nadert, trekt ze zich terug in de schaduw van een conifeer. De dennengeur kruipt in haar neus. Ze tuurt en dan blijft haar blik steken bij een van de vier bankjes die rond de vijver staan. Haar hart lijkt even te stoppen met kloppen. Op het bankje zitten Domien en Kiki. Hand in hand.

Kiki – Blijven voelen

Zijn hand ligt om de mijne. En ik ben niet bang! Ik heb ook niet de neiging om mijn vingers terug te trekken of om hem te slaan. Nee, het voelt goed. Ik sluit mijn ogen even. Het is bijna niet te geloven hoe mijn leventje in de eerste week op de nieuwe school zo perfect gestart is. Drie vriendinnen op maandag en op dinsdag ontmoette ik Domien. Een vriend. En wat voor eentje! En vandaag weet ik zeker dat hij verliefd op me is. Dat heeft hij net tegen me gezegd. En hij vraagt of ik zijn vriendin wil zijn. Ik kijk opzij en zie zijn ogen stralen. Ze bekijken me alsof ik het mooiste ben dat ze ooit hebben gezien. Ik voel een warme gloed in mijn buik. Mijn mond antwoordt voordat ik heb kunnen nadenken: 'Ja!'
Hij streelt mijn hand. Dan knijpt hij even in mijn vingers en vraagt: 'Heb je zin om morgenavond met me naar de film te gaan?'
Ik knik. Ik voel me gelukkig en ben op mijn gemak met Domien. Ik had niet verwacht dat het weer zou kunnen, zo snel na... nee, niet aan denken.
'Nog één dingetje, Kiki', zegt Domien.
'Ja?'

'Vind je het een probleem als we ons tweetjes nog even geheim houden?' vraagt hij.

Die vraag had ik niet verwacht, ik weet niet wat ik moet antwoorden.

'Waarom?' vraag ik daarom maar. De waaromvraag van een kleuter.

'Dat is een lastig verhaal. Ik zal het je vertellen zodra ik kan', zegt Domien, en hij neemt allebei mijn handen in de zijne. 'Vertrouw me alsjeblieft', voegt hij bijna smekend toe.

'Natuurlijk vertrouw ik je!' roep ik uit en ik meen wat ik zeg. Ik weet dat ik hem kan vertrouwen.

Domien bracht me naar huis en nu lig ik op mijn bed te dromen. Dagdromen over Domien. Dinsdag heb ik hem ontmoet. Het is of ik hem al veel langer ken. Doordat hij mijn hoofd helemaal in beslag neemt, heb ik mijn moeder nog steeds niet gevraagd of we morgen naar de boetiek kunnen komen. Niet meer aan gedacht. Laat ik dat dadelijk aan tafel niet vergeten te doen, anders wordt Mandy boos. Ik vind haar soms een beetje dwingend. Je hoort het niet in haar stem en woorden. Maar ik merk het aan haar uitstraling, die is soms geladen, zoals de lucht kan voelen vlak voor onweer losbarst. Van Zora kan ik nog geen hoogte krijgen. Ze blijft wat op afstand, maar aan de andere kant heb ik het gevoel dat ze dwars door mijn schedel en huid heen kan kijken. En Hilde is Hilde, stoer en direct. Het lijken me in ieder geval geen saaie vriendinnen, dat is zeker. Ik heb echt zin in het modeproject! Alleen meegaan naar Utrecht zie ik niet zo zitten...

Ik heb zelfs nog geen tijd gehad te schrijven over Domien! Dat ga ik nu even doen.

Ik werk me overeind van mijn bed en rek me uit. Dan sta ik op en loop naar mijn bureau. Even kijk ik naar buiten en ik hou mijn pas in. Er rijdt een scooter voorbij op straat. Even denk ik aan de jongen die ik zag in het park en er loopt een rilling over mijn rug. Ik besluit de gedachte te negeren, dat lijkt me het beste. Ik verwijder hem uit mijn hoofd, zoals ik dat met alle vervelende dingen doe. *Delete*.

Hoi Ella,

Gaaf hè, dat ik al vriendinnen heb!
En ik heb niet alleen drie vriendinnen maar nu ook een vriend!
Hij heet Domien en hij zit ook in 3H maar in een andere klas.
Hij heeft donkere haren en de liefste bruine ogen die ik ooit gezien heb. Ja, ik ben verliefd. Ik zal je vertellen hoe het begon. Ik fietste maandag uit school naar huis en iemand riep me. Hij dus! Hij zei dat hij me had zien staan op het schoolplein bij mijn vriendinnen en vroeg of ik nieuw was op school. Ik vond hem direct heel leuk. En knap joh! Dat dacht ik. Hij vond hetzelfde van mij en zei het zomaar hardop! We kletsten en hij fietste met me mee naar huis. Hij vroeg of hij dinsdag ook met me mee mocht fietsen uit school. Ik vertelde het niet meteen aan mijn vriendinnen, want wie weet, bedoelde hij er wel niks mee! Maar dinsdag wachtte hij, op straat voor het schoolplein, en fietste hij weer met me mee. Woensdag moest ik vroeg naar huis om te helpen met mijn kamer inrichten, de gordijnen (van die doorkijkgordijnen, wel hip) en mijn slaapbankje (heftig knalgroen!) werden gebracht. En donderdag, ooooo donderdag! Toen fietste hij mee en gingen we naar het park voor mijn huis. Daar hebben we uren gekletst op een bankje, zo gezellig en spannend tegelijk. Toen ik wegging, gaf hij me een zoen! Heel zacht op mijn wang, niks engs aan! En hij zei dat hij me de volgende dag iets wilde vragen. Vandaag dus. Ik heb hem net gezien en hij wil verkering met me! En morgenavond gaan we naar de film. We houden de verkering

nog wel even geheim. Ik hoop dat het lukt, want volgens mij kan iedereen aan mij zien dat ik verliefd ben, ook zonder dat ik het zeg! Mijn moeder vertel ik er sowieso niet over, die doet over alles altijd zo overdreven. Mijn vader mag het wel weten, vind ik, maar ja, ik heb Domien beloofd niets te zeggen. Dus wacht ik nog even. Dat er zoveel kan gebeuren in een weekje is bijna niet te geloven, hè? Alle rotdingen van verleden jaar lijken hier goedgemaakt te worden in zeven dagen! Tot snel maar weer!

Ik sluit mijn dagboek en laat het op mijn bureau liggen. Misschien dat ik straks nog wat schrijf. Net als ik met mijn huiswerk wil beginnen, hoor ik: 'Eten!'

De stem van mijn moeder schalt door de hal. Ik heb geen honger. Er is geen ruimte over in mijn buik, daar zitten te veel vlinders. Maar laat ik vooral gewoon doen, normaal eten, anders krijgt Alice argwaan. Ik loop de trap op en klop op de deur van de werkkamer van mijn vader. Dan open ik de deur en steek mijn hoofd naar binnen.

'Pap, eten, Alice wacht op ons.'

Mijn vader kijkt grijnzend op uit een boek.

'Alice vanuit wonderland naar het platteland. Zou ze het leuk vinden hier, weg uit de stad?' vraagt mijn vader maar het lijkt een vraag te zijn die hij zichzelf stelt.

'En jij, Kiekje, hoe vind jij het hier? Je ziet er stralend uit, moet ik zeggen, dus het doet jou in ieder geval goed. En daar was de verhuizing ook voor bedoeld', gaat hij verder. Ik knik en zwijg.

'Maar laten we geen ouwe koeien uit de sloot halen, die lopen hier genoeg in de wei. En nu gaan we er lekker eentje van opeten', grapt mijn vader.

Mijn moeder heeft uitgebreid gekookt. Dat betekent dat ze goede zin heeft. Tijdens alle drie de gangen vertelt ze non-stop over haar dag in de boetiek. 'Ik heb een beeldig zwart jurkje verkocht vandaag, heel exclusief modelletje. En godzijdank een keer aan iemand die het ook staat. Voor de verandering eens geen maat 44 die zich per se in een maat 40 wil persen. Ik heb deze week al meer omzet gehaald dan de hele maand ervoor!' Haar humeur kan mijn vraag nu wel verdragen, schat ik.

'Alice, vind je het goed als mijn drie vriendinnen morgen in de boetiek komen kijken? Ik blijf hier om mijn kamer om op te ruimen. We hebben nog maar een paar weken voor de modeshow, daarom hebben ze een beetje haast', zeg ik.

Ze kijkt me scherp aan en antwoordt: 'Ik hou niet van kijkers, ik heb liever dat er kopers in mijn winkel komen. Zeker op zaterdag.'

'Maar mam, ik bedoel Alice, het is maar even en ze hebben beloofd heel rustig te doen. Je zult niet eens merken dat ze er zijn', pleit ik.

'Alice, gun die meisjes een blik in de modewereld. Of schaam je je soms voor je collectie?' vraagt mijn vader uitdagend.

'Nee, natuurlijk niet!' reageert mijn moeder bits. Ze denkt even na, neemt de laatste hap van haar bitterkoekjestoetje, likt de lepel af en zegt dan: 'Ik vind het oké, als ze maar in de ochtend komen en alleen als jij er ook bij bent, Kiki. Dan hoef ik ze tenminste niet in de gaten te houden.'

'Ze zullen echt niks meenemen, hoor! Ik blijf liever hier', antwoord ik. Ik voel mijn vaders onderzoekende blik. Zou hij zich zorgen maken als hij merkt dat ik liever niet naar Utrecht ga? Eens moet de eerste keer weer zijn, hoor ik hem denken. De kans is klein dat ik bekenden tegenkom, en ik ben niet alleen, stel ik mezelf gerust. Maar bij het idee dat ik naar Utrecht moet, voel ik me opgejaagd.

'Dan gaat het niet door', zegt mijn moeder. Ik haal een diepe

teug lucht naar binnen en negeer de jagers die me volgen.
'Goed, ik ga mee. Ik zal Mandy even sms'en dat het geregeld is', antwoord ik. Mijn ouders glimlachen allebei om verschillende redenen. Mijn moeder omdat ze haar zin heeft gekregen, mijn vader omdat hij gerustgesteld is. Ik sta op van tafel, loop naar boven en pak mijn mobieltje van mijn bureau. Ik sms Mandy dat we morgenvroeg naar de boetiek kunnen. Ik krijg direct antwoord:

9.15 op het station, CU.

Er is nog een ander berichtje binnengekomen, zie ik. Van wie zou het zijn? Ik heb bijna niemand mijn nummer nog gegeven. Alleen Mandy en Domien, dacht ik.
De afzender is anoniem, ik klik het berichtje open:

Blijf uit de buurt van Domien anders loopt het slecht met je af. Hij is niet verliefd op jou, hij bedriegt je, stomme slet!

Ik voel de bitterkoekjespudding omhoog komen en klem mijn vingers rond het toestel. Wat is dit?! Iemand heeft me gezien met Domien, iemand bedreigt me. Het is iemand die me kent en die mijn nummer heeft. O nee... zou Domien niet te vertrouwen zijn? Heb ik het dan mis? Kan ik hem niet vertrouwen en mijn eigen gevoel dan ook niet? Nee! Gedachten centrifugeren door mijn schedel. Misselijkmakend snel. Ik kan er geen grip op krijgen en weet niet wat ik moet denken en doen. Paniek! Ik voel de bekende zware golf opwellen in mijn borst en sluit mijn ogen. De mobiel glijdt uit mijn hand en tuimelt op de vloer. Mijn vingers beginnen te tintelen en mijn mond wordt droog. Ik voel mijn adem versnellen. Voel je voeten, voel de grond. Maar ik voel niets dan paniek en doodsangst. O nee, het plafond valt naar beneden en verplettert me. Ik krijg geen lucht meer. Mijn kamer wordt kleiner, de muren kruipen op me af. Ik strompel naar mijn bed en laat me erop vallen. Mijn benen trillen, mijn lichaam siddert alsof het ijskoud is. Ik word gek, ik ga dood! Ik kruip in elkaar en sla mijn armen om mijn benen. Oprollen, in mezelf kruipen, in een hol, waar ben ik veilig?! In de verte hoor ik een klop op mijn kamerdeur. O god, laat het Alice niet zijn! Die maakt het alleen maar erger. Laat het papa zijn. Ik durf niet te kijken, lig in een kramp te huiveren. Dan merk ik hoe warme armen me zacht omsluiten en ruik ik een bekende geur. Mijn vader. Ik durf mezelf los te laten, klem me aan hem vast en huil met lange uithalen. Vanbinnen jankt het; wanneer houdt het een keer op?! De wolven staken de achtervolging en lijken te grijnzen.

Ik lig op mijn bed en staar naar het plafond. Het beweegt niet meer. Ik durf weer te kijken, vrij te ademen. Mijn vader heeft net mijn kamerdeur zacht achter zich dichtgetrokken. Ik ben weer alleen en de paniek is weg. Hij weet hoe hij de panische angst kan stoppen, zoals hij vroeger nachtmerries liet verdwijnen en spoken kon verjagen. Hij neuriet dan een liedje voor me en ik neurie mee. Dan begint hij te zingen en ik zing mee. En dan gaan we praten.
'Wat is er, lieverd? Durf je niet naar Utrecht?' vroeg hij.
Ik probeerde na te denken. Wat moest ik zeggen?
'Ja, ik ben bang voor Utrecht', antwoordde ik. Dat was ik ook, ben ik ook. Maar ik weet dat ik die angst kan overwinnen door hem niet uit de weg te gaan. Ik ga morgen naar Utrecht! Maar banger, veel banger ben ik door het berichtje dat mijn mobieltje is binnengedrongen. Wat moet ik daarmee aan? Ik ga overeind zitten, zet mijn voeten naast het bed

op de grond en sta voorzichtig op. Ella zal trots op me zijn. Ik had geen pilletjes nodig, overwon de paniek binnen een half uur. Met hulp van mijn vader, dat wel, maar de volgende keer probeer ik het alleen, neem ik me voor. Ik ga de wolven temmen. En een zakmes uit de vitrinekast van mijn vader lenen. Ik laat me niet meer bedreigen: die tijd is geweest. Ik ga me verdedigen. En ik ga vertrouwen, nee, ik heb al vertrouwen. Ik haal diep adem, kom overeind en pak mijn mobiel van het nachtkastje. Het berichtje dat ik ontving, verwijder ik zonder het nog te lezen. Ik ga weer op mijn bed liggen en vouw mijn handen onder mijn hoofd. Ik voel me sterker dan in het hele afgelopen jaar.

Zora – Treinen naar Utrecht.

Ze hebben treinkaartjes gekocht en staan te wachten op het perron. Vier op een rij: Mandy, zij, Hilde en Kiki. Om Hilde hangt een wolk van alcohol, ruikt Zora, ze heeft vast een kater. Hilde heeft een hekel aan vroeg opstaan en zeker op zaterdag, zei ze net kortaf tegen Kiki. Kiki knikt en zwijgt. Zora zelf heeft ook geen zin om te praten. Haar maag speelt op als ze Kiki ziet: ze proeft een bittere smaak in haar mond. Eigenlijk al sinds gisteren, toen ze Domien en Kiki in het park had gezien. De smaak van woede. Het is niet druk op het perron, alleen een man met een aktetas staat iets verderop te wachten. Om 9.38 uur, precies op tijd, remt piepend de trein. Recht voor hen opent de automatische deur. Er springen twee jongens uit. Een van hen stoot bij het langslopen Hilde aan. Die schreeuwt fel: 'Hé, kijk uit je doppen, sukkel!'
De jongen blijft staan, kijkt Hilde dreigend aan en snauwt: 'Wat had je dan, trut?'
'Ach, hou toch je waffel', kat Hilde.
De jongen geeft Hilde een zet en ze tuimelt bijna achterover op de betegelde vloer.
De man met de aktetas beent naar voren en spreekt de jongen

streng toe: 'Wil jij daar wel eens mee ophouden, anders roep ik de spoorwegpolitie.'

'Die bitch begon zelf', verweert de jongen zich. De andere jongen komt wijdbeens naast zijn vriend staan.

Mandy loopt naar Hilde toe en roept: 'Niet waar, jij begon zomaar tegen haar te schelden!'

Zora valt haar bij: 'Ja, zeker weten, dat hoorde ik ook!'

'Laat de meisjes met rust, wegwezen', commandeert de man tegen de jongens. Ze steken allebei hun middelvinger op en rennen dan scheldend weg. 'Ouwe zak', galmt het over het perron. Hilde haalt zwaar adem van woede.

'Meisjes, nu snel instappen', zegt de man vaderlijk terwijl hij hen voorgaat, 'anders missen we de trein.' Gehoorzaam klimmen ze naar binnen, Kiki als eerste. De man loopt na een korte groet gehaast verder en verdwijnt uit zicht. In de eerste coupé die ze binnenlopen, ploffen ze op twee banken tegenover elkaar neer. Hilde steekt met een nors gezicht een sigaret op en zuigt de rook diep naar binnen. Kiki moet even hoesten en kijkt naar de niet-rokensymbolen boven de deur, ziet Zora, maar ze zegt niets. Mandy zit naast Zora en haalt haar etui met opmaakspullen tevoorschijn uit haar tas.

Hilde zegt zacht: 'Als ik die klojo's nog eens tegenkom, zijn ze er geweest.'

'Ga jij zo kinky met leuke jongens om?' vraagt Zora grijzend. Hilde moet even grinniken en blaast een grote wolk rook uit. 'Heb jij eigenlijk al leuke jongens gezien op school?' vraagt Zora aan Kiki.

Kiki slaat snel haar ogen neer en zegt: 'Nou nee, ik ben er net. Ik weet het nog niet, hoor.'

De trut, ze liegt!

'Hoeveel stops voordat we er zijn?' vraagt Zora bits. 'Vier', antwoordt Mandy naast haar en gaat verder met het stiften van haar lippen.

'Is het ver van het station naar die boetiek van je moeder?' vraagt Zora aan Kiki. Zora hoort hoe kortaf haar stem klinkt en ze probeert de toon te verzachten met een glimlachje. Kiki kijkt haar met toegeknepen ogen aan, alsof ze voelt dat Zora wat tegen haar heeft. En dat klopt zo! Ze wil niets liever dan Kiki onderuithalen. De slet. Hoeveel vriendjes zou ze versleten hebben in Utrecht?

'Ongeveer tien minuutjes lopen. Het is aan de Oude Gracht', antwoordt Kiki.

Zora knikt en sluit haar ogen. Schijnheilige verwende trut! Hoe kan Domien? Wat een shitwereld! Mandy kijkt nog een keer in het spiegeltje van haar lippenstift, tuit haar lippen, zucht tevreden en bergt dan haar opmaaketui op in haar tas. Ze tikt er even op en zegt: 'Ik heb ook een tekenblok bij me, om wat ontwerpen te kunnen schetsen.'

'Goed idee', zegt Kiki.

Hilde dooft haar sigaret in de asbak, knipoogt naar Zora en zingt: 'Paris, Paris.'

Mandy veert op en barst los: 'Die slijmerd van Frans was hartstikke pissig gister! Weten jullie nog?'

Mandy kijkt haar vriendinnen met vurige blosjes op haar wangen aan en haar blik blijft rusten op Kiki.

'Nou ja, zo'n beetje. Ik zat de tweede helft van het uur in de aula met het literatuurgroepje. Wat gebeurde er dan?' vraagt Kiki.

'Ik was met Ravage aan het klieren. Ik zei dat ik wel eens Frans met hem wilde zoenen. En ik vroeg of hij met ons mee wilde naar Parijs. Nou gewoon, ouwehoeren.'

'En toen?' vraagt Kiki.

'Hij kreeg een knalrode kop en zei dat hij niet gediend was

van dat soort opmerkingen. Ik heb hem keihard uitgelachen, sjesus, als je al niet tegen een geintje kan! Wat een opgefokte vent, zeg! En toen ik niet kon stoppen met lachen, stuurde hij me de klas uit! Moest ik naar de rector. Pffff.'

'Ja belachelijk. We nemen hem nog wel te grazen dit jaar', belooft Hilde.

'Nog een paar meter en dan zijn we er', zegt Kiki.

De Oude Gracht is vol met winkelende mensen. Achter de glanzende etalageramen van een warenhuis liggen sieraden en schoenen te lonken. Zora blijft staan om een paar oorbellen beter te bekijken. Ze zouden haar beeldschoon staan maar ja, no way, te duur.

'Vind je ze mooi?' fluistert Hilde. Zora knikt.

'Kom op meiden, doorlopen, bij elkaar blijven', commandeert Mandy.

Kiki gaat door een grote glazen deur een winkel binnen. De gevel bestaat van vloer tot plafond helemaal uit ramen. Rekken vol kleding zijn opgesteld op een vloer van grijs marmer. Langs de wanden staan open kasten, gevuld met opgevouwen kleren, tassen en riemen.

Zora loopt achter Kiki, Mandy en Hilde aan naar binnen.

'Ziet er hartstikke duur uit hier', mompelt Hilde, 'très bien.'

'Moet je die merken zien! Allemaal bekende namen… gaaf!' roept Mandy uit.

Een lange, slanke vrouw met donker, krullerig haar tot op haar schouders komt op hen af.

'Kiki darling, daar ben je! En je hebt je vriendinnen bij je, wat enig! Welkom, ik ben Alice Vermaten', zegt ze met een zingende stem.

'Alice, dit zijn Mandy, Hilde en Zora', stelt Kiki hen aan haar moeder voor. Alice bekijkt de meisjes van top tot teen en zegt tegen Zora: 'Darling, wat zie jij er absoluut prachtig uit! Je zou zo fotomodel kunnen zijn!' Zora voelt hoe haar wangen beginnen te gloeien. Hilde stoot haar aan en fluistert: 'Ja, in een minibikini op een kameel.'

'Leuk met jullie kennis te maken. Kijk gerust rond en als jullie vragen hebben, hoor ik het wel, oké? Ik hoop dat jullie veel inspiratie opdoen.'

Kiki zegt kortaf: 'Ja, hoor.'

'Dat gaat zeker lukken', knikt Hilde.

Mandy blijft naast Kiki's moeder staan en vraagt: 'Wat is het meest exclusieve ontwerp in uw winkel?'

'Loop maar mee, dan laat ik het jullie zien', antwoordt Alice, 'het is nu toch even rustig.'

Ze volgen Alice naar een rek dat tegen de achterwand staat. Zora is benieuwd naar wat ze te zien gaan krijgen. Alice wandelt met haar lange vingers over de rail van het rek. 'Hier hangt mijn duurste, meest exclusieve kleding, allemaal grote ontwerpers', vertelt ze trots. Haar vingers stoppen bij een glanzende, paarse jurk. Ze haalt de jurk uit het rek en houdt hem voor haar lijf. Zora heeft nog nooit zo'n prachtig kledingstuk in het echt van zo dichtbij bekeken. De dieppaarse stof glimt als een juweel en langs de hals en mouwen lopen golfpatronen van druppelvormige, veelkleurige pareltjes.

'Wat kost nou zoiets?' vraagt Hilde.

'Deze jurk doet 1800 euro', antwoordt Alice vlot.

'Zoveel! Wie kan dat nou betalen?!' roept Zora uit.

'Mensen met geld', antwoordt Alice koeltjes.

De zoemer bij de deur gaat, een klant komt binnen.

'Kiki, hou jij je verder met je vriendinnen bezig', commandeert Alice kort. Ze hangt de jurk terug in het rek en beent weg.

Mandy haalt de jurk weer voorzichtig uit het rek en hangt

hem dwars aan de rail. Dan trekt ze het tekenblok uit haar tas en begint lijnen te maken, terwijl ze de paarse jurk bestudeert.

'Wij kijken wel op ons gemakkie rond, hoor', zegt Hilde tegen Kiki, 'je hoeft je om ons niet druk te maken.'

Zora ziet dat Kiki amper hoort wat Hilde tegen haar zegt. Kiki staart naar buiten. Haar gezicht is bleek en vertrokken, alsof ze elk moment flauw kan vallen.

Zora stoot Hilde aan en wijst naar Kiki. Hilde trekt haar wenkbrauwen op en vraagt aan Kiki:

'Wat is er met jou aan de hand, Sneeuwwitje?'

Kiki draait met een ruk haar hoofd naar hen toe, knippert even met haar ogen en antwoordt:

'O, niks hoor, beetje misselijk van de trein. Ik ga even naar de wc, ben zo terug.'

'Jemig, wat verkoopt jouw moeder mooie kleren, zeg!' roept Mandy uit.

Ze wachten in de trein totdat hij vertrekt.

'Jammer dat jij je niet goed voelt, Kiki. Anders hadden we nog lekker verder kunnen shoppen', merkt Zora pinnig op.

'Nou, ik heb gelukkig nog wel even in dat warenhuis kunnen kijken', zegt Hilde.

'Sorry hoor', reageert Kiki zacht.

'Gaat het een beetje, Kiki?' vraagt Mandy.

'Gaat, ik wil gewoon zo snel mogelijk naar huis. Ik moet ongesteld worden, dan ben ik wel vaker niet lekker. Paar uurtjes in bed en dan gaat het weer goed', antwoordt Kiki met een klein glimlachje.

De trein trekt op. Kiki legt haar hoofd tegen de leuning en sluit haar ogen, ziet Zora.

Aanstellerige trut. Bah!

Zora kijkt naast zich. Mandy heeft het tekenblok geopend

op haar benen gelegd en bekijkt de schetsen die ze gemaakt heeft. Ze zucht: 'Ik was nog lang niet klaar.'

Hilde buigt zich voorover naar Mandy en Zora, tikt op haar uitpuilende tas en fluistert zacht: 'Ach joh, dat is geregeld. Ik heb wat materiaal meegenomen, Mandy, daarmee gaan we winnen.' Ze steekt haar hand in de tas en haalt er een paar oorbellen uit. 'En deze zijn voor jou, Zora, cadeautje van de zaak', zegt Hilde met een knipoog en ze gaat weer rechtop zitten. Zora krijgt zin om Hilde te zoenen: het zijn de oorbellen uit de etalage, die ze zo graag wilde hebben. 'Thanks', zegt ze zacht, maar Hilde wuift met haar hand en steekt een sigaret op.

Bij de laatste stop voor hun station stappen de meeste mensen uit, merkt Zora. Een puisterige, kleine jongen komt hun coupe binnenwandelen. Hij draagt oordopjes van een mp3-speler en ziet hen niet. Hij ploft op de bank achter Hilde neer. Zora glimlacht, dit zal Hilde leuk vinden.

'Hil, weet je wie er net binnenkwam?' vraagt Zora met een grijns.

'Neuh, vertel op', reageert Hilde.

'Jouw darling, je schoolschatje, je favoriete vriendje. En hij weet niet dat wij hier zitten, weet je, hij hoort ons niet en ziet ons niet', zegt Zora en ze wijst naar de bank achter Hilde.

'Yes!' roept Hilde uit. Ze wrijft in haar handen.

Kiki opent haar ogen en vraagt: 'Wat is er?'

Zora antwoordt: 'Het speelkameraadje van Hilde zit in de trein. Dat wordt zo lachen.'

Kiki's ogen worden rond van verbazing en ze vraagt: 'Hoezo?'

'Wacht maar af, it's playtime', zegt Zora kortaf.

'Hilde, hou je wel in, hè? We hebben afgesproken dat we ons een beetje kalm houden, weet je nog?' waarschuwt Mandy.

Kiki's ogen worden nog groter, ziet Zora.

Hilde knikt en staat op.

Zora springt overeind, gaat op Hildes plek zitten en buigt zich langs de zitting heen om te kunnen volgen wat er gebeurt.

Hilde tikt de jongen op zijn schouder. Hij schrikt en trekt de dopjes uit zijn oren.

Hij kijkt op naar Hilde en vraagt met een piepstem: 'Wat wil je van me?'

'Niks man, relax. Ik moet alleen even wat kleingeld hebben. Kun jij een tientje wisselen?' vraagt Hilde.

'Weet ik niet, volgens mij heb ik niks', zegt de jongen.

'Klets niet, Wolkenwietje, jij hebt genoeg geld. Al die jointjes die je rookt, moeten toch betaald worden', zegt Hilde grinnikend en ze slaat hem hard op zijn schouder. Zora ziet hoe hij in elkaar krimpt.

'Raak me niet aan', zegt de jongen met een overslaande stem en hij kijkt schichtig om zich heen, op zoek naar een uitweg of hulp.

Die is er niet, de coupé is verlaten, op Zora en haar vriendinnen na.

'Nou, schiet eens op en pak je portemonnee', dringt Hilde aan, 'of moet ik mijn vriendinnen vragen een handje te helpen? Dat doen ze graag, dat weet je.'

Zijn gezicht verstart en hij slikt een keer. Dan trekt hij zijn portemonnee uit zijn broekzak tevoorschijn. Zora kan een lach niet onderdrukken. Wat een loser!

Verleden jaar, net voor de zomervakantie, hadden ze hem in de grote ijzeren container achter school gedumpt: eerst zijn schooltas en toen hijzelf. Hilde had er nog een brandende sigaret achteraan willen gooien voor de fun, maar Mandy had Hilde tegengehouden. Dat zou te ver gaan. Hij had niets gezegd, de sukkel, en dat was maar goed ook: anders had Hilde hem zeker te pakken genomen. Hilde lijkt hem te haten, kan hem niet met rust laten. Zora begrijpt het niet helemaal van Hilde, al vindt ze wel dat zo'n zielenpoot er gewoon om vraagt gepest te worden. Je moet hem pijn doen, net zoals je een bange hond wilt slaan, juist omdat hij bang is, denkt Zora.

'Hilde, ik heb wel wat kleingeld als hij niet kan wisselen', klinkt opeens de stem van Kiki.

Mandy, Hilde en Zora kijken Kiki tegelijkertijd aan. De drie meisjes zeggen niets en werpen elkaar een blik toe. Zora voelt hoe Mandy haar tegen haar scheen schopt.

'Het is maar een geintje, Kiki. Hilde en hij spelen altijd spelletjes', zegt Mandy sussend.

'Ja, kijk maar!' roept Hilde. Ze houdt triomfantelijk een bruinleren portemonnee omhoog, terwijl de jongen opspringt om hem uit haar hand te trekken. Hilde is een kop groter dan de jongen. Ze grinnikt en gooit de portemonnee naar Mandy toe, die hem handig opvangt. Mandy en Zora komen overeind van de bank. Zora loopt bij de bank weg en joelt: 'Hier, Mandy, speel me aan!'

'Kiki, sta op, doe mee! Da's lachen!' brult Hilde.

Mandy rent met de portemonnee naar het einde van de coupé, springt op en neer en zegt treiterend: 'Kom hem maar halen, schatje.'

De jongen rent op Mandy toe. Net als hij bij haar is, gooit Mandy de portemonnee met een grote boog naar Zora, die aan de andere kant van de coupé is gaan staan. Zora voelt haar hart pompen van opwinding terwijl ze hem opvangt. De jongen stuift nu haar kant op, door het gangpad heen. Hilde steekt haar been uit en de jongen struikelt, grijpt zich vast aan de leuning maar zijn snelheid is te groot. Hij valt, klapt met zijn voorhoofd op de grond en blijft bewegingloos liggen. Zora ziet het gebeuren als in slowmotion.

'Wat een sukkel! Hij struikelt over zijn eigen voeten', spot Mandy.

De trein vertraagt en loopt hun station binnen. Zora voelt hoe Hilde de portemonnee uit haar hand trekt. Hilde opent hem en trekt er geldbiljetten uit. Dan loopt Hilde naar de roerloze jongen toe. Zora volgt haar. Hilde buigt zich over hem heen en stopt de portemonnee terug in zijn zak. 'Bedankt voor het wisselgeld, vriendje', hoort Zora haar zeggen.

Kiki staat met open mond tussen de banken, starend naar de jongen, haar vingers om de rugleuning geklemd. Mandy grist het tekenblok van de bank, stopt het in haar tas en hangt die aan haar schouder. Ze port Kiki in haar zij en zegt: 'Hij struikelde, kunnen we niks aan doen. Het is beter hem zo te laten liggen, we waarschuwen de conducteur wel.'

'Kom op, meiden, uitstappen!' schalt Hilde vrolijk.

De trein stopt en de deuren schuiven open. Mandy, Hilde en Zora springen uit de trein. Kiki volgt hen langzamer.

'Wegwezen', sist Hilde, 'daar is een smeris.'

Zora ziet een vrouw in uniform op het perron wandelen. Het is moeilijk te zeggen of het een conductrice of een agente is. Hilde rent al weg en Mandy en zij volgen. Zora kijkt om. Ze ziet hoe Kiki aarzelt en dan ook begint te rennen, achter hen aan.

Voor het station zegt Kiki hijgend: 'Ik ga naar huis, ik voel me helemaal niet goed.'

Kiki wuift en is weg. Ze kijken haar na.

Zora zegt scherp: 'Ze is de hele week al wit, stil of misselijk, weet je. Boring. Ik vraag me echt af of ze wel een linke lady is.' Ze weet eigenlijk wel zeker van niet.

'We zullen het wel merken. Breng jij haar dit weekend de collectebus maar, dat is haar test', beslist Mandy.

Hilde haalt zwaar adem, glundert en wijst op haar tas: 'Kom meiden, we gaan naar huis, de buit bekijken. Gaan we naar jou, Mandy?'

'Mij best, mijn ouders zijn zeilen, we hebben het rijk alleen', antwoordt Mandy.

'Kunnen we wat van die lekkere port van je ma drinken', stelt Hilde voor.

'We moeten wel uitkijken, hoor, volgens mij hebben mijn ouders stiekem lijntjes op de drankflessen gezet', zegt Mandy.

'Doe normaal, Hilde! We willen die wedstrijd toch winnen?' reageert Zora en ze voelt de irritatie prikkelen. 'We hebben nog maar twee weken, weet je, we moeten er nu echt elke dag aan werken.'

Mandy knikt: 'Zora heeft gelijk.'

Hilde snuift en zegt: 'Als jullie maar weten dat ik vanavond wel ga stappen, stelletje saaie troela's.'

Kiki – Blijven denken

Ik ben hondsberoerd. Zou Jesse zich ook wel eens zo voelen, vraag ik me af. Mijn hoofd tolt, beelden klotsen als stuurloze bootjes door mijn schedel, mijn benen voelen als stelten; stijf en wiebelig. Ik moet zo snel mogelijk thuis zien te komen. O shit, het ging zo goed! Ik stond vanochtend op, voelde me best sterk, ik had zelfs zin in Utrecht! De reis ging prima, op het helse humeur van Hilde na. Alles ging best totdat ik in de boetiek was en naar buiten keek. Had ik maar niet gekeken. Maar ik keek en zag hem voorbij lopen. Zou hij het echt geweest zijn? Of zomaar iemand die op hem leek? Ik weet het niet zeker. Maar ik voelde me helemaal akelig worden, zo misselijk, zo naar. Ik weet niet meer precies hoe ik op de wc terechtgekomen ben. Ik moest gigantisch overgeven. Ik hoorde het braaksel spatten tegen het witte porselein. De zure smaak bleef hangen in mijn mond, keel en neus. Ik proef het nog steeds. Mijn ontbijt kwam eruit en een heleboel gal. Ik spuugde gal. Gal spugen. Jeetje, dat doe je als je gigantisch kwaad bent. En dat ben ik ook! Kwaad omdat ik zo van streek raakte door een blik op hem, of zogenaamd hem. Dat hij nog steeds in staat is me zo overstuur te maken. In plaats van met vriendinnen in mijn moeders boetiek rond te neuzen, raakte ik opeens weer opgesloten in mijn hoofd en buik. Boos, bang! Terug in de winkel merkte ik dat Zora steeds op me lette, ik ben zo ver mogelijk bij mijn vriendinnen uit de buurt gebleven. Ik wil er niet met ze over praten. Alice was bezig met een klant en ik deed alsof ik de nieuwe collectie vesten in de wandkast ge-wel-dig boeiend vond. Steeds voelde ik het zakmes in mijn broekzak, het drukte tegen mijn heupbeen. Alsof het mij eraan wilde herinneren dat het er was. 'Hier ben ik! Ik ben bij je!' Terwijl ik me naar huis haast, voel ik het zakmes weer. Ik neem me voor het vanaf nu steeds bij me te dragen. Ik laat mijn hand in mijn zak glijden en omklem het benen vat. Het is een ouderwets mes, misschien is het wel hartstikke bot. Maar het is troostend het bij me te hebben; het is van mijn vader. Zal ik papa over vanochtend vertellen? Nee, beter van niet, dan krijgt hij weer hoofdpijn van de zorgen. De slechte tijd is voorbij, het is nu goede tijd. Ik haal diep adem. Ja, ik ben weg uit Utrecht, bijna veilig thuis, niks meer aan de hand. Ik steek de straat over en loop langs de gracht. Bijna thuis. Ja, het voelt hier steeds meer als thuis, merk ik. Met Domien, mijn vriendinnen. Al vond ik ze niet zo gezellig doen tegen die jongen op de terugweg. Ik vind grapjes leuk, maar Hilde ging wel heel erg ver met die portemonnee, vind ik. Ik hoop dat ze nog wel iemand gewaarschuwd hebben om die jongen te helpen. Hij bewoog helemaal niet meer. Nou ja, het was een ongelukje, hij struikelde, daar kon niemand iets aan doen. Ik haal nog een paar keer adem als ik voor de oprijlaan sta. Kort in en lang uit. Ik voel weer vaste bodem onder mijn voeten. Ik kijk omhoog en zie mijn vader staan, hij kijkt op me neer. Ik lach breed en zwaai. Hij steekt zijn duim omhoog. Ik streel met mijn vingers het mes in mijn zak.

'We gaan zo eten!' roept mijn vader van beneden. Op zaterdag kookt hij altijd omdat mijn moeder dan de hele dag in de boetiek werkt. Ik lig al de hele middag op mijn bed te lezen, in mijn lompe joggingpak. Ik kom overeind, leg mijn boek op het nachtkastje en rek me uit. Wat zal ik aandoen, vanavond naar de bios? Ik denk na terwijl ik mijn joggingkleren uittrek. M'n zwarte spijkerbroek en een zwart shirt met lange mouwen maar. Zo warm is het niet. En dan val ik gelijk minder op in het donker. Komt goed uit omdat Domien liever nog niet wil dat we samen gezien worden. Ik kleed me aan, haal het zakmes onder het kussen vandaan en stop het in mijn zak. Net als ik aan tafel ga zitten, komt Alice de serre binnengerend. De deur slaat met een harde klap achter haar dicht. Jesse springt op en blaft een keer. 'Koest!' roept Alice fel. Haar wangen zijn vurig rood, haar ademhaling gaat gejaagd. Ze gooit haar tas op de bank en duwt Gruwella, die kopjes wil geven, met haar voet weg. 'Af!' snauwt Alice.

'Je bent laat, lieverd. Is er wat aan de hand?' vraagt mijn vader. Hij komt met een saladeschaal in zijn handen de eetkamer binnen.

Alice barst uit: 'Ik mis een rokje en een truitje in de winkel! Gestolen!' Ik zie tranen in haar ogen staan. Ik vermoed dat ze verdrietiger is om gestolen kleren dan ze om een vermiste dochter zou zijn.

'Hoe kon dat nou gebeuren, lieverd?' vraagt mijn vader meelevend. Hij zet de schaal op tafel neer en loopt naar Alice toe. Hij wil een arm om haar schouder slaan maar ze schudt hem geërgerd af.

'Heb je enig idee wanneer het gebeurd kan zijn?' vraagt mijn vader.

Alice schudt haar hoofd en antwoordt: 'Ik merkte het toen ik voor sluiting nog even een laatste ronde door de winkel maakte. Ik zag opeens twee lege kleerhangers liggen op de grond, onder mijn Black Basicsrek.'

Het merk 'Black Basics' spreekt ze uit op een jammerende toon. Ik moet er bijna om lachen en mijn vader ook, merk ik. Zijn mond vertrekt even.

'Heb je aangifte bij de politie gedaan?' vraagt mijn vader.

Alice knikt met samengeknepen lippen en zegt giftig: 'Ja natuurlijk! Maar ze kunnen verder niks doen, zeiden ze. Stelletje idioten, waar betalen we ze eigenlijk voor?!'

'Nou schat, kom eerst maar eens lekker eten, dan hebben we het er straks nog wel over', sust mijn vader.

'Ja hoor, doe maar weer alsof dit niet belangrijk is! Alleen jouw boeken zijn zeker interessant genoeg om over te praten!' valt Alice uit.

'Welnee! Hoe kom je daar bij! Het is heel akelig dat er uit je winkel is gestolen maar daar kun je nu toch niets meer aan veranderen. Accepteer het en ontspan je, eet en geniet', reageert mijn vader ferm. Hij weet precies hoe hij Alice kan kalmeren. En mij ook.

'Neem een voorbeeld aan onze Kiki', zegt mijn vader, als we zitten.

'Hoezo?' zegt mijn moeder.

'Die gaat vanavond lekker naar de film met haar vriendinnen', zegt mijn vader.

Leugentje om bestwil.

'O ja?' reageert Alice met opgetrokken wenkbrauwen.

'Je klinkt alsof je jaloers bent op je dochter, schat. Zullen wij anders ook uitgaan?' stelt mijn vader aan mijn moeder voor.

'Nee, ik heb hoofdpijn', zegt Alice kortaf.

'Veel plezier, lieverd. En pas goed op je Black Basics!' zegt mijn vader met een grijns, als hij me uitzwaait.

Ik stap op de fiets en rij om het park heen, naar de ingang die aan de andere zijde ligt. Daar heb ik afgesproken met Domien. Ik heb hem vrijdagmiddag voor het laatst gezien, dat is ondertussen 27 uur geleden. Ik voel mijn buik tintelen bij het idee dat ik hem zo weer ontmoet. Ik denk niet iedere seconde aan hem maar wel minstens elke minuut. Behalve vanochtend, toen was het allemaal net wat te naar om iets fijns te kunnen voelen. Ik kan me niet herinneren dat ik ooit zo gelukkig verliefd ben geweest. Ik heb wel de zenuwen maar niet omdat ik het eng vind of zo. Nee, het is leuk spannend. Net of ik in een achtbaan ben gestapt: ik weet niet hoe het zal gaan, welke bochten er gaan komen, hoe snel, hoe lang. Ik ken Domien nog niet goed en hij mij ook niet, er kan dus van alles gebeuren. Maar ik weet dat hij me geen pijn zal doen want hij houdt van me. Zegt hij. En ik geloof hem en vertrouw hem. Ik draai de hoek om en zie hem staan in de verte. Hij zwaait. Het is of ik de glans in zijn ogen steeds warmer voel stralen, hoe dichterbij ik kom. Ik stop voor zijn voeten. Hij buigt zich naar me toe en zegt: 'Hoi schatje.' Dan drukt hij zacht zijn lippen op de mijne. Heel eventjes. Zo lief!

'We moeten opschieten', zegt hij dan.

'Ja, sorry dat ik een beetje laat ben. Mijn moeder was nogal overstuur, ze hebben kleren gestolen uit haar winkel.'

'Wat vervelend! Veel kleren? Heeft ze de dieven gezien?'

'Twee keer nee. Een rok en een truitje en ze kwam er net voor sluitingstijd achter. Nou ja, niks aan te doen, kom, we gaan!'

We stappen op en fietsen richting het centrum.

'Heb je gevoetbald vandaag?' vraag ik.

'Ja, het was super. We hadden een belangrijke wedstrijd. En gewonnen!'

'Heb jij nog gescoord?'

'Jahaaa, jij fietst zonder het te weten naast de topscoorder van deze stad! Jij bent eigenlijk een voetbalvrouw.'

'Jeetje, wat een eer. Dan moet ik mijn nagels gaan lakken en zo', lach ik.

'Ja, en dan geef ik je mooie jurkjes die bij je gelakte nagels passen', vult hij aan.

'Dan kunnen we shoppen bij mijn moeder, tenminste, als haar winkel dan niet helemaal leeggeroofd is. Ik was er vanochtend met Mandy, Zora en Hilde. Inspiratie opdoen voor de ontwerpwedstrijd', vertel ik.

'Zijn het leuke vriendinnen voor je?'

'Zeker! Tenminste, ja, ik geloof het wel. Zo goed ken ik ze nog niet. Maar ik zit al wel bij hun clubje: de linke ladies. Maar jij kent ze vast beter dan ik.'

Hij zwijgt even en antwoordt dan: 'Ja. Wat doen jullie eigenlijk samen?' vraagt hij.

'O, vooral kletsen. Ik zag ze deze week alleen op school. Na school was ik meestal nogal uitgeteld. En bezig met het inrichten van mijn nieuwe kamer. En nu ben ik druk met, ahum, mijn voetbalvriend.'

Hij legt even zijn hand in mijn nek en zegt: 'En dat is maar goed ook, dat houdt je van de straat. Dus vanochtend waren jullie op stap naar Utrecht?'

'Ja.'

'Was het gezellig?' vraagt Domien.

Ik kan niet direct spontaan antwoorden. Was het gezellig? Nee, dat was het eigenlijk niet. Maar ja, dat lag ook aan mezelf.

'Ja, hoor. We gingen met de trein. En toen naar de boetiek. Ze waren helemaal onder de indruk van mijn moeders collectie, vooral Mandy. Alleen Hilde had een beetje een rothumeur.'

'Had je in Utrecht veel vriendinnen?' vraagt Domien.

Ik knik. Ja, daar had ik veel vriendinnen. Voltooid verleden tijd.

'Heb je nog contact met ze? Lijkt me zo raar als je verhuist... dat je de mensen die je elke dag zag, opeens niet meer ziet.'
'Mwah, ik ben hartstikke druk geweest met verhuizen en zo, dus ik heb ze nog niet echt gemist, gelukkig.'
'En je hebt mij natuurlijk. Hoeveel van je vriendinnen ben ik waard?' vraagt hij met een brede glimlach.
'Je bent ze allemaal waard, denk ik', zeg ik zacht.

De film was ontroerend, vind ik. Het ging over een bijna onmogelijke liefde in oorlogstijd. De gelieven zagen elkaar na een halve eeuw pas weer terug, toen ze in de zeventig waren. Eindelijk samen. Ik zucht even. Het was meer een huisfilm dan een bioscoopkraker. Goede keus van Domien.
'Wat vond je ervan?' vraagt hij, als we langzaam schuifelend tussen de andere bezoekers de zaal uitlopen.
Hij heeft mijn hand tijdens de film steeds vastgehouden en nu nog. Ik knijp er even in.
'Ik moest ervan huilen', fluister ik in zijn oor.
'Ik ook', fluistert hij terug.
We kijken elkaar even stil aan. Mijn gevoel voor hem knijpt mijn keel dicht, ik voel tranen in mijn ogen en kan niets zeggen. Hij ook niet. We houden elkaars hand stevig vast en hij streelt even zacht over mijn wang.
Vanuit de zaal komen we via een grote trap in de centrale hal terecht. Het krioelt er van de mensen want er zijn meer films afgelopen. Ik voel me nooit op mijn gemak in een menigte.
'Ik ga even onze jassen pakken', zegt Domien.
'Vind je het goed als ik vast naar buiten ga? Dan wacht ik bij de fietsenstalling', stel ik voor.
'Tuurlijk, schatje! Het kan even duren want het is druk. Tot zo dan', zegt hij en kust me kort.
Ik loop door de grote glazen deuren naar buiten en het

geroezemoes verstomt achter me. Het is fris. Ik huiver even en wandel de hoek van het gebouw om, naar de fietsenstalling. De lantaarns bij de stalen fietsenrekken branden niet. Stukgegooid. In het neonlicht van de bioscoop ontdek ik achter de stalling, half verscholen tussen struiken, een bankje. Ik ga erop zitten en wacht tot Domien komt. Er komen en gaan mensen die hun fietsen neerzetten of ophalen. Opeens hoor ik bekende stemmen. Mandy en Hilde. Ze komen naar de stalling toelopen, ik wil overeind komen. Maar ik bedenk me nog net op tijd. Ze mogen niet weten dat ik met Domien ben! Ik sta snel op en verschans me achter het bankje. Als Domien nu maar niet komt. Ik blijf gehurkt zitten en hou me stil.

'Kom op, trut, niet zo piepen. Meelopen!' hoor ik de harde stem van Hilde.

Mandy, Hilde en een meisje dat ik niet ken, lopen de stalling binnen, zie ik, en ze stoppen aan het einde van de rekken, misschien drie meter bij me vandaan. Ik kruip in elkaar, maak me zo klein mogelijk.

'Laat me gaan. Als je me nou niet loslaat, ga ik gillen!' klinkt een onbekende meisjesstem.

'Dat zou ik maar laten, want dan sla ik je klep dicht', dreigt Hilde.

Dan hoor ik Mandy's stem: 'Hou nou eindelijk eens je mond. Hier met dat jasje.'

'Nee! Afblijven!' gilt het meisje.

Ik hoor een doffe klap en een kreet.

'Ik heb je gewaarschuwd, je moet niet zo piepen', zegt Hilde dreigend.

'Auwww... volgens mij heb je een tand uit mijn mond geslagen', kermt het meisje.

'Stomme trut, geef je jasje, nu!' beveelt Mandy, 'anders gaan er nog meer tanden aan!'

'Waarom willen jullie mijn jasje? Koop er zelf een!' stribbelt het meisje tegen.

'Dan had je er maar niet zo mee moeten showen, stomme aanstelster', sist Hilde.

'Dat jasje hoort bij mij, geef op!' zegt Mandy bevelend.

'Ja maar...' sputtert ze.

Weer hoor ik een doffe klap en dan de stem van Mandy: 'Hilde, dat ging veel te hard.'

'Welnee, we zijn toch op Missie B!' verdedigt Hilde zich.

'Ja, Missie Bitch maar geen Missie Murder!'

Het is of er een ijskoude wind door mijn maag waait. Ik hou mijn adem in, bang dat ze me zullen opmerken. Het gaat allemaal zo snel, het lijkt wel een griezelfilm. Ik kan niet geloven wat ik meemaak. Wat doen ze?! Zijn dat mijn vriendinnen?! Moet ik dat meisje niet helpen?

'Pak die jas, dan peren we hem', commandeert Mandy.

Ik hoor geritsel en dan haastige voetstappen. Ik steek mijn hoofd voorzichtig boven de bank uit en zie mijn vriendinnen wegrennen, tussen de fietsen door. Hilde duwt ruw twee jongens aan de kant die juist de stalling binnenlopen. Ik kom overeind maar duik weer weg als ik een van de jongens hoor roepen: 'Heee, daar ligt een lijk!' Ik voel het bloed uit mijn hoofd wegtrekken.

'Ben je maf! Dat zal toch niet?!' reageert de andere jongen. Ik hoor de paniek in zijn stem.

Ze buigen zich voorover, zie ik.

'Ze heeft haar ogen dicht maar ademt wel. Sjesus, ze bloedt als een rund', zegt de eerste jongen.

'Je moet het alarmnummer bellen, snel man, anders bloedt ze nog dood!' zegt de andere jongen, terwijl hij weer rechtop gaat staan.

'Mijn beltegoed is op. Kom op, terug naar de bios, dan kunnen ze daar bellen. Kom op, snel!'

'Zouden die twee meiden die net wegrenden ermee te maken hebben?' vraagt de ander. Hun stemmen vervagen als ze de stalling uit rennen. Ik trek mezelf overeind aan de bank en steun voorover, mijn hoofd naar beneden. Het is alsof ik zweef, leeg en licht. Mijn adem gaat snel, te snel. In de struiken achter me hoor ik de wolven snuiven, ze komen dichterbij. Dan voel ik twee warme handen die zich om mijn ijskoude vingers klemmen en een bezorgde stem die vraagt: 'Schatje, wat is er?'

Ik grijp me aan Domien vast en snik. De wolven zitten in mij en janken het uit. Ik kan niet praten, alleen maar snikken. Ik kom adem tekort. Domien slaat zijn armen stevig om me heen en fluistert: 'Stil maar, schatje, ik ben bij je.' Langzaam bedaar ik en kom ik weer tot mezelf. Hier sta ik, bij een bankje, Domien omarmt me en ondertussen ligt er een meisje dood te bloeden in de fietsenstalling. O god, dat arme meisje. Gillende sirenes komen dichterbij en een ambulance stopt voor de stalling. Er springen twee mannen uit. Ze haasten zich tussen de rijen fietsen door naar het meisje dat daar ligt, zoals ik maar al te goed weet. O vreselijk!

Ik sta te trillen op mijn benen en Domien vraagt: 'Wat is er gebeurd?'

'Ik, ik... ik weet het niet, ik heb niks gezien', antwoord ik hakkelend.

'Ga op dat bankje zitten, Kiki, dan kijk ik even', zegt Domien. Ik laat me op de bank zakken en hij slaat zorgzaam mijn jas om mijn schouders. Hij drukt een kus op mijn haren en zegt: 'Ik ben zo terug.'

Terwijl ik probeer me in mijn hoofd te verstoppen – weg van alle ellende – voel ik mijn mobiel trillen in de jaszak.

Mijn stijve vingers graaien naar het toestel. Ik kijk op het schermpje. Een sms'je van Mandy. Ik klik het bericht aan en lees:

'Hoi Kiki, mrgn vergaderen met de LL,10 u bij mij, doei'

Ik heb de neiging om te kokhalzen.
Het liefst wil ik haar – en Hilde – nooit meer zien als het waar is wat ik net allemaal heb meegemaakt. Of zou er een verklaring voor zijn? Maar wat dan? Waarom slaat iemand in vredesnaam een meisje halfdood voor een jasje?! Ik voel een golf braaksel omhoog komen en spuug voor mijn voeten op de grond.

Zora – Een goed doel

Zora drukt op de deurbel. Het is even stil. Dan hoort ze de hakjes van Mandy. Kordaat en snel. De deur gaat open en Mandy staat stralend in de opening. Ze draagt een groenleren jasje dat Zora niet van haar kent.

'Gaaf jasje, staat je super!' roept Zora uit. Mandy draait een rondje om haar as en houdt haar lange, blonde haren omhoog met haar handen.

'Ja, cool hè?' antwoordt ze.

'Was het leuk gisteravond?' vraagt Zora. Zora had op haar kleine zusje moeten passen toen Mandy en Hilde uitgingen.

'Ja, was geinig. Hilde was weer lekker bezig', antwoordt Mandy.

Zora volgt Mandy door de hal naar de woonkamer.

'Ben ik de eerste?' vraagt Zora.

'Ja, de anderen zullen zo wel komen, ik heb Kiki gisteravond ook ge-sms't.'

'Zijn je ouders er niet?'

'Nee, champagnebrunch op de golfclub.'

Zora bijt op haar lippen. Altijd als ze bij haar vriendinnen thuis komt, is het of ze krimpt. Dan voelt ze zich kleiner worden. Bij haarzelf thuis voelt ze zich juist groter dan de rest; ze weet meer dan haar vader, moeder, broers en zusje bij elkaar. Maar hier niet... het is het grote huis, de chique inrichting.

De bel gaat weer. Mandy loopt weg.

Zora hoort stemmen in de hal: 'Heeee, Man, jasje staat je goe-hoed!' roept Hilde enthousiast. Mandy giechelt. Dan klinkt opnieuw de deurbel.

'Hoi Kiki, alles kits?' hoort Zora Hilde vragen. De drie meisjes komen de kamer binnen. Kiki ziet erg bleek, vindt Zora, maar dat kan ook komen door haar donkerblauwe truitje.

'Meiden, plof neer! Wat willen jullie drinken?' vraagt Mandy. Zora en Hilde laten zich op de grote, zwarte bank vallen. Hilde schopt haar schoenen uit en trekt haar benen onder haar billen.

'Doe mij maar een wodka-jus. Veel meer wodka dan jus', bestelt Hilde.

'Ik een colaatje', zegt Zora.

'Ik hoef niks, dank je', antwoordt Kiki zacht terwijl ze op een grijsleren stoel tegenover de zwarte bank gaat zitten.

'Je bent zo wit als een lijk, een pittig drankje zal je goed doen', spoort Hilde Kiki aan.

Kiki schudt haar hoofd en Zora ziet hoe ze haar vingers in elkaar wringt. Kiki is overduidelijk niet op haar gemak. Zou ze problemen met Domien hebben? Dat zou zo geweldig zijn! Mandy zet de drankjes op de glazen salontafel en gaat tussen Zora en Hilde in zitten.

'Ik heb zelf ook maar een wodka-jus genomen, proost meiden', zegt Mandy terwijl ze haar glas optilt.

'Vertel eens over gisteravond', vraagt Zora.

Mandy lacht klaterend en begint: 'We waren even in de soos, geswingd, 't was er hartstikke stil. We hadden wel zin in

Missie B maar er viel daar niks te beleven.'

'Missie B?' vraagt Kiki aarzelend.

'Missie Bitch', verklaart Mandy, 'beetje ouwehoeren.'

'Ja, en ik zei tegen Man: laten we dan naar de bios gaan. Als die uit is, loopt er van alles rond. En ja hoor, stond daar zo'n trutje zich vreselijk aan te stellen. Ze dacht dat ze de queen was, nou mooi niet. We trokken haar mee naar de fietsenstalling en daar hebben we haar even een lesje geleerd', vertelt Hilde terwijl ze een paar grote slokken uit haar glas neemt.

'Hoezo? Was dat nodig dan?' vraagt Kiki met een klein stemmetje.

'Nou, ja... we hebben haar jasje gepakt. Deze hier', verklaart Mandy en ze wijst op het groene jasje dat ze draagt.

'Ja, moest ze er maar niet mee zo lopen showen', zegt Hilde en ze laat een luide boer.

'Zo hot, we kunnen dat jasje mooi gebruiken voor de modeshow, weet je!' roept Zora uit.

'Ja, vond ik ook!' beaamt Mandy.

'Dus jullie hebben zomaar een jasje gestolen?' zegt Kiki. Ze lijkt nog bleker te worden dan ze al was.

Zora, Mandy en Hilde vallen alle drie tegelijk stil. Ze kijken Kiki aan en daarna elkaar. Mandy kucht even kort en geeft Hilde een por.

'Nee, joh, niet zomaar. Het is mijn eigen jasje! Ik was het twee weken geleden kwijtgeraakt op een feestje en nu liep zij ermee rond! Dus hebben we het teruggepakt. We gaan echt niet zomaar bitcherig doen. We doen het altijd met een doel.'

'Ja, een goed doel, zo goed', vult Zora aan.

Kiki staart hen een tijdje aan, lijkt een besluit te nemen en zegt dan: 'Oké, ik snap het.'

'We hebben voor jou trouwens ook een goed doel bedacht', vervolgt Hilde.

'Ja, jij mag collecteren voor een modeproject in Afrika', legt Mandy uit.

Mandy legt enthousiast uit waar het geld voor bestemd is en Zora ziet hoe de wangen van Kiki langzaam weer wat kleur beginnen te krijgen.

'Wij drie gaan keihard werken aan de collectie en als jij dan collecteert, dan schenken we tijdens de modeshow het bedrag aan het goede doel. Dan gaan we ab-so-luut winnen!' besluit Mandy enthousiast.

'Zeker weten', benadrukt Zora.

'Ja', reageert Kiki weifelend, 'maar is er dan wel een collectebus en een legitimatie? Ik kan toch niet zomaar geld gaan inzamelen voor iets?'

'Nee, tuurlijk niet. Hildes moeder doet diezelfde collecte, we hebben al met haar overlegd. Jij mag in de wijk Witteveen collecteren. We mogen dan onze opbrengst bekendmaken tijdens de modeshow, zei Hildes moeder', vertelt Mandy.

'Oké', knikt Kiki, 'daar ben ik helemaal voor, zo'n project in Afrika. Leuk!'

'Heb je de collectebus bij je, Hil?' vraagt Mandy.

'Oh shit... vergeten', antwoordt Hilde.

'Dat komt ervan als je steeds wodka-jus drinkt', zegt Mandy streng.

'Ik kom de bus straks wel bij je halen. No problem. Dan breng ik hem naar Kiki', biedt Zora aan.

Dan kan ze proberen Kiki nog een beetje uit te horen over Domien. De gedachte aan Kiki met Domien jaagt haar polsslag ogenblikkelijk op.

'Klasse, Zoor', zegt Hilde en ze steekt haar duim op.

'En dan nu door met de collectie', gaat Mandy verder.

'Vinden jullie het goed als ik vast ga? Ik kan jullie toch niet helpen en ik moet thuis nog wat dingetjes doen', zegt Kiki aarzelend.

'Mij best', zegt Hilde.

'Zal ik dan na het eten de bus en het pasje bij je komen brengen?' stelt Zora voor.

Kiki knikt, staat op en zegt: 'Doei.'

'Ja doeiiiiii', jengelt Hilde Kiki na als ze de voordeur achter zich dichtgetrokken heeft.

'Zo hè, die is braver dan ik dacht', zegt Mandy.

'Duuh, dat dacht ik steeds al, weet je!' reageert Zora ongeduldig.

'Geen linke lady-material', hikt Hilde. Ze heeft haar glas leeg, zwaait ermee in de richting van Mandy en roept: 'Rondje van mij!'

'Laten we nog even geduld hebben met Kiki', besluit Mandy, 'tot na de collecte en na de modeshow. We hebben haar nog even nodig.'

'En daarna ophoepelen met die tuthola', zingt Hilde.

'Jij hebt genoeg gedronken, weet je. We moeten aan het werk', commandeert Zora.

'We gaan naar het atelier van mijn moeder. Daar liggen de spullen', zegt Mandy en ze staat op.

Hilde komt steunend overeind en grijpt Zora, die al staat, bij haar arm.

'Ben een beetje dizzy, help je me even?' vraagt Hilde.

'Sure, maar dan geen wodka-jus meer tot de modeshow, weet je, anders laat ik je nu droppen', snauwt Zora.

'Shit, je lijkt mijn moeder wel', mompelt Hilde.

'Komen jullie nog?' roept Mandy van boven.

Hilde en Zora stommelen de trap op. Op de overloop volgen ze Mandy, die een ruim, licht atelier binnengaat. Langs de

wanden hangen felgekleurde abstracte schilderijen en gebor-
duurde lappen vol glinsterende steentjes en kralen, vastgezet
met gouden draden. Er staat een gigantische, knalrode bank
langs een wand. Op een ezel midden in de ruimte staat een
wit doek met ringen en strepen in grijs en zwart.

'Het lijkt wel een zeezieke zebra', stamelt Hilde.

'Let maar niet op die knuddeknutsels van mijn moeder. Hier',
ze wijst naar een lange tafel met een naaimachine, 'gaan wij
mode met een grote M maken.'

'Hoehoe dan?' vraagt Hilde met een dubbele tong.

Mandy houdt met één hand triomfantelijk een truitje omhoog
en met de andere een rokje.

'Dit zijn de basics waar jij voor gezorgd hebt, Hil, en die gaan
we pimpen, weet je', zegt Zora.

'En het jasje hebben we als extraatje', zegt Hilde.

'Nou… als jullie het niet erg vinden, hou ik dat liever zelf',
zegt Mandy.

'Dan hebben we alleen nog een avondjurk nodig', conclu-
deert Zora.

'Het is koopzondag vandaag, ik ga nog wel even wat scoren',
zegt Hilde onvast.

'No way, jij moet eerst maar eens nuchter worden, weet je',
reageert Zora fel.

'Zoor, let maar niet op Hil, wij gaan aan de slag. Ik heb hier
bakken vol kraaltjes en pareltjes van mijn moeder. Ik heb al
een ontwerp gemaakt, dan kan jij het erop naaien, oké?' stelt
Mandy voor.

'Sure', zegt Zora.

'En wat moet ik doen?' vraagt Hilde hikkend.

'Ga jij maar even slapen op die bank daar tot je weer helder in
je hoofd bent', zegt Mandy kortaf.

'Ik krijg hoofdpijn als ik naar die bank kijk', klaagt Hilde.

Mandy zucht diep, pakt Hilde bij een arm en trekt haar mee naar de bank.

'Liggen, ogen dicht en shut up', commandeert ze en ze geeft Hilde een zet. Die valt languit op de bank neer en begint te snurken.

Met de collectebus aan haar stuur fietst Zora naar het huis van Kiki. In haar broekzak zit het pasje. Nog beter dan echt, had Hilde gegrinnikt. Het harde plastic van de grote, grijze bus tikt tegen het stuur. Het is al schemerig buiten. Ze hadden tot vier uur bij Mandy gewerkt. Het rokje was zo goed als af en niet meer te herkennen als het kledingstuk dat het was, denkt Zora tevreden, zo cool was het geworden. Ze rijdt de Maliesingel in en stopt bij nummer 18. Even houdt ze haar adem vast als ze de grote villa ziet. Daar past haar eigen huis wel zes keer in. Terwijl Zora met de fiets de oprit inloopt, ziet ze in de serre Alice zitten. Haar donkere krullen glanzen in het goudgele lamplicht. Als ze Zora opmerkt, zwaait Alice; ze komt overeind, opent de serredeur en wenkt. Langs haar benen wringt een grote hond zich naar buiten. Shit, Zora voelt een angstgolf in haar maag. Ze heeft een pesthekel aan honden. Ze zet haar fiets tegen de muur. De hond drukt hijgend zijn neus tegen haar benen. Rotbeest, donder op. Ze durft het niet hardop te zeggen of hem weg te duwen, uit angst dat hij bijt. Opeens klinkt de stem van Kiki: 'Hoi Zora, ik zag je al komen. Jesse, kom hier!' Zora draait zich om naar de geopende voordeur en ziet opgelucht hoe de hond op Kiki afstormt. Vieze voddenbaal. Alice zwaait nog even kort en sluit dan de serredeur. Zora pakt de collectebus in haar hand en loopt naar Kiki toe.

'Jakkes, ik wist niet dat je een hond had, zo vies. Ik hou niet van honden, weet je', zegt ze.

'O, maar Jesse is echt heel braaf, hij doet niks. Kom binnen.'
Ja, net zo braaf als jij, denkt Zora.
Als Zora de hal binnengaat, hapt ze bijna naar adem. Ze heeft nog nooit een villa vanbinnen gezien. De hal is gigantisch groot, met een vloer van wit marmer waarin de kroonluchter die aan het plafond hangt, weerspiegeld wordt. Een donkerhouten trap wentelt zich naar boven. De wanden zijn behangen met kleurige moderne schilderijen. Zora zucht een keer ingehouden en zegt dan nonchalant: 'Lekker spacy hier.'
'Ja, best wel. Zullen we naar mijn kamer gaan?' stelt Kiki voor. 'En jij', zegt ze tegen Jesse, die bij haar voeten zit, 'blijft beneden. Ga maar lekker liggen.'
Ga maar lekker dood, denkt Zora.

Zora volgt Kiki de trap op. Als ze Kiki's kamer binnenlopen, krijgt Zora weer het gevoel dat de pracht haar de adem beneemt. De inrichting is als een plaatje uit een glossy meidenblad. Een gifgroen bankje, een schommelstoel, een houten hemelbed vol kleurige kussens, doorschijnende paarsglanzende gordijnen voor de hoge ramen.
'Grote kamer heb je', zegt Zora en ze ploft op het bed neer.
'Ja, weet ik.'
'Veel spulletjes ook.'
'Ja, dat komt door Alice, die is dol op veel. Voor mij hoeft het allemaal niet, hoor.'
Kiki staat bij het bureau, stopt een boek in de lade en schuift hem dicht. Dan gaat ze zitten op de bureaustoel en kijkt Zora zwijgend aan.
'Mag ik je wat vragen, Zora?'
Zora knikt.
'Vind jij het niet raar dat Hilde en Mandy dat jasje van dat meisje afgepakt hebben? Misschien had zij wel hetzelfde jasje

als Mandy. Dan hebben ze het van haar gestolen… ik weet niet goed wat ik ervan moet denken.'

Zora knijpt haar ogen even samen. Shit, wat een vraag. Stomme trut. Wat moet ze daar nou op antwoorden?

'Nou, ja, nee, jee… wat is nou raar. Het jasje was van Mandy, dat zei ze toch, sure thing. Ik heb haar ermee gezien toen ze het net had gekocht. Ze raakte het kwijt en nu heeft ze het weer terug. Zo moet je het zien, weet je.'

Kiki kucht even en vraagt dan:

'Vind je niet dat Hilde soms agressief is?' Weer zo'n shitvraag!

'Tja, misschien. Zo is ze nou eenmaal. Zal wel komen door thuis. Haar ouders zijn gescheiden, ze woont bij haar pa en haar stiefmoeder is een bitch.'

'Ooh… oké', zegt Kiki en ze lijkt gerustgesteld. Mooi zo. Het is even stil.

'Heb je zin in thee?' vraagt Kiki. Eindelijk een normale vraag, denkt Zora.

'Ja, thee met veel suiker en koekjes, weet je, daar ben ik zo gek op', bestelt ze.

Kiki staat op en loopt naar de deur. 'Ben zo weer terug.'

'Chill, ik vermaak me wel', antwoordt Zora.

Ze hoort de treden kraken als Kiki de trap afgaat. Dan staat Zora op en loopt langzaam de kamer rond. Ze raakt de gordijnen even aan, bekijkt de foto's aan de muur en staat stil bij het bureau. De collectebus staat daar en ze legt er het pasje, dat ze uit haar broekzak opdiept, naast. Een laptop, opengeslagen boeken, schriften, pennen. Ze aarzelt even en trekt dan de lade voorzichtig open. Een dik, zilvergrijs boek komt in zicht. Zora neemt het in haar hand. Zou het een dagboek zijn? Zal ze erin kijken? Ja, waarom niet? Dan kan ze over Domien lezen in plaats van dat ze het zo aan Kiki moet vragen. Veel handiger! Ze bladert door de bladzijden. Allemaal volbeschreven pagina's, het is inderdaad een dagboek. Ze slaat de eerste pagina op: klas 3 Dominicuscollege, augustus. Niet interessant, dat is al een jaar geleden. Toen zat Kiki nog op die oude school. Snel bladert Zora door naar de laatste bladzijde. Haar hart klopt sneller als ze de naam van Domien tussen de regels ontdekt. Ze slikt en begint haastig te lezen.

Zaterdag
Er is zoiets akeligs gebeurd! Ik was vanavond naar de bios met Domien. Dat was heel leuk, hij hield m'n hand vast. Voelde goed, ook al werd het een beetje zweterig na een poosje. Maar na de film gebeurde iets wat ik me het liefst helemaal niet wil herinneren. Ik wil eigenlijk niet geloven dat het gebeurd is. Maar ja, dan zou ik mezelf voor de gek houden en daar doen we niet aan, hè Ella! Bahbahbah! Eerlijk is soms zo moeilijk, de waarheid is soms zoveel ingewikkelder dan net doen alsof. Na de film ging Domien onze jassen halen en ik liep vast naar buiten, ik zou op hem wachten bij de fietsenstalling. En daar gebeurde het! Mandy en Hilde kwamen de stalling inlopen met een meisje dat ik niet ken. Hilde sloeg het meisje, ze bedreigden haar en pikten haar jasje af. Ze lieten haar bewusteloos liggen op de grond. Hoe kunnen ze zoiets doen?! Waarom???? O Ella, wat moet ik daarvan denken??? Ik wist niet wat ik moest doen, voelde me verlamd en zo ellendig! Twee jongens hebben de ambulance gewaarschuwd. Domien kwam eraan en hij vroeg me natuurlijk wat er gebeurd was maar wat moest ik antwoorden? Ik wil mijn vriendinnen niet verraden. Dus zei ik dat het meisje al op de grond lag toen ik bij de stalling was gekomen en dat ik daarom zo geschrokken was. Hij ging kijken hoe ze het meisje op de brancard legden. Toen hij terugkwam zei hij dat het meisje in haar gezicht geslagen was en een hersenschudding had. Ze was nog steeds bewusteloos. O, ik voel me zo slecht, wat moet ik nou doen?! Ik hield vol

dat ik niets had gezien, ook tegen die mensen van de ambulance,
maar dat loog ik. Domien bracht me naar huis, echt, hij was
zo lief. Al wil hij onze verkering nog even verborgen houden, ik
weet zeker dat hij van me houdt. Dat voel ik.

Zora voelt het bloed pompen in haar borst, het voelt heet.
Stomme slet met haar geslijm!

Ik moet naar bed, moet proberen te slapen. IJskoude handen en
voeten, paniek in mijn buik. Ik moet nu ophouden met denken,
morgen weer verder, ogen dicht.

Gehaast leest Zora verder.

Zondag
Ik heb bijna niet geslapen. Ik schrok steeds wakker en dan dacht
ik in het donker die doffe klappen weer te horen. Ik vind het zo
walgelijk dat Mandy en Hilde zoiets gemeens kunnen doen! Het
is mishandeling en het is diefstal, strafbaar en crimineel! Als de
politie ervan wist, zou die ze allang opgepakt hebben. Wil ik
eigenlijk wel zulke vriendinnen? Is het dan niet beter om geen
vriendinnen te hebben? Of andere vriendinnen? Waarom zouden
ze zoiets doen? Zou er een reden zijn? O laat er alsjeblieft een
reden zijn! We hebben straks vergadering bij Mandy. Ik ga erheen
en dan hoop ik dat ik daarna weet wat ik moet doen. Zou Zora
weten wat Mandy en Hilde hebben gedaan? Wat zou ze ervan
vinden? Zou zij ook zo zijn? Soms...

Zora hoort het gekraak van de trap, sluit het dagboek en gooit
het in de la. Die schuift ze snel maar zacht dicht. Haar wangen branden. Wat een shitzooi! Die trut is gevaarlijk! Kiki
is niet alleen verliefd op Domien, ze zou ook de linke ladies

kunnen verraden. Wat Zora erger vindt, kan ze nu even niet bedenken. Ze gaat op het bed zitten en voelt haar polsslag razen. 'Zo, ik hoop dat je je niet verveeld hebt!' zegt Kiki als ze komt binnenlopen met een blad in haar handen. Er staat een theepot met twee mokken op en een schaal met koekjes.
'Nee, helemaal niet. Genoeg te zien hier, weet je', antwoordt Zora kort.
Kiki schuift de collectebus en het pasje aan de kant en zet het blad op het bureau neer. Ze geeft Zora een mok aan en gaat zitten op de bureaustoel. Ze drinken zwijgend thee. Kiki kijkt haar af en toe even doordringend aan maar slaat haar ogen neer zodra Zora haar aankijkt.
'Zijn jullie nog opgeschoten vanmiddag?' vraagt Kiki.
'Ja, zo cool geworden! Zwarte outfit voor overdag, helemaal hip', dwingt Zora zichzelf tot enthousiasme.
'Dan ga ik morgen collecteren, doe ik tenminste ook wat', reageert Kiki.
'Hoe vind je het eigenlijk bij ons op school?' vraagt Zora.
'Leuk. Valt me heel erg mee. Ik dacht dat ik niet zo snel zou kunnen wennen, maar het gaat goed. Ik ben blij dat ik jullie ken.'
Even is het stil.
'Nog steeds geen leuke boys ontdekt?' vraagt Zora. Een test.
'Uuuh, tja... dat is nog een beetje te vroeg om te kunnen zeggen', antwoordt Kiki aarzelend.
'Maar heb je dan nog helemaal niks interessants gezien?' dringt Zora aan.
'Nee, eigenlijk niet. Nog geen tijd voor gehad', zegt Kiki en ze kijkt naar haar nagels.
Wat kan die bitch liegen, denkt Zora, ze voelt haar wangen gloeien.
'Lekkere thee, weet je, ik heb hem al bijna op', zegt Zora.

'Wil je nog wat?' vraagt Kiki.

'Nee, ik moet gaan. Nog wat huiswerk maken en zo.' Zora staat op en rekt zich uit.

'Uhm, Zora...' begint Kiki weifelend.

'Ja?' reageert Zora kortaf. Ze heeft er genoeg van, van dat verwende tutje in haar paleisje.

'Dus jij vindt het echt niet misdadig, dat van dat jasje?' vraagt Kiki.

'No way, ik vind het helemaal oké, weet je. Het jasje is van Mandy, dat zei ze toch zelf? Haar kun je geloven, echt wel', reageert Zora.

'Dus het was niet gemeen, of zo?'

'Nee, tuurlijk niet joh! Dat zouden ze toch nooit doen, zo zijn ze niet, zo zijn wij niet!' zegt Zora lachend.

Kiki werpt haar over haar theemok een glimlach toe en zucht: 'Nee, natuurlijk niet, dat is zo.'

'Ik moet gaan, loop je even mee? Ik heb geen zin in die hond van je, weet je', zegt Zora.

'Tuurlijk', reageert Kiki en ze springt overeind van haar stoel. Ze dalen in stilte de trap af. Jesse staat onder aan de treden te wachten. Hij kwispelt en volgt hen door de hal naar de voordeur. De hakken van Zora's laarzen klinken hard op de marmeren vloer.

'Vergeet je morgen de collecte niet?' vraagt Zora in de deuropening.

Jesse trekt even zijn lip op en gromt als hij Zora's stem hoort.

'Nee, dat komt goed', belooft Kiki. 'Koest, Jesse, sorry hoor, dat doet hij anders nooit.'

Zora stapt op haar fiets en rijdt zo snel mogelijk de Maliesingel uit. Dan stopt ze, pakt haar mobieltje en belt Mandy. Alles wat ze ontdekt heeft, komt in een felle stroom naar buiten.

Mandy stopt Zora's woordengolf als ze genoeg gehoord heeft. 'Dus ze heeft wat met Domien?' vraagt Mandy met een hese stem.

'Ja, ik heb ze dinsdagmiddag samen gezien in het park maar ik wist nog niet zeker of ze wat hadden. Maar nu heb ik erover gelezen in haar dagboek, zeker weten dus.' Ze voelt de jaloezie weer smeulen in haar borst.

'Baal jij daar niet van, Man? Ik zou er zo van balen. Want in de zomervakantie hadden jullie twee nog verkering…'

'Hou op. Daar wil ik het niet over hebben. Niemand hoeft dat verder te weten!'

Zora hoort Mandy zwaar ademen. Dan klinkt Mandy's stem weer. Afgemeten en kil.

'En ze heeft Hilde en mij gisteravond dus gezien in de fietsenstalling. De stiekeme bitch. En ze wist dus niet of ze wel met ons bevriend wilde blijven, zeg je. Sjee, wat een babbels! Het is maar goed dat we zeiden dat het mijn jasje was, anders was ze vast nu al naar de politie gestapt. We moeten haar goed in de gaten houden. We laten haar met rust tot de modeshow. Daarna rekenen we met haar af en dumpen we haar', besluit Mandy.

'Kiki gelooft nu echt wel dat het jasje van jou is, weet je, dus ze houdt zich wel koest', zegt Zora.

'En niks zeggen tegen Hilde, want die gaat flippen als ze hoort dat Kiki ons misschien wil verraden. Mondje dicht, dus. We spelen mooi weer zolang het nodig is, afgesproken?'

'Ja, sure. Ik wil naar Parijs, weet je!' antwoordt Zora.

'Dat gaat ook gebeuren, als we ons maar kalm houden. Nog één ding: we laten Kiki niet merken dat we weten van haar verkering met Domien. En weet je wat: probeer jij Domien maar te versieren. Pak hem van Kiki af!' zegt Mandy fel.

Zora voelt haar hart overslaan. Ja, ja, ja, dat is wat ze wil!

'Waarom ik en niet Hilde?' vraagt ze, zogenaamd tegenstribbelend.

'Omdat jij mooi bent en Hilde niet.'

'Oké, baas. Zo beloofd', zegt Zora.

Zora fietst in het donker naar huis. Haar gedachten zijn net zo duister als de avondhemel.

Kiki mag wel uitkijken. Als Mandy en Hilde eenmaal de pik op haar hebben, kan ze het wel vergeten. En als ze dan ook nog Domien kwijtraakt, is ze totally alone. Poor Kiki.

Kiki – Blijven vertrouwen

'Dan denk je dat je naar een knus stadje verhuist en dan lees je dit!' valt mijn vader uit aan de ontbijttafel.

'Wat is er dan?' vraag ik, voorbereid op een tirade over een blunderende gemeentepoliticus.

'Lees zelf maar', zegt mijn vader. Hij geeft me de krant aan en wijst op een klein artikel links onder aan de pagina. Stadnieuws, staat met grote letters boven aan het blad, zie ik.

Mijn ogen vliegen langs de woorden. Terwijl ik lees, voel ik mijn handpalmen klam worden. Het krantenzwart zal wel enorm afgeven op mijn vochtige huid, denk ik vaag. Het is of ik weer bij de fietsenstalling ben. Mijn maag voelt alsof hij zich omdraait in mijn buikholte.

Jong meisje mishandeld bij bioscoop

Afgelopen zaterdagavond is een vijftienjarig meisje mishandeld in de fietsenstalling achter bioscoop Bellevue. Zij werd daar rond elf uur bewusteloos aangetroffen. Er werd alarm geslagen door twee jongens, daarop is zij vervoerd naar het ziekenhuis. Over de oorzaak en toedracht van het misdrijf tast de politie nog in het duister, daar het slachtoffer nog niet aanspreekbaar is. Er waren geen getuigen aanwezig. De politie vraagt eenieder die informatie kan verschaffen over de toedracht van het misdrijf zo spoedig mogelijk contact op te nemen met de plaatselijke eenheid.

Ik lees het bericht een tweede keer, zodat ik tijd win om te kalmeren.

'Nou, wat vind je daar nou van?' vraagt mijn vader verontwaardigd. Het is alsof iemand hem persoonlijk iets heeft misdaan. En ik heb het gevoel dat ik het meisje iets heb misdaan. Ik had haar kunnen helpen, ik had Mandy en Hilde moeten stoppen…

'Afschuwelijk, zeg', antwoord ik, 'wie doet nou zoiets?'

'Geen idee. Het arme kind, ze is van jouw leeftijd. Ik moet er niet aan denken dat jou zoiets zou kunnen overkomen. Jij was gisteravond ook naar de film, gelukkig was je met je vriendinnen', moppert mijn vader en hij neemt de krant weer aan als ik hem omhoog houd.

'Ligt Alice nog in bed?' vraag ik. Een ander onderwerp is veiliger.

'Ja, vandaag speelt ze de prinses op de erwt. Ze heeft hoofdpijn en is doodmoe, zei ze, dus laten we haar maar even wat rust gunnen, hè? Ze zit nogal in haar maag met die diefstal.'

'Ja, sneu voor haar. Nu moet ik snel gaan, pap, tot later.'

Op weg naar school dwing ik mezelf zo hard mogelijk te fietsen, zo snel dat mijn benen gaan steken en mijn longen lijken te barsten. Ik verdien de pijn, de pijn die het meisje had. Nee, Kiki, hou op. Zet het van je af. Het was geen misdaad!

Het eerste uur op school hebben we Frans van monsieur Ravage. Hij heeft zo te zien een zwaar weekend achter de rug, net als ik. Donkere wallen, bleke huid. Ik zit als eerste in de klas, Hilde ploft al snel naast me neer.

'Heey Kiki, gaat-ie? Nog nachtmerries gehad over Mandy's jasje?' vraagt ze vrolijk.

'Nee, hoor', zeg ik. Steeds als ik haar zie, hoor ik die doffe dreunen weer. Zou ze mij ook meppen als ik iets doe tegen haar zin? Hè verdorie, ik moet niet zo zeuren. Ella zei altijd: je doet er wat aan of je accepteert het. Ik heb er niks aan gedaan toen ze dat meisje lastigvielen, dat moet ik accepteren. En ik moet hen ook geloven als ze zeggen dat het geen opzet was, anders kan ik niet meer met ze bevriend zijn. Ik besluit niet meer te twijfelen. Ik kijk Hilde aan en zeg: 'Het gaat prima. En het jasje is leuk.'

Ze knipoogt.

'Ik heb gistermiddag ook nog een avondjurk geregeld. Je weet niet wat je ziet! We gaan vast winnen, zeker als jij showt', zegt Hilde tevreden.

Ik knik en glimlach maar het voelt stijfjes. Zora en Mandy komen binnenlopen, ze zijn druk in gesprek. Verbeeld ik het me of kijken ze mijn kant op, hebben ze het over mij?

'Hoi ladies', zegt Mandy als ze achter me gaat zitten. Zora zegt niks.

'Mesdames et messieurs, nous allons commencer', klinkt de stem van Ravas door de klas.

Het geklets wordt niets minder, ik hoor Mandy erbovenuit roepen: 'Vertel ons eens over Paris, la belle ville!'

'Iedereen stil nu!' roept Ravas.

Het wordt rustig, alleen Mandy weet niet van ophouden. Ze zegt uitdagend: 'Alleen als je ons vertelt over Parijs, waar we kunnen stappen en zo…'

'Tais-toi, Mandy, het is genoeg nu! We gaan beginnen met de les.'

'Oooh, Simon le bon, Paris la belle', zingt Mandy treiterend.
'Laatste waarschuwing, Mandy, anders kun je vertrekken.
Dan kun je een liedje zingen voor de rector', zegt Ravas bars.
Hij heeft geen geduld meer, zie ik. Als Mandy nu niet stopt,
vliegt ze eruit. Mandy neuriet heel zacht nog een keer hetzelfde deuntje en zwijgt dan.
'Ga je vanmiddag collecteren?' vraagt Zora in de pauze. We
zitten op het bankje. Ik kijk naar Domien; hij staat bij een
groepje vrienden en zwaait even naar me. Ik wend snel mijn
ogen van hem af als Zora me aanspreekt. Ik voel haar ogen
steken, ze neemt me scherp op. Ze wil meer van me weten
dan ik kwijt wil, dat gevoel geeft ze me steeds.
'Ja, dat is wel mijn plan. Gaan jullie werken aan de collectie?'
vraag ik.
'Die schiet al lekker op', reageert Mandy opgewekt, 'we hebben eigenlijk alle kleren al klaar. Tenminste, de basis.'
'Alleen nog een beetje pimpen en dan: Paris here we come',
zegt Hilde.
'De kleren moeten Kiki wel perfect passen', merkt Zora op,
'anders ziet het er niet uit, weet je.'
'Da's waar. Heb je tijd om vanmiddag te komen passen? Dan
maken we alles op maat', zegt Mandy.
'Ja hoor, direct na school? Dan ga ik daarna collecteren.'

Ik bel aan bij Mandy. Ik ben niet misselijk meer en voel me
niet meer schuldig, heb ik afgesproken met mezelf. Ik felici-
teer mezelf ermee maar het voelt niet feestelijk. O Ella, wat
is het soms moeilijk om zelfs een simpele schooldag te over-
leven zonder me rot te voelen! Als het geen angst is, is het
wel schuld of iets anders waardoor ik me akelig voel. Het
zakmes van mijn vader drukt tegen mijn heup. Ik loop ermee
rond omdat ik bang ben. Dat moet afgelopen zijn! Ik wil

het fijn hebben en lol maken. Geen wantrouwen, twijfels en spookbeelden meer. Me sterk voelen. Te beginnen met NU! De voordeur gaat open.

'Hee Kiki, kom binnen, leuk dat je er bent!' verwelkomt Mandy me.

'Hoi! Nou, ik ben super benieuwd naar de collectie', zeg ik vrolijk.

'Kom mee naar boven, de anderen komen straks. Wij kunnen het passen wel samen aan, hè?'

'Gelukkig heb jij er verstand van, ik niet.'

'Da's toch wel apart, als je een moeder in de mode hebt. Vind je kleren niet leuk of zo?' vraagt Mandy terwijl ze me voorgaat op de trap.

Kleren wel maar mijn moeder niet. 'Jawel, maar niet zo heel erg', antwoord ik neutraal.

'Dit is het atelier van mijn moeder, we mogen hier werken', zegt Mandy als we een grote, lichte ruimte binnenlopen.

'Je moeder schildert dus?' vraag ik, terwijl ik rondkijk.

'Ja, het lijkt wel of alle vrouwen van veertig opeens iets creatiefs willen doen. Mijn moeder begon van de ene op de andere dag te schilderen. Idiote kliederboel. Zouden wij dat ook hebben, later?' merkt Mandy op. Een boze frons verschijnt op haar voorhoofd.

'Nou, mijn moeder was altijd al bezig met mode. Maar sinds haar veertigste mag ik haar geen mam meer noemen, alleen nog maar Alice. Dat is natuurlijk ook heel artistiekerig', zeg ik spottend. De toon en loop van het gesprek bevallen me niet, ik hoor mezelf praten. Ik hoor mijn eigen boosheid en ook Mandy lijkt boos. Waarom? Ik merk opeens dat ik naar buiten wil. Het atelier benauwt me, ondanks het hoge plafond en het zonnige daglicht.

'We gaan passen. Doe je kleren maar uit', commandeert Mandy.

Met tegenzin trek ik mijn shirt over mijn hoofd.

'Je broek ook', beveelt Mandy, terwijl ze tegenover me komt staan, 'we gaan eerst de avondjurk passen.'

Over haar arm hangt een zwart jurkje, bezaaid met glanzende kraaltjes en glimmende lovertjes, zie ik. Ik schop mijn laarzen uit en schuif mijn spijkerbroek over mijn benen naar beneden. Nu ben ik bloot op mijn onderbroek en bh na, maar ik voel me naakt tot onder mijn huid. Het is ook de manier waarop Mandy naar me kijkt of verbeeld ik me dat? Ik steek mijn hand uit om het jurkje aan te nemen en laat het over mijn hoofd glijden. Mandy zucht en zegt: 'Staat je ge-wel-dig! Kijk maar in de spiegel.'

Ze gaat me voor naar de witbetegelde badkamer en ik staar naar mezelf in de manshoge spiegel.

Het zwarte jurkje sluit precies om mijn lichaam en is bezaaid met witte pareltjes, die in de vorm van schelpen op de stof geborduurd zijn. Het doet me denken aan de motieven op de paarse jurk in mijn moeders winkel.

'Wow, wat mooi! Het is modern maar ook klassiek, echt stijlvol. Wie heeft dit gemaakt?'

'Zora en ik. Gaaf hè? Kom op, nu het hippe setje voor overdag, een rokje en truitje.'

We lopen terug naar het atelier, ik doe de jurk uit. Mandy hangt hem op een hanger en geeft me het rokje aan. Ik trek het over mijn heupen omhoog, trek de rits dicht en sluit het knoopje. Het rokje heeft banen van zwartglimmende lovertjes.

'Ook mooi! Stoer!' zeg ik.

'Beetje te wijd om je heupen', zegt Mandy kritisch, 'jij hebt dus een kleine maat 36.'

'Ja, dat zal dan wel.'

'Ik zal de zijnaden een beetje innemen.'

'Is dat niet te veel gedoe? Ik ben misschien te mager, sorry hoor.'

'Nee! Jij bent perfect', reageert Mandy fel.

Ze loopt naar de lange tafel en komt terug met een doosje vol spelden. Ze hebben gekleurde kopjes, grappig om te zien. Ik haal diep adem en spreek mezelf streng toe: Mandy is aardig en jij bent blij.

Mandy speldt handig aan beide kanten de naden af en zegt dan opgewekt: 'Zie je, zo gepiept. Nu het truitje.'

Ik doe het rokje uit en pak het truitje dat Mandy me aangeeft. Er zit een label in de hals dat me bekend voorkomt. Ik voel dat ik even wankel. Het zal toch niet een truitje uit de winkel van Alice zijn? Mijn mond voelt droog, ik kan bijna niet slikken.

'Is dit wel een nieuw ontwerp?' vraag ik, terwijl ik het over mijn hoofd trek. Ik moet het weten! Maar ik kijk Mandy liever niet aan terwijl ik de opmerking maak.

'Ja, hoor. Hoezo?'

'Omdat het een label heeft', zeg ik zo nonchalant mogelijk. Ik heb het truitje aan en kijk Mandy in haar ogen.

Die lacht breed en antwoordt: 'O ja, dat klopt! Wij hebben voor de grap een label in het truitje genaaid. Ons eigen label: Linke Ladies. Zo'n label staat zo echt. Heeft Zora gemaakt, helemaal te gek!'

Ik voel de vloer weer stilstaan onder mijn voeten. Wanneer is mijn eeuwige twijfel nu eens over? Steeds denk ik dat er iets niet klopt, dat er iets mis is met mijn nieuwe vriendinnen. Ella kan wel zeggen dat ik mijn gevoel moet vertrouwen maar kan het niet zijn dat ik zo overgevoelig ben dat ik alles veel te veel wantrouw?

'Goed idee, zeg', antwoord ik.

'De hals mag wat lager, vind ik. En het slobbert net wat te

veel in de taille. Dat zal ik ook even afspelden', stelt Mandy voor.

Ik knik en sta geduldig stil terwijl Mandy de spelden door de stof prikt.

'Auuwwww!' hoor ik mezelf opeens gillen.

Een speld steekt diep in mijn vel onder mijn oksel.

'Oh sorry Kiki, het spijt me zo! Ik schoot uit', reageert Mandy. Ze lijkt geschrokken.

Ik voel de tranen in mijn ogen en zet mijn tanden op elkaar. Jee, wat doet dat zeer. Ze heeft de speld volgens mij tot aan het kopje in mijn huid gestoken. Snel trek ik het truitje uit en ik voel mijn oksel een beetje plakkerig worden.

'O, je bloedt! Wacht, ik pak even een pleister. O sorry!' zegt Mandy.

'Kun jij niet helpen, het was een ongelukje.'

Het zoveelste niet zo bedoelde ongelukje, jengelt het in mijn hoofd. De jongen in de trein die struikelde, het meisje in de fietsenstalling dat viel. Mandy plakt een pleister onder mijn oksel en ik kleed me zo snel mogelijk aan. Ze blijft zich ver-ontschuldigen totdat ik zeg: 'Mandy, je deed het niet expres, ik vind het niet erg.' Ik haal diep adem als ik wegfiets bij het huis van Mandy. Frisse lucht. Ik ga de collectebus thuis ophalen en op pad, dan voel ik me vast beter. Terwijl ik de straat uitrijd, komen Hilde en Zora aanfietsen. We zwaaien naar elkaar.

'Succes met collecteren!' roept Zora. Ik voel opeens een lach om mijn lippen. Het goede doel is nota bene hun idee, ik heb dus goede vriendinnen!

De bus wordt steeds voller en zwaarder. Ik heb pas drie stra-ten gehad maar iedereen geeft gul. De mensen vinden het een prima doel, zeggen ze. Ik doe nog één straat aan twee kanten, spreek ik met mezelf af, en dan stop ik ermee. Morgen weer verder. Ik moet ook nog wat huiswerk maken. En ik wil Domien nog even zien. Hij komt me hier zo oppikken, sms'te hij een kwartiertje geleden, en dan fietsen we samen naar mijn huis. Als ik de volgende straat inrijd, hoor ik een gebrom achter me. Een scooter. Hij haalt me in en de bestuurder zwaait. Moet ik hem kennen? Ik denk hard na. Dan remt de jongen op de scooter, hij keert en komt op me af. Een zwarte helm met een gouden adelaar. Nu herinner ik het me weer. De jongen van het park! Zou hij hier in de buurt wonen? Zal wel.

De jongen stopt vlak voor mijn voeten. Hij schreeuwt, om het geluid van de ronkende motor te overstemmen: 'Hee, da's toevallig! Wat doe jij hier?'

Ik til mijn collectebus op, laat hem rammelen en zeg: 'Collecteren.'

'Brave meid ben jij, zeg.' Hij laat de motor grommen.

'Ja, en als ik klaar ben, ga ik ook nog huiswerk maken', zeg ik. Hij irriteert me.

'Ga je wel eens uit?' schreeuwt hij.

Ik schud mijn hoofd en zeg: 'Nee, nooit.'

'Dus jij bent altijd thuis?'

'Ja, bijna altijd.'

'Samen met je familie?'

'Ja.'

Hij draait de motor uit en zegt dan:

'Mijn ouders zijn ook bijna altijd thuis, mijn pa is werkloos. Hebben jouw ouders werk?' Zijn vraag overvalt me een beetje en ik krijg medelijden met hem. Rot als er niemand in huis een baan heeft, lijkt me.

'Mijn ouders werken allebei.'

'Dan zullen ze wel vet verdienen', mompelt hij.

Ik weet niet of ik hem goed heb verstaan en vraag: 'Wat zeg je?'

Dan klinkt er luid belgerinkel achter me. Dat is Domien, weet ik, en ik draai me om.

Ik hoor achter me dat de jongen zijn scooter start en hard wegscheurt.

'Hee Kiki, had je een geheim afspraakje?' vraagt Domien als hij naast me stopt.

'Nee zeg, alsjeblieft! Wíj hebben toch al een geheim afspraakje? Eentje lijkt me wel genoeg', antwoord ik lachend.

Hij kijkt even langs me heen. 'Ja, da's waar. Maar wie was dat?'

'Geen idee. Ik zag hem een keer in het park en nu hier. Ik denk dat hij hier ergens woont.'

'Er wonen hier in de buurt ook wat mensen van onze school. Raoul, Peter, Zora...' noemt Domien op.

'Zora ook? Waar dan?' vraag ik.

'Twee straten verderop die kant op', wijst Domien.

'O grappig, misschien ga ik daar morgen wel collecteren. Ik ben nog nooit bij haar thuis geweest. Bij Hilde ook niet, alleen bij Mandy.'

'Ja, dat vertelde je al. Is het nog steeds gezellig met ze?' vraagt Domien.

'Ja, best wel. Al vind ik Hilde soms een beetje lomp doen. Jij dan?' vraag ik.

Hij denkt even na en zegt dan: 'Ja, ze komt nogal stoer over maar ik ken haar niet zo goed. Zora en Mandy ken ik wat beter.'

'Wat vind je van ze?'

'Zora vind ik wel aardig, ik fiets wel eens met haar mee na school. Mandy, tja... dat is een ander verhaal. Ik wil het liever niet zeggen omdat ze een vriendin van je is maar... Mandy is

eigenlijk de reden dat ik ons nog even geheim wil houden.'
'Hoezo?!' roep ik uit. Ik voel mijn hart kloppen als een nood-
klok; beng, beng, beng, beiert het in mijn borstkas.

Zora – Ravage

Zora pakt haar pen uit haar etui. Proefwerk Frans. Mandy zit naast haar, omgedraaid op haar stoel, te giechelen met haar achterbuurvrouw. Hilde ligt met haar hoofd op haar armen geleund op haar tafeltje – vast en zeker een kater – en Kiki zwijgt. Saaie trut. Woensdag, de helft van de week, altijd wel een lekkere dag, zoveel beter dan de maandag. Nog maar een weekje en dan is de modeshow. Het woord alleen al laat haar haarwortels tintelen. Als ze winnen, ze moeten winnen, dan oooo... Parijs! Stel je voor dat ze daar ontdekt wordt als fotomodel, lopend op straat, die verhalen hoor je wel vaker, zo cool.

'Mesdames et messieurs, on va commencer!' roept Ravas door de klas, terwijl hij de opdrachten ronddeelt.

'Zit ons toch niet zo te stressen, het is nog veel te vroeg', kaatst Mandy terug. Ze blijft rustig doorkletsen en stoort zich niet aan de leraar.

'Mandy, draai je om', commandeert Ravas.

Met veel gesteun keert Mandy zich naar voren en zegt hard tegen Zora: 'Wat een dictator, zeg, denkt zeker dat hij Napoleon is of zo!'

De klas lacht.

Hilde grinnikt en roept: 'Hij mocht willen dat-ie zo'n lekker ding was!'

Ravas beent door het gangpad naar Mandy.

'En nu monden dicht, anders gaan jullie eruit', dreigt hij.

Hij legt de vellen met opdrachten met een klap neer op het tafeltje van Mandy en Zora.

'Quel bel, als hij boos is', neuriet Mandy als Ravas weer doorloopt naar voren.

Hij draait zich om, zijn wangen hoogrood, en buldert: 'Eruit jij! Je hangt me mijlenver de keel uit met die praatjes van je. Wegwezen! En je krijgt een 1!'

'Kom op zeg! Waar slaat dit op!' schreeuwt Mandy terug.

Hilde staat op en zegt: 'Stoer hoor, tegen iemand die jonger is dan jij.'

Zora valt haar bij: 'Dit is zo gemeen, weet je!'

'Weet je wat? Gaan jullie alle drie maar naar de rector!' briest Ravas.

'Nee!' roept Mandy. 'Dat kun je niet maken!'

'En of ik dat kan... Eruit!!!'

De klas is muisstil. Zora wil overeind komen maar Mandy en Hilde blijven koppig zitten.

Ravas komt naast Mandy staan, pakt haar bij haar bovenarm en zegt met een vaste stem: 'Eruit.'

'Blijf met je handen van me af', zegt Mandy schel. Dan staat ze op, loopt naar de deur en rukt hem open.

'En jullie ook: eruit. En alle drie een 1', zegt Ravas en hij wijst naar Zora en daarna naar Hilde.

Zora komt overeind maar Hilde blijft zitten, haar vuisten gebald voor zich op de tafel.

Zora buigt zich naar Hilde toe, legt haar hand even op haar schouder en fluistert: 'Hil, kom mee, chill, niet boos worden.

Anders mogen we misschien niet meedoen aan de modeshow, weet je.'

Hilde haalt een keer diep adem en springt dan overeind. Haar stoel valt met een luide klap achterover. Ze loopt met een bonkende pas naar de deur en smijt hem hard achter zich dicht. De ramen in het lokaal trillen.

'Zora, ik hoop dat jij zo verstandig bent om met minder drama te vertrekken', zegt Ravas kalm.

Ze voelt de ogen van al haar klasgenoten prikken. Zora weet dat de meesten een hekel aan hun groepje hebben. Ze denken: opgeruimd staat netjes.

Alleen Kiki kijkt ongelukkig. Trut!

Als Zora de deur van het lokaal achter zich dichttrekt, staan Mandy en Hilde in de hal op haar te wachten.

'Een 1, shit', foetert Mandy, 'dan kan ik Parijs wel vergeten. De modeshow heeft dan ook geen zin meer.'

'Ja doei! Ik laat me door zo'n Franse flapdrol geen reisje afpakken. We verzinnen wel wat', zegt Hilde fel.

'Zo gemeen. No way dat we niet naar Parijs gaan, het móet!' reageert Zora scherp.

'We gaan eerst naar de rector. We zullen de rest van het uur wel strafwerk krijgen. Dan overleggen we in de pauze wat we doen met die Ravage. Die 1 moet verdwijnen, voor ons allemaal', besluit Mandy. Haar ogen zijn ijskoud, hard als glas.

'Jeetje, wat een toestand. Gaat het met jullie? Hebben jullie straf?' vraagt Kiki, terwijl ze op hen afrent. Ze staan bij het bankje op het schoolplein en de pauze is net begonnen.

'Valt mee. Een uurtje strafwerk en de rest van de week nakomen. Alleen jammer dat we dan niet aan de collectie kunnen werken', antwoordt Mandy.

'Moeten we het weekend flink doorwerken, weet je, woensdag is het zover', zegt Zora.

'Maar voor mij wordt het geen Parijs als ik die 1 niet kwijtraak', mompelt Mandy.

'Zal ik met Ravas praten? Dat hij mij die 1 geeft of zo? Mij maakt het niet uit', biedt Kiki aan. Wat is die opeens spontaan, denkt Zora verbaasd.

'Da's hartstikke tof van je maar nee, dat gaat niet werken. We hebben een beter plan. Net bedacht. Daar hebben we wel jouw hulp bij nodig', zegt Mandy.

'Tuurlijk, zeg maar! Ik vind het zo rot dat jullie eruit moesten, echt onredelijk. Hij heeft de hele week al slechte zin en reageert het af op jullie en...' reageert Kiki verontwaardigd.

'Als je ons helpt, Kiki, zijn we weer helemaal happy weet je', onderbreekt Zora haar.

'Vertel op!' zegt Kiki.

De vier meisjes staan dicht bij elkaar en Mandy legt het plan uit. Mandy vertelt met veel gebaren en Zora en Hilde knikken enthousiast.

Kiki zegt niets en luistert. Als Mandy uitgesproken is, zegt Kiki: 'Ik weet niet of ik zoiets wel kan.'

'Waarom niet? Het is toch geen moord of zo! Het is gewoon een geintje', zegt Hilde grinnikend.

'Ik vind het zo'n gaaf plan, weet je', valt Zora Hilde bij.

'En het redt mij van een 1', voegt Mandy toe.

Kiki ziet bleek en kijkt naar de grond.

'Ik weet eigenlijk wel zeker dat ik er niet goed in ben', zegt ze dan.

'Hoe kan je nou zeker weten dat je iets niet kan als je het nog nooit gedaan hebt?!' roept Mandy uit.

Kiki zwijgt even, kijkt op en antwoordt dan: 'Ja... dat is zo. Nou, goed dan. Maar alleen omdat ik het een rotstreek van

Ravas vind en jou graag help, Mandy, anders zou ik het niet doen.'

'De eerstvolgende les Frans is hij het haasje. Da's vrijdag, het derde uur', grijnst Hilde en ze wrijft in haar handen.

Kiki kijkt weg en Zora volgt haar blik. Domien loopt de school binnen. Zora voelt het wringen in haar hart. Waarom heeft hij verdorie niets met haar?! Ze is mooi, dat zegt Mandy, dat zegt Kiki's moeder zelfs. Waarom is dat niet genoeg?!

'Kiki, ga jij vanmiddag collecteren?' vraagt Zora.

'Ja, ik wil vanmiddag direct na school minstens vijf straten doen', antwoordt Kiki.

Mooi zo, dan is de kust vrij.

'Domien!' roept Zora.

Ze is, toen de zoemer ging, naar de fietsenstalling gesprint. Net na Kiki, die was als eerste weg. Domien doet juist zijn schooltas onder zijn binders. Hij kijkt op en zegt: 'Hoi.'

'Zullen we samen fietsen?' vraagt ze.

Hij kijkt haar even verwonderd aan en knikt dan: 'Mij best.'

Ze lopen samen de stalling uit. Hilde en Mandy lopen net het fietsenhok binnen.

'Zo, wat zijn jullie samen van plan?' vraagt Hilde met een brede lach.

'Helemaal niks, we moeten toevallig dezelfde kant op', zegt Zora snel. Domien zegt niets, stapt op en fietst langzaam verder. Mandy grijpt Zora even bij haar mouw en fluistert in haar oor: 'Veel plezier met dat watje.'

'Wacht, Domien, ik kom eraan!' roept Zora, terwijl ze haastig trapt. Domien is het plein al afgereden.

Hijgend gaat ze naast hem fietsen. Haar lange, zwarte haren waaien voor haar gezicht, ze gooit ze naar achteren.

'We hebben dit jaar nog helemaal niet gekletst. Zo druk.

Had je een leuke vakantie?' vraagt ze.
'Ja, prima. Naar Frankrijk geweest, gekampeerd met mijn ouders. Bergen beklommen, gezeild, dat soort dingen. Jij dan?'
'Naar Marokko zoals ieder jaar, very boring, weet je. Heb je nog leuke Françaises ontmoet op vakantie?'
Hij schudt zijn hoofd en glimlacht.
'Ik hoorde... dat je verkering had met Mandy in de vakantie, klopt dat?' vraagt ze dan snel.
Hij keert zijn hoofd naar haar toe en kijkt haar even scherp aan.
'Nou, zo zou ik het niet willen noemen. Zij en ik hebben afgesproken er niet over te praten', antwoordt hij kort.
'Ja, Mandy wil er niks over zeggen, weet je. Was het zo erg dan?' flapt ze eruit.
Hij lacht even kort, het is geen vrolijke lach, hoort ze.
'Ja, best wel. En meer zeg ik er niet over.'
Shit, hier wordt ze niks wijzer van.
'Ben je er al overheen?' vraagt ze dan, schijnheilig.
'Ja hoor, ik ga gewoon verder met mijn leven.'
'Als dat zo is, heb je dan zin om een keer met mij naar de film te gaan?' vraagt Zora.
Zijn ogen nemen haar onderzoekend op. O, zeg ja, ja, ja! Laat Kiki stikken. Het is of de woorden zich uit haar mond willen persen. Ze klemt haar lippen strak op elkaar.
Terwijl ze wacht op zijn antwoord, nadert een scooter van achteren. Hij gaat hen voorbij en stopt dan piepend voor hen. Ze moeten hard op de rem om niet tegen de scooter aan te botsen.
'Man, kijk uit, wat doe je!' roept Domien.
'Shit! Dat is mijn broer Kamal', brengt Zora uit. Ze grist in haar schoudertas, trekt haar hoofddoek tevoorschijn en bindt hem snel om haar haren.

Kamal doet zijn vizier open en snauwt: 'Waar ben jij mee bezig? Doe je hoofddoek op! En wie is dat?!' Hij bekijkt Domien indringend en spuugt dan voor zijn voeten.

'Doe normaal, zeg. Ik fiets gewoon met je zus mee, dat is alles', zegt Domien kalm.

'O ja, dat zal wel! Blijf uit haar buurt of ik weet je te vinden!' schreeuwt Kamal.

Domien negeert zijn woorden en vraagt: 'Zeg, heb ik jou niet eerder gezien?'

'Ik zou het niet weten. Zorg maar dat je mij niet weer ziet, want dan heb je vette problemen, stumperd. En jou spreek ik straks', zegt hij dreigend tegen Zora.

Kamal klapt zijn vizier dicht, geeft gas en ronkt weg. Ze fietsen langzaam in stilte verder.

'Doet je broer altijd zo?' vraagt hij.

'Ach, ik kan hem wel aan, weet je', antwoordt ze.

'Sorry, Zora. Ik denk dat ik beter niet met je naar de film kan gaan, hè?' zegt Domien dan zacht.

Zora slaat haar ogen neer, houdt haar tranen tegen. Ze haat Kamal, ze haat haar leven, ze haat Kiki.

'Die hoofddoek staat je trouwens goed', verbreekt Domien het zwijgen weer.

Ze knikt en zegt: 'Merci.'

'Jullie doen mee aan de modewedstrijd, hè?' vraagt Domien dan.

'Ja, Mandy, Hilde, Kiki en ik. We hopen dat we gaan winnen', reageert ze terwijl ze weer opkijkt.

'Vast wel! Vier zulke coole meiden!'

Ze nemen afscheid bij het volgende kruispunt.

'Nou, sterkte met je broer', zegt Domien en knijpt even in haar arm. Zijn vingers lijken door de stof van haar shirt heen te schroeien.

'Thanks', zegt ze. Hij fietst verder en ze zwaait hem na. Zora bijt op haar lippen tot ze bloed proeft.

Kamal stormt na het avondeten haar kamer binnen. Zora zit achter haar bureau huiswerk te maken en schrikt op. Ze ruikt dat hij gedronken heeft. Hij grijpt haar bij haar haren, trekt haar overeind, zet zijn borst vooruit en buldert: 'Laat ik je buiten niet meer zonder hoofddoek tegenkomen, zussie. En waag het nooit meer te slijmen met zo'n bleke sukkel!'
'Laat me met rust, loser! Ik doe tenminste wat met mijn leven! Het enige wat jij doet is een beetje het baasje uithangen terwijl je niks presteert!' schreeuwt ze. Ze kan haar woede niet meer onderdrukken. Met een opgeheven hoofd staat ze tegenover hem, haar benen licht gespreid. Laat hem maar opkomen, ze is er zo klaar voor.
Dan haalt hij razendsnel uit en raakt met zijn vuist vol haar maag. Ze voelt een felle pijn in haar buik en klapt dubbel. Met een hand grijpt ze het bureaublad beet om zich staande te houden. Ze hapt naar adem en blijft even voorovergebogen staan. Dan strekt ze langzaam haar rug, legt een hand op haar maag en staart Kamal zwijgend aan. Hij bekijkt zijn vuist alsof hij het niet kan geloven. Hij heeft haar vaak genoeg bedreigd, maar nooit eerder geslagen.
'Ik haat je. Laat me alleen', zegt ze dan toonloos. Hij snuift als een wild dier, loopt de deur uit en smijt hem hard achter zich dicht.
Zora gaat weer achter haar bureau zitten en buigt haar hoofd. Het is allemaal Kiki's schuld. Zo haar schuld.

Kiki – Blijven durven

'Gaat ons plan nog door?' vraag ik aan Hilde.

'Ja, waarom niet', bromt Hilde kortaf.

'Ik heb buikpijn… ongesteld. Ik voel me niet echt lekker', zeg ik.

'Duuh, ik heb ook buikpijn, maar ik doe toch ook mee', snauwt Zora.

'Kiki, je hoeft alleen maar je dingetje te doen en wij regelen de rest', antwoordt Hilde met een frons.

'Durf je niet meer? Je gaat toch niet terugkrabbelen, hè?' informeert Mandy, terwijl ze haar hand van achter op mijn schouder legt. Ik voel de nagels priemen in mijn huid.

Ik draai me om: 'Nee, waarom zou ik? Ik wil je helpen, dat weet je toch?'

Sinds Domien me eergisteren vertelde over hun zogenaamde zomerverkering, voel ik meer vriendschap voor Mandy. Ze heeft het erg moeilijk gehad, begreep ik uit Domiens verhaal. Zij wilde verkering met hem, achtervolgde en stalkte hem, bestookte hem met sms'jes, mailtjes en telefoontjes. Het was verleden jaar herfst begonnen, zei Domien, toen waren ze een keertje naar de film geweest. Wat hem betreft waren ze gewoon vrienden, maar zij wilde meer. In de zomervakantie was het uit de hand gelopen. Ze had bij hem aangebeld en had zich aan zijn ouders voorgesteld als zijn vriendin. Hij had haar gevraagd te stoppen met die nonsens, maar ze wilde niet luisteren. Ze wilde maar niet geloven dat hij niet verliefd op haar was. Hij had voorgesteld af te spreken om het erover te hebben en dat hadden ze gedaan. Ze waren gaan wandelen in het park. En toen hij haar voor de honderdste keer had uitgelegd dat hij niet verliefd op haar was en geen verkering met haar wilde, was ze totaal hysterisch geworden en had ze hem aangevallen, vertelde hij, en met haar nagels zijn gezicht bewerkt. Zijn wangen en hals hadden onder de krassen gezeten. Ze had gekrijst dat hij zou boeten, hels was ze geweest. Hij had haar laten staan, in het park. Daarna had hij haar ge-sms't dat ze de ontmoeting maar moesten vergeten en het er niet meer over zouden hebben. Ze had hem niet geantwoord en sindsdien hadden ze geen woord meer gewisseld, besloot Domien zijn verhaal. Ik kan me de wanhoop van Mandy voorstellen, zei ik tegen Domien, al was ze veel te ver gegaan. Als je echt dolveel van iemand houdt en die ander niet van jou, dan kan dat gekmakend verdriet doen. Die pijn kan ik me voorstellen. Ja, ik wil Mandy helpen, ook om over haar liefdesverdriet heen te komen, al mag ze niet weten dat ik dat weet. Als ik denk dat ze het aankan, zal ik haar vertellen over Domien en mij, hebben hij en ik gister afgesproken. Ik vind het wel fijn dat ik nu weet waarom hij onze verkering geheim wil houden. Dat geeft me een geruster gevoel over hem en mij, het maakt het meer waar.

'Heb je al veel geld opgehaald?' vraagt Hilde.

'Ja, ik heb vanaf maandag na school gecollecteerd en de mensen geven best veel', zeg ik.

'Mooi zo. Je mag de bus anders wel meenemen naar school,

als je denkt dat je klaar bent. Dan geef ik hem aan mijn moeder', stelt Hilde voor.

'Nee! Ik wil morgen en dan maandag nog proberen te collecteren. Dat is eerlijker, want jullie zijn zo druk met de collectie. Kan dat?'

'Tuurlijk kan dat, is alleen maar beter. Voor de kinderen in Afrika', zegt Hilde.

'Ja, voor de kinderen in Afrika', herhaalt Mandy.

Ik knik tevreden. Kan ik me tenminste nuttig maken. Alleen maar kleren showen is ook zo oppervlakkig.

Nu het bijna zover is, nemen de zenuwen me in een houdgreep. Ik voel ze overal knellen. Had ik maar nooit gezegd dat ik mee wil doen. Ik sluit mijn ogen, probeer rustig te ademen en spreek mezelf streng toe: je doet het voor Mandy, het is zijn verdiende loon!

'Kiki, gaat het met je?' klinkt de stem van Ravas opeens. Hij staat naast me en neemt me aandachtig op. Ik moet me beheersen om niet overeind te springen van de stoel en weg te rennen.

'Beetje hoofdpijn', zeg ik zacht.

'Doe maar kalm aan dan', adviseert hij.

Ik knik. Hilde knijpt me in mijn bovenbeen en knipoogt. Ik hoor Mandy zachtjes achter me giechelen: 'Hij heeft een oogje op je. Niet zeggen dat je hoofdpijn hebt.'

De bel gaat, stoelen verschuiven en de klas loopt langzaam leeg. Hilde en Mandy gaan als laatsten de klas uit en sluiten de deur op een kier.

Ik blijf achter in het lokaal, loop naar voren en ga bij het bureau van Ravas staan. Hij zit op zijn stoel en pakt zijn tas in. Vragend kijkt hij me aan.

'Kan ik wat voor je doen, Kiki?'

'Uuh… ja, ik hoop het.'

'Zullen we even praten, daar?' Hij wijst naar de voorste twee tafels. Ik knik.

We gaan naast elkaar zitten en ik keer me naar hem toe. Nu moet het gebeuren!

'Wat is er aan de hand?' vraagt hij.

'Nou, ik… ik weet niet zo goed hoe ik het moet vertellen', stamel ik.

'Begin maar bij het begin, zou ik zeggen', moedigt Ravas me aan.

Nu!

Ik begin te snikken en leg mijn hoofd op mijn armen. Mijn rug laat ik schokken en ik maak zielige geluidjes. Ik ben een betere actrice dan ik ooit gedacht had want Ravas trapt er totaal in.

'Kiki, rustig maar', hoor ik zijn verschrikte stem. Ik voel hoe hij zijn hand op mijn rug legt. Gatver! Ik huiver en bijt op mijn tanden. Doorzetten nu!

'Ik, ik…' snik ik.

Hij streelt mijn rug, laat dan zijn hand omhoog glijden en aait dan over mijn haar. Jasses, dit moet niet veel verder gaan, ik word misselijk. Nu de laatste scène, zoals Hilde zei, en dan ben ik klaar.

'Ooh, ik moet even staan, ik ben zo benauwd', zeg ik kreunend.

Ik sta op en wankel. Ravas springt overeind en slaat zijn armen om mijn middel om me te ondersteunen. Nu het 'moment suprême', Kiki, zet door! Ik hef mijn gezicht op en druk mijn lippen op de zijne. Ze zijn droog en warm. Even laat hij het toe, zo overdonderd is hij. Dan duwt hij me van zich af.

'Waar ben jij mee bezig?!' galmt hij door de klas. Hij kijkt me aan alsof hij zichzelf niet vertrouwt en mij al helemaal niet.

Dan komt hij dreigend op me af en grijpt me stevig bij mijn bovenarmen beet.

'Wij gaan samen naar de rector, jongedame. Ik walg van dit soort spelletjes!' schreeuwt hij in mijn gezicht. Ik ruik zijn adem, bedorven. O god, ik verdraag het niet meer, ik ben zo misselijk, zo ziek... ik voel hoe ik wegglijd. In de verte hoor ik de wolven huilen. Het laatste wat ik merk is een klap in mijn rug, mijn lichaam slaat tegen de vloer. Ik wil mijn mes uit mijn zak halen, moet me verdedigen, maar ik kan me niet bewegen. O god, de wolven zullen me verscheuren. Ik hoor mezelf janken. 'Papaaa!' Of zijn het de wolven? Zijn er wolven in mij? Het wordt donker.

'Nee, ze moet rust hebben, dat is nu het beste', zegt een onbekende mannenstem. Wie?

Ik worstel om mijn ogen te openen. Tussen mijn oogharen door zie ik mijn vader. Naast hem staat de man die ik hoor praten. De middagzon, die binnenvalt door de hoge ramen, licht hun haren op.

'Denkt u dat ze medicijnen nodig heeft?' vraagt mijn vader.

'Kalmerende middelen, bedoelt u? Nee, laten we daar maar mee wachten. Eerst rust en dan zien we verder. Haar flauwvallen kan een aantal oorzaken hebben. Misschien is het gewoon haar ongesteldheid. Dat kan meisjes op deze leeftijd flink aanpakken. Het weekend bedrust en dan zal ze maandag wel weer naar school kunnen, vermoed ik. Of heeft ze problemen op school misschien? U heeft haar daar opgehaald, heb ik begrepen?'

'Klopt. Nee, het gaat juist goed op school. We zijn pas hierheen verhuisd en ze heeft het prima naar haar zin. De leraar zei dat hij niet goed begreep waarom ze flauwviel. Er was wel wat voorgevallen, maar daar wil hij liever eerst met haarzelf over praten, zei hij. Kiki was onderweg naar huis nog erg van de kaart, kon niet praten, steeds klappertanden. Ik heb met haar gezongen want dat kalmeert haar, weet ik. Toen heb ik haar in bed gestopt.'

'Nou, dat was het beste wat u kon doen. Ik zou me maar niet te veel zorgen maken. Het is zo te zien een gezonde dame, en rust doet wonderen', stelt de huisarts mijn vader gerust.

Zijn stem klinkt wijs en kalm. Ik heb er wel vertrouwen in. Mijn ogen sluiten zich weer en ik zweef weg. Ik hoor geen wolven meer. Die zijn verjaagd door mijn vader.

Als ik mijn ogen weer open, is het schemerig in mijn kamer. Ik rol voorzichtig op mijn zij zodat ik door het raam naar buiten kan kijken. Mijn rug voelt of hij onder de blauwe plekken zit. Buiten brandt de straatlantaarn, het is avond, zo te zien. Ik denk aan Domien, ik wil zijn stem horen. Zal ik hem bellen? Ik hoor de trap. De deur gaat langzaam open, ik gluur door mijn wimpers, mijn moeder komt binnen. Snel sluit ik mijn ogen, ik heb geen zin in Alice. Ik hoor dat ze naast mijn bed gaat staan en voel dat ze naar me kijkt. Een koude hand streelt mijn wang. Dan loopt ze weer weg, mijn kamer uit.

Ik ben blijkbaar weer weggedoezeld, want ik word gewekt door de ringtone van mijn mobiel. Waar is die? Mijn broekzak. Mijn kleren liggen in een rommelige hoop op de schommelstoel, zie ik. Ik werk me omhoog en kom moeizaam uit het bed: eerst mijn benen, dan voorzichtig overeind komen, ik sta. Ik voel mijn rug bij iedere stap. Ik steek mijn hand in de broekzak. Het mes. Andere zak. Mijn mobieltje. Snel toets ik om het gesprek aan te nemen.

'Met Kiki.'

'Ja, trut, met Mandy. Wat heb jij nou gedaan?!'

Ik schrik van haar bitse stem. Ik loop langzaam naar mijn bed en ga zitten.

'O sorry, ik ben flauwgevallen. Ik weet niet waarom. Onge-steldheid, denk ik. Dat zei de huisarts ook. Is het wel gelukt allemaal?'

'Ja, zeker weten. We hebben de plaatjes. Hilde heeft ze ge-sms't naar Zora en mij. Ziet eruit of jij en Ravas elkaar zoenen en zo, net echt!'

Mijn maag maakt een salto. Bah.

'Gaat het plan lukken?'

Even is het stil. Ik hoor beneden de deurbel gaan. Dan ant-woordt Mandy:

'Nou, ik weet niet of we het plan nog wel kunnen uitvoeren nu. Je hebt er zo'n spektakel van gemaakt. Ravas heeft volgens mij door dat hij erin geluisd wordt. Nadat je vader je was komen halen, ging Ravas gelijk naar de rector. En hij viel ons ook nog lastig, wilde van alles weten over jou. Hij wilde niet zeggen wat er was gebeurd maar zei wel dat hij het tot op de bodem uit zou zoeken. Dus we laten het plan maar zitten. Hem nu chanteren met de foto's zou het alleen maar erger maken, denk ik, dan liggen we sowieso uit de modeshow.'

'Ja, dat denk ik ook. Sorry hoor, dat ik er zo'n toestand van heb gemaakt. Ik hoop dat Ravas niet te moeilijk tegen me doet, maandag.'

'Dat hoop ik ook voor jou. Zeg maar dat het een geintje was, een weddenschap of zo.'

'Ja, goed idee. Eigenlijk ben ik wel blij dat jullie het plan laten zitten. Och, je mag vast wel naar Parijs als we winnen… zo moeilijk zullen je ouders toch niet doen? Of wel?'

'Ik zie wel. Eerst maar winnen', zegt Mandy kortaf.

'Ik moet het weekend rusten van de dokter, ik zie jullie maan-dag.'

'Oké, zie je dan.'

Ik leg de mobiel op het nachtkastje en schuif weer onder het

dekbed. Met open ogen staar ik naar het plafond. Ik ril bij
de gedachte aan maandag. Hoe kan ik Ravas nog onder ogen
komen? Wat moet ik zeggen? De waarheid kan ik wel vergeten. En mijn vriendinnen zijn ook vast niet blij met me. O
Ella, ik zit in de nesten!

Er wordt op de deur geklopt, het is mijn vader. Hij komt op
de rand van het bed zitten en streelt me over mijn haren.

'Gaat het weer?' vraagt hij zacht.

'Jawel', antwoord ik.

'Wat is er gebeurd? Wil je erover praten?'

'Nou, ja, eigenlijk valt er niet zoveel te vertellen. Ik wilde
mijn Franse leraar, meneer Ravas, wat vragen over het huiswerk en toen viel ik opeens flauw.'

'Maar hij zei dat er iets was voorgevallen. Wat dan?'

'Ja, daar moet ik het nog met hem over hebben. Ik had een
proefwerk verknald omdat ik het verkeerde geleerd had.
Daarom wilde ik nu zeker weten dat ik het huiswerk goed
had opgeschreven', verklaar ik. Mijn stem is schor, alsof hij
zich niet wil lenen voor leugens. Gelijk heeft-ie.

Mijn vader knikt en accepteert mijn verklaring, zo te zien.
Hij lijkt zelfs opgelucht te zijn.

'Kom je beneden eten, lieverd, of eet je liever hier? Ik heb
lasagne gemaakt van die vette kat van ons', grinnikt hij.

'Mjammie, dat moet ik proeven. Ik kom wel beneden.'

'Er was daarnet trouwens een jongen voor je aan de deur. Ene
Domien. Hij wilde weten hoe het met je is. Ik zei dat je dit
weekend moest rusten. Hij vroeg of hij morgen op bezoek
mag komen. Hij leek zo keurig en vriendelijk dat ik ja heb
gezegd. Vind je dat goed?'

Ik knik, maar niet te enthousiast. O lieve Domien! juicht het
vanbinnen.

'Is hij een klasgenoot van je?' vraagt mijn vader.

'Nee, een schoolgenoot. Wel leuk', zeg ik kort.

'Wel leuk? Heel leuk! Als jij hem niet wilt, neem ik hem als vriend', grapt mijn vader.

'Ik kleed me even aan, pap, dan ben ik zo beneden', zeg ik.

'Ik weet wanneer ik te veel ben, tot zo', zegt hij en trekt de deur met een grijns achter zich dicht. Ik grijp mijn mobiel en sms naar Domien:

Lk datju er was! Gaat goed m@ me. Hoe lt kom je mrgen?

Terwijl ik me aankleed, komt zijn antwoord binnen:

CU at 11, x.

Een kusje!

Sinds ik wakker ben, wacht ik al tot het elf uur is. Eindelijk gaat de voordeurbel. Gelukkig is Alice er niet. Jesse is er wel, en hoe. Hij springt kwispelend tegen Domien op als ik de deur open.

'Wat een warm welkom', lacht Domien breed.

Mijn vader komt vanuit de keuken de hal inlopen, slaat zijn arm om mijn schouder en geeft Domien een hand.

'Nu hoef ik je tenminste niet meer op de drempel te laten staan, Domien, want Kiki is al weer bijna de oude', zegt hij met een glimlach.

'We gaan thee drinken in de serre, goed?' stel ik voor.

Mijn vader zegt: 'Mmm, lekker.'

'Nee, jij niet! Ik heb het tegen Domien, hoor', reageer ik en ik voel mijn wangen blozen. Mijn vader geeft me een kneepje in mijn schouder en zegt: 'Nou, smakelijke thee jullie twee. Ik ga naar boven, nog wat werken. Tot ziens, Domien.' Domien

groet mijn vader terug en dan ga ik hem voor naar de serre.
Jesse volgt hem op de voet.

Domien laat zich op de grote bank zakken. Jesse springt naast
hem en gaat tegen hem aan liggen.

'Gaat het weer met je?' vraagt Domien.

'Ja hoor, ik was flauwgevallen. Ongesteld, rillingen, misselijk,
hoop gedoe. Ik ga thee zetten, oké? Zo terug.'

'Wacht even, Kiki. Ik moet je iets laten zien, kom eens zitten',
zegt Domien en zijn toon is opeens ernstig. Hij klopt naast
zich op de bank en ik neem gehoorzaam naast hem plaats.

'Wat is er?' Ik krijg een wee gevoel in mijn maag.

'Ik kreeg vanochtend een heel raar sms'je, een foto', begint
hij. Hij kijkt me peilend aan.

'Laat eens zien', zeg ik.

Hij klikt zijn mobiel open en drukt wat toetsjes in. Dan verschijnt een foto op het schermpje.

Mijn mond valt open. Mandy had gelijk: het is net echt. O
afschuwelijk, ik zie mezelf en Ravas zoenen. En Domien kijkt
me maar aan en zegt niks. Ik doe mijn mond dicht, ik weet
niets te zeggen. Wat moet ik in vredesnaam doen?!

'Het kwam van een anonieme afzender. Is het een nepfoto of
zo? Wat denk je?' vraagt Domien.

'Ja… ja, natuurlijk is het een nepfoto! Ik schrik me dood!
Walgelijk zeg, wie doet nou zoiets!' roep ik verontwaardigd
en ik sla mijn handen voor mijn gezicht. O nee, ik raak steeds
verder bij de waarheid vandaan, alsof ik wegdrijf van de kust,
meegenomen door de golven en te zwak om ertegenin te
zwemmen, terug naar het strand. O, als ik maar niet verdrink.

'Stil maar, Kiki, ik geloof je. Ik ga het uitzoeken', stelt me
haastig gerust. Ik haal diep adem, laat mijn vingers zakken en
kijk Domien zo kalm mogelijk aan.

'Nee, laat maar zitten, het zal wel een geintje zijn. Zo'n stomme nepfoto. Ik ga er niet van wakker liggen', zeg ik zacht. Mandy, zou zij het gedaan hebben? Zou ze weten van Domien en mij? Ja, natuurlijk! Dat dreigende sms'je van verleden week was waarschijnlijk ook van haar! Ze is nog steeds stikverliefd op Domien en daarom stikjaloers op mij. Hoe ongelukkig moet ze wel niet zijn om zoiets te doen! En… hoe gemeen?

Zora – Reality roman

'Hoi, Kiki, hoe is het?'
'Gaat het weer een beetje?'
'Ben je weer beter, Kiki?'
De trut krijgt alle aandacht, zoals steeds. Iedereen die langs haar tafeltje loopt, vraagt hoe het met haar is. En zij maar zoet glimlachen. Zora haat haar. Ze tikt Kiki op haar schouder.
'Cool dat je er weer bent, weet je. Ik kom vanavond de collectebus bij je ophalen, oké? Je hebt genoeg gedaan. Enough is enough.'
Ravas komt de klas binnen en loopt naar het tafeltje van Kiki toe. Hij buigt zich naar haar over en vraagt: 'Wil je na de les even blijven? We moeten het over vrijdag hebben.'
Zora ziet dat Kiki's wangen rood kleuren. Ja bitch, red je er maar uit.
Mandy stoot Zora aan en giechelt: 'Zag je dat? Ravas wil haar weer zoenen.'
Kiki draait zich om en sist: 'Stop daarmee, da's flauw, Mandy. Vond je het niet genoeg om die foto van Ravas en mij rond te sturen?'

'Foto, welke foto… hoezo? Wat bedoel je?' vraagt Mandy en ze trekt haar wenkbrauwen op.

'Doe nou niet net of je niet weet waar ik het over heb', zegt Kiki met een strakke blik.

'Ik weet echt van niks!' valt Mandy uit.

Hilde komt als allerlaatste de klas binnen en laat zich naast Kiki op de stoel vallen.

'Hoi meiden, alles kits?' informeert Hilde.

'Nee, niks is kits. Kiki hier zit te zeuren over een foto die ik rondgestuurd heb en ik snap echt niet waar ze het over heeft!' foetert Mandy.

'Relax, ladies, er is vast een misverstandje', sust Hilde.

'Ik dacht het wel, ja', zegt Mandy verontwaardigd.

'Sorry, Mandy, laat maar zitten, vergeet wat ik zei. Ik zal me wel vergissen. We hebben het er nog wel over', zegt Kiki.

'Kom op, Man, niet mokken nou. We moeten een team zijn voor de modeshow', zegt Hilde.

'Oké, Kiki, ik vergeef je', reageert Mandy.

'En kunnen jullie me mijn blunder van vrijdag ook vergeven?' vraagt Kiki zacht.

'Nouwww… ik weet niet, hoor, ik zit nu nog steeds met een 1', zegt Mandy.

'Chill, Mandy, het is maandagmorgen, laten we allemaal eerst even goed wakker worden. We hebben het er anders nog wel over in de pauze', zegt Hilde gemoedelijk.

'Ja, jullie hebben soms zo'n ochtendhumeur, weet je', merkt Zora op.

'Het komt vast wel goed met die 1', zegt Hilde.

'En ik zal woensdag echt heel erg mijn best doen', belooft Kiki plechtig.

'Oké, Kiki, we vergeven je alles', zegt Mandy.

'Wat zei Ravas?' vraagt Mandy gretig als Kiki bij hen komt staan in de pauze. Mandy kruipt bijna in Kiki, zo nieuwsgierig is ze.

'Kom op het bankje zitten', zegt Hilde en ze schuift een eindje op.

Kiki ploft tussen Zora en Hilde neer.

'Nou, vertel op!' commandeert Mandy.

'Jeetje, wat ben ik blij dat dat achter de rug is. Eigenlijk was het heel simpel. Ik zei dat ik in de war was. Dat ik hem leuk vind en nog nooit een oudere man gezoend had en dat ik het uit wilde proberen. En dat ik zo van mezelf schrok dat ik flauwviel. En natuurlijk ook omdat ik ongesteld ben. En dat ik een idiote pubermeid ben en dat ik het nooit meer zal doen. En dat soort dingen. Ik wilde per se dat hij niet denkt dat het een valstrik is want anders zijn jullie de pineut. Ik heb het bij mezelf gehouden.'

Hilde grijnst en zegt: 'Stoer. Heb je dat allemaal gezegd zonder te lachen?'

Kiki knikt.

'Knap, echt linke-ladiestijl', vindt Hilde.

'En je hoefde ook niet te huilen?' vraagt Zora.

'Nee.'

Mandy lacht: 'Ravas bezorgt ons dus geen last meer?'

'Nee. Maar het was wel griezelig met hem alleen te zijn. Jakkes. Zo'n oude man. Walgelijk vind ik dat!' zegt Kiki en ze rilt.

Ja, jij valt meer op mooie jongens als Domien, denkt Zora pissig.

Hilde lacht: 'Chill, Kiki, de creep heeft je niet aangerand of zo, het was eerder omgekeerd. Dus relax.'

Zora fietst naar huis. Nog twee nachtjes slapen tot de mode-show. Ze was vanmiddag na school bij Mandy om de naden van de rok in te nemen. Morgen het shirt nog en dan is de collectie klaar. Helemaal goed. Maar een volgend probleem is: hoe vertelt ze het haar ouders? Hoe komt ze woensdag-avond weg na het eten? En nog wel tot elf uur. Een mode-show vinden ze helemaal niks, dat weet ze nu al. Ze kan er zo van balen, van haar ouders die niks snappen van hoe het is om jong te zijn in een modern land. Zij denken nog steeds in sluiers en kamelen, bruidsschatten en eerwraak. En Kamal, die loser, is zo hypocriet als het maar kan: die rookt en drinkt maar verbiedt haar ondertussen alles. Zak! Er is helemaal niks leuks in haar leven! Ja, de modeshow! Die winnen en dan naar Parijs en ontdekt worden! En dan geen last meer hebben van haar middeleeuwse familie. En dan wordt Domien haar vriend, want die knapt dan natuurlijk af op Kiki, saaie slome Kiki. Zora voelt zijn vingers weer op haar arm. Woensdag fietste hij nog naast haar. Op school gaat hij hun groepje uit de weg, merkt ze steeds. Ze is nog altijd niks wijzer geworden, Hilde kon haar ook niets nieuws vertellen over de vakantie-verkering van Mandy en Domien. Maar ja, het kon Hilde ook niet boeien, zei ze, Hilde vindt jongens boring. Zora maakt het tuinhekje open, parkeert de fiets in het schuurtje en gaat de keuken binnen.

'Zora, ben jij dat?!' roept de stem van haar vader uit de woon-kamer. 'Zet thee!'

'Eten!' roept haar moeder vanuit de hal.
Zora maakt snel de laatste wiskundeopdracht af en loopt dan naar beneden.
Ze hoort Kamal achter zich aan komen, bonkend op de tre-den als een gorilla. Ze heeft niets meer tegen hem gezegd

na woensdag. Haar kleine broertje Nader vertelt aan tafel over school. Ze leren net lezen, zegt hij. Hij voelt zichzelf nu opeens vast twee keer zo groot, denkt Zora. Dat had zijzelf wel toen ze pas kon lezen. Zo oneerlijk, jongens worden veel makkelijker groot dan meisjes, denkt ze boos. Zij mogen doen en laten wat ze willen en ik mag niks! Genoeg! Ze haalt diep adem en zegt dan:

'Pap en mam, ik ga woensdagavond naar een modeshow op school.'

Ze laat de woorden midden in het gesprek vallen. Het wordt stil.

'Wat zeg je?' vraagt haar vader. Hij doet of hij haar niet verstaan heeft.

'Er is een modeshow op school waar ik naartoe wil', herhaalt Zora geduldig.

'Nee', zegt haar vader.

'Hoezo nee?' vraagt Zora. Haar moeder staat haastig op om de borden af te ruimen en verdwijnt naar de keuken.

'Je gaat niet!' zegt haar vader met stemverheffing.

'Ik ga wel', reageert Zora kalm. Ze voelt rust vanbinnen, net als die avond toen Kamal haar sloeg. Ze laat zich niet langer commanderen.

'En als jullie willen, kunnen jullie mee', voegt ze eraan toe.

Haar vader schudt geërgerd zijn hoofd en snauwt: 'Wat moeten wij op een modeshow, dat is niks voor ons. Het is slecht!'

'Dan ga ik alleen.'

'Nooit!' zegt haar vader, en zijn konen lopen rood aan.

'Pa, maak je niet druk, ik ga wel met haar mee', klinkt opeens de stem van Kamal, 'dan is ze niet alleen.'

Zora kan maar net voorkomen dat ze uitroept: 'Jij?!'

'Beloof je de hele avond bij haar te blijven?' vraagt haar vader streng.

'Ja, natuurlijk beloof ik dat. Ik zal haar beschermen', verzekert Kamal hun vader en hij grijnst naar Zora.

'Waarom ben jij opeens zo'n aardige broer?' vraagt Zora, als ze na het eten samen de trap op lopen.

'Ik heb er spijt van dat ik je geslagen heb', zegt hij, 'ik heb wat met je goed te maken, zussie.'

'Tof van je, weet je', zegt ze maar ze voelt geen dankbaarheid, merkt ze. Het is en blijft koud vanbinnen.

Zora wacht op haar kamer totdat haar vader vertrokken is naar het buurthuis. Daar zit hij bijna iedere avond met zijn vrienden, die net als hij geboren zijn in Marokko. Kamal is ook weg, die zal wel ergens rondhangen op straat. Ze loopt de trap af.

'Mam, ik ga even naar Gudrun, huiswerk maken. Ik ben over een uurtje terug', zegt ze tegen haar moeder vanuit de hal. Ze wacht niet op antwoord, trekt de keukendeur achter zich dicht en haalt haar fiets uit de schuur. Op weg naar Kiki bedenkt ze wat ze overlegd heeft met Mandy. Als jij de collectebus ophaalt, had Mandy gezegd, dan kun je gelijk nog een keer in het dagboek van die trut neuzen. Kiki doet nu wel poeslief maar wie weet wat je nog te weten komt, lees er zoveel mogelijk in, had Mandy bevolen. Hilde hadden ze er nog maar even buiten gehouden. Die had zelf de bus wel willen ophalen bij Kiki, want dan kon ze snel het geld tellen. Nee, had Mandy benadrukt, Zora gaat. Waarom? had Hilde gevraagd. Omdat jij vanmiddag in de stad nog een leuke ketting voor de modeshow moet scoren, had Mandy geantwoord, en dan kom je daarna cocktailtjes bij me drinken, mijn ouders zijn weg. En dan brengt Zora de bus en gaan we gelijk tellen, besloot Mandy. Hilde had direct weer geglunderd.

Zora fietst de oprit naar het huis van Kiki op. Buitenlampen flitsen aan en de voordeur gaat open.

'Hoi, ik verwachtte je al', zegt Kiki hartelijk.

'Waar is die hond van je?' vraagt Zora als ze bij de voordeur aankomt.

'Jesse en Gruwella logeren deze week in een dierenpension want mijn vader lakt de vloeren in de woonkamer en serre. Met al die dierenharen in de lucht is dat onbegonnen werk, zegt hij. Dus kom gerust binnen.'

'Jesse ken ik. Maar wie is Gruwella?'

'Gruwella is onze vreselijke kat', beantwoordt Kiki's vader haar vraag. Hij komt net de hal binnenwandelen in een blauwe overall.

'Pap, dit is Zora, mijn vriendin', stelt Kiki haar voor.

'Wat een prachtige naam heb jij toch!' roept hij uit. 'Die zou ik graag op het naambordje naast de voordeur zetten. Misschien moeten we deze villa maar zo noemen: Zora.'

'Pa, overdrijf nou eens niet zo, je maakt Zora verlegen.'

'Sorry, de parketlak is me naar het hoofd gestegen, geloof ik. Ik ga weer verder, dan hebben jullie geen last meer van me', zegt hij lachend en verdwijnt naar de serre.

'Geinige vader', zegt Zora kortaf als ze de trap opgaan.

'Ja, dat is zo. Wacht, loop jij vast naar mijn kamer, dan pak ik wat te drinken. Waar heb jij zin in?'

'Warme chocolademelk! Heb je dat? Vind ik zo lekker, weet je.' En het duurt ook zo lekker lang om klaar te maken, denkt Zora erachteraan.

'Ja hoor, maar dat kost wel even tijd', antwoordt Kiki vrolijk.

'Helemaal niet erg', zegt Zora, 'ik lees wel wat of zo.'

Ze weet het dagboek nu direct te vinden en slaat het open. De laatste bladzijdes leest ze razendsnel door. Haar ogen sperren zich open van ongeloof en even blijft ze stil zitten, haar ogen gesloten. Dan bladert ze haastig terug in het boek, helemaal naar het begin. Ze slaat pagina's om, hier en daar een stukje lezend. Een vage glimlach speelt om haar mond. Ze slaat het boek dicht en legt het weer in de lade. Dan staat ze op, neemt een glossy van het nachtkastje en gaat in de schommelstoel zitten. Zo vlot mogelijk die chocolademelk wegwerken en dan wegwezen. Exit. Ze weet nu genoeg, meer dan genoeg, om Kiki zo onderuit te halen. De traptreden kraken. Kiki komt binnen met twee dampende mokken.

'Het duurde wel lang, hè?' zegt ze puffend.

'Nee hoor, niks van gemerkt, weet je.'

'Heb je zin in de modeshow?' vraagt Kiki, terwijl ze Zora een mok aangeeft.

'Ja, zo!'

'Komen jouw ouders?'

'Nee, mijn broer gaat mee. En jouw ouders?'

'Ja. En Alice zal ook wel backstage willen komen, reken daar maar op.'

'Morgenmiddag is het de laatste keer passen bij Mandy en de generale voor de show', zegt Zora.

'Ja, ik ga gelijk na school naar Mandy toe', antwoordt Kiki. Zora drinkt zwijgend haar mok leeg en staat op.

'En dan nu de collectebus, want ik moet op tijd thuis zijn. Ik ben zo benieuwd hoeveel je opgehaald hebt, weet je!'

'Ja, ik ook. Hij is loeizwaar, voel maar eens', lacht Kiki terwijl ze de bus van het bureau neemt en hem Zora aangeeft.

'Wow, zo!' roept Zora uit, 'echt heavy, weet je!'

'Kom binnen, Hilde kan haast niet meer wachten!' roept Mandy als ze de deur voor Zora opendoet. Ze trekt Zora aan een arm mee de zitkamer in. Hilde ligt languit op de bank en steekt een hand uit. 'Hier met die bus, gooi maar', gilt Hilde.

'Nee gek, hij is hartstikke zwaar, weet je', zegt Zora.

'Hilde, kom eens overeind, zo kan je geen geld tellen', commandeert Mandy.

'Hoeveel cocktailtjes heeft ze op?' fluistert Zora in Mandy's oor.

'Te veel, maar ja, hou haar maar eens tegen.'

'Zoveel dus', zucht Zora, 'laat mij dan maar tellen.'

'Hee, geef hier dat geld', zeurt Hilde.

'Nee, jij bent dronken. Ik tel het en dan mag jij het meenemen naar huis, oké?' stelt Zora voor.

'Nee, we laten het geld vannacht hier. Hilde is veel te bezopen om ermee over straat te gaan', vindt Mandy.

'Stelletje trutten! Mij alles laten opknappen en ik krijg er niks voor terug! Altijd hetzelfde gezeik!' schreeuwt Hilde. Ze loopt rood aan en wil opstaan van de bank.

'Nee, blijf zitten! Je valt om!' schreeuwt Mandy.

'O shit, ik voel me shit', kreunt Hilde terwijl ze terugvalt in de kussens.

'Waag het niet om te kotsen op de bank van mijn ouders', snauwt Mandy, 'hou je gedeisd, Hilde.'

Hilde knikt en zegt dan op een zielig toontje: 'Zora, wil je de blingbling zien die ik vanmiddag heb gejat?'

'Ja, laat maar zien', zegt Zora terwijl ze naast Hilde gaat zitten. Stomme arme meid, ze zuipt veel te veel. Hilde grijpt onvast naar haar jas, die op de bankleuning ligt en vist uit de zakken een joekel van een goudkleurige ketting. Er bengelen parelmoeren hartjes aan. Het sieraad schittert in het lamplicht.

'O zo mooi, Hilde! Echt te cool. Het zal prachtig staan bij de collectie', prijst Zora.

Hilde glimlacht tevreden, propt de ketting weer in haar jaszak en laat zich achterover vallen tegen de bankleuning. Ze sluit haar ogen en begint te snurken.

'Hopeloos, wat een zuiperd, zeg', moppert Mandy.

'Heb je een scherp mes of zo? Dan maken we die bus open', stelt Zora voor.

'Zolang je mij er maar niet mee doodsteekt', grinnikt Mandy als ze terugkomt met een vlijmscherp, klein mes.

'Relax, ík ben niet zo psycho, weet je', zegt Zora en ze kijkt Mandy veelbetekenend aan.

'Ja, schiet nou maar op', reageert Mandy kortaf.

Zora stoot het lemmet net onder de bovenrand van de bus met de punt naar binnen. Dan snijdt ze door het harde plastic tot de bovenkant van de bus helemaal loshangt. De laatste centimeters en dan is de bus open. Ze keert de bus om naast haar op de bank. Munten en biljetten vallen op het zwarte leer en Zora begint ingespannen te tellen. Mandy strijkt de biljetten glad op de salontafel met haar handen. Een kwartier later is het geld geteld. Zora kijkt Mandy met glanzende ogen aan en zegt zacht: 'Kiki is geen linke lady maar wel een goede-doelenkampioen, weet je. Ze heeft 381,20 voor ons verdiend.'

'Magnifiek, maar dat zal haar niet helpen: na de modeshow ligt ze eruit', zegt Mandy.

Zeker weten, denkt Zora, dan is het zo exit voor Kiki. Bij hen en ook bij Domien, daar zal zij wel voor zorgen.

Kiki – Blijven showen

Showtime! Er doen wel acht teams mee aan de modeshow. Wij zijn de enige vier uit ons jaar en we zijn de jongste deelnemers. Zou dat helpen? Het is warm in de lerarenkamer. Die doet vanavond dienst als kleedruimte.

'Zo weinig glamour hier, weet je', klaagt Zora.

'Ja, die duffe lerarensfeer krijg je niet zomaar weg', lacht een vijfdejaars, Anna heet ze.

Er doet ook een jongensteam mee. Nerveus plukken ze aan hun model, in een hoek van de lerarenkamer.

'Wat een mietje', zegt Hilde spottend, 'sprekend mijn favoriete vriendje.'

Het voelt of er een vaatdoek over mijn lijf ligt: klef en benauwd. Mijn blote armen en benen zijn wit, te wit. Ze steken scherp af tegen het nachtzwart van de kleren. Noem het collectie, zei Mandy net bestraffend, geen kleren, dat klinkt veel te gewoon. Zora dribbelt om me heen. Ze frunnikt steeds aan de reusachtige ketting die om mijn hals hangt: het is net een gouden octopus met schimmel tussen zijn poten, een foeilelijk ding.

'Hilde heeft hem gemaakt, zo creatief', zegt Zora. Ik kan er dus maar beter niks negatiefs over zeggen, besluit ik, en klem mijn tanden op elkaar. Hilde is al explosief genoeg vanavond. Ze ging bijna door het lint toen iemand zei dat ze niet mocht roken in de lerarenkamer.

'Ja doeiii, die ouwe bokken mogen hier altijd roken en ik niet, mooi niet!' had ze uitgeroepen.

Mandy had haar gekalmeerd en was met haar naar buiten gegaan.

Ik moet als vierde het podium op. We moeten beginnen met het showen van het dagontwerp, vertelde mevrouw Lucas net. Zij is onze dramadocente en vanavond ook voorzitter van de jury. Ik heb het rokje en truitje aan, de sieraden om, nu alleen de make-up nog.

'Ga zitten, dan kan ik je opmaken', beveelt Mandy.

'Komt je moeder niet bij ons kijken, Kiki?' vraagt Zora.

'Jawel, ze komt nadat we aan de beurt zijn geweest. Dat is professioneler, zei ze. Zit jouw broer ook in de zaal?' vraag ik.

'Nee, ja, weet ik eigenlijk niet… hij moest nog even weg, zei hij. Maar hij komt me straks wel weer ophalen', antwoordt Zora.

'Van mij is er ook niemand, lekker rustig', zegt Hilde.

Mandy poedert mijn wangen en zegt: 'Van mij wel, alleen mijn moeder. Mijn vader heeft een vergadering, zoals altijd.'

'Moet je haar nagels niet lakken, lekker knal felrood?' vraagt Zora aan Mandy alsof ik er niet bij ben.

'Nee, die zijn veel te kort, dat is lelijk', zeg ik.

'O ja, ik zie het. Bijt jij al lang nagels? Was me nog niet opgevallen', zegt Mandy.

'Je kan beter roken dan nagelkluiven, vind ik, beter lelijk vanbinnen dan vanbuiten', grinnikt Hilde.

'Je moet haar ogen zwaar opmaken, dat staat mooi bij het

zwart van het truitje, weet je', merkt Zora kritisch op.

'Laat mij nou maar, ik weet waar ik mee bezig ben. Stil zitten, Kiki, want ik ga je ogen doen.'

Ik denk aan de speld die ze per ongeluk in mijn oksel stak en ik verroer me niet.

'Wij zijn aan de beurt. Je moet naar het podium, Kiki', spoort Mandy me aan. Ik krijg de zenuwen. Domien zal me zien, zal hij me mooi vinden? En mijn ouders?

'Doe je best', zegt Hilde met een dreigende ondertoon. Zal ze me slaan als we niet winnen?

Zora kijkt me alleen maar heel strak aan en mompelt: 'Als je het verpest, gaan we niet naar Parijs. Dan zal ik zo balen.'

Ik voel me niet op mijn gemak onder al die druk. Ik ben bang dat ik er gigantisch van langs ga krijgen, als we verliezen. De gang die van de lerarenkamer naar het podium achter in de aula leidt, lijkt langer dan normaal. Ik draag hogere hakken dan ik ooit aan had, geleend van de moeder van Mandy. Mandy, Hilde en Zora volgen me, ze zitten me op de hielen, zo voelt het, als een troep hongerige hyena's. We hebben gekozen voor een nummer van Beyonce en ik heb de afgelopen weken volop geoefend met lopen en draaien. Vanmiddag was de generale repetitie in het atelier bij Mandy thuis. Mijn vriendinnen klapten en moedigden me aan, ik had voor het eerst echt lol met ze. Zeker toen Hilde heupwiegend Ravas nadeed en galmde: 'Je ne veux pas coucher avec toi, Kiki!' Mandy en Zora lagen in een deuk. Ik even wat minder. Maar nu is er van die lol weinig meer over. Nou, kop op, Kiki, courage! Ik kom bij het podium aan en de gymlerares knikt me bemoedigend toe. Zij bedient de muziek en is de ladyspeaker. Ze geeft een seintje en dan begint ons liedje. Ik loop het podium op en de woorden van de gymlerares buitelen enthousiast de zaal in.

'En dan nu, dames en heren, de jongste deelnemers aan de Catwalk Cats: de Linke Ladies. Ze hebben gekozen voor een dagcreatie in zwart met een zeethema. Een zwart rokje met lovertjesbanen en een laag uitgesneden zijden shirtje, geborduurd met lovertjes in schelpmotieven. De sieraden maken er een prachtige combinatie van. Graag uw applaus voor Kiki Vermaten, zij showt de collectie van de Linke Ladies.'

Ik flaneer twee rondes over het podium en glimlach stralend naar de jury. Het publiek durf ik niet te bekijken, want dan struikel ik misschien met mijn paalhakken. Als ik van het podium af loop, klinkt er een groot applaus achter me. Voor mij? denk ik verbaasd. Mijn vriendinnen wachten me op.

'Woow, klasse Kiki! Je lijkt wel een echte mannequin. We are the champions, my friends!' juicht Hilde. Mandy omarmt me en zegt: 'Perfect!' Zora steekt een duim op.

'Kom, snel omkleden in je avondjurk,' zegt Mandy en neemt me bij de hand, 'we hebben een kwartiertje.'

Ik hijs me in het zwarte jurkje. Mandy vlecht mijn haren en steekt ze op. Ze stift mijn lippen kersenrood en maakt mijn ogen op met veel goud. Als ik mezelf in de spiegel bekijk, lijk ik minstens twintig, vind ik. Achter me staat Zora en ik vang haar blik op. Donker en strak. Opeens denk ik aan de collecte...

Ik draai me om naar Zora en vraag: 'Wanneer wordt eigenlijk de opbrengst van de collecte bekendgemaakt?'

'Dat weet ik niet, dat moeten we aan Hilde vragen', antwoordt ze, 'ik ga wel even naar haar toe. Ze staat buiten te paffen met Mandy, weet je.'

Zora loopt de lerarenkamer uit en komt even later terug met Hilde en Mandy. Hilde loopt naar me toe en legt uit: 'Had ik het je nog niet verteld? Ze gaan onze opbrengst vanavond niet bekendmaken. Mijn moeder zei dat de stichting het hele bedrag liever in één keer noemt. Dat hoorde ze vanmiddag pas. Lullig, hè?'

'Jee, wat jammer! Dat scheelt misschien in onze beoordeling, of niet?' reageer ik. Ik baal ervan. Zo'n goed doel had de modeshow ook wat meer inhoud gegeven.

'Vast niet. Je doet het echt gran-di-oso!' zegt Hilde vol vertrouwen.

'Je moet weer op, kom mee', zegt Mandy.

Ik loop weer op mijn veel te hoge hakken door de veel te lange gang naar het podium.

'Break a leg', zegt Hilde.

'Liever niet', antwoord ik met een klein glimlachje.

Als ik de planken op ga, hoor ik een bewonderend 'oooh' vanuit de zaal. Ze vinden me mooi!

Beyonce zingt me weer toe vanuit de geluidsboxen als ik mijn rondes maak. Dan ben ik klaar. Het applaus sterft achter ons weg als we naar de lerarenkamer teruglopen.

Een kwartiertje pauze. En daarna volgt de uitslag. Hilde gaat weer naar buiten om te roken. Zora, Mandy en ik halen een colaatje bij de automaat in de hoek van de lerarenkamer.

'Mag ik passeren, ik ben de moeder van Kiki. Ze showt voor de Linke Ladies', klinkt mijn moeders stem schel vanuit de deuropening.

'Joehoe, hier zijn we!' roept Mandy en ze wuift naar mijn moeder.

Alice stormt op ons af en roept: 'Ge-wel-dig, meiden!'

'Vond je ons goed?' vraag ik verwonderd.

'Jullie waren de beste, fabulous!' jubelt Alice.

Ze bekijkt me van kruin tot voeten en zegt: 'Je bent heel geschikt als mannequin, dat had ik nooit gedacht.'

'Wat vindt u van de ontwerpen?' vraagt Mandy.

'Het jurkje doet me een beetje denken aan de paarse creatie van Lulock in mijn winkel, weet je nog, die hele chique met die pareltjes? Dit motief lijkt erop.'

'Ja, dat klopt! Ik heb me door die jurk laten inspireren', reageert Mandy.

'Mag ik jullie andere creatie ook nog even van dichtbij zien?' vraagt Alice. 'Dan kan ik de techniek beter beoordelen.'

'Tuurlijk', zegt Mandy. Ze pakt de rok en het shirtje van de stoel naast haar en geeft ze aan Alice. Die bestudeert de kledingstukken, voelt de stof en bekijkt de naden.

'Is het goed?' vraagt Zora.

Alice zwijgt, kijkt mij fel aan, knijpt de stof van het shirt samen in haar hand en zegt dan: 'Het is gejat.'

'Wat?!' roep ik. 'Hoe bedoel je?!'

'Precies zoals ik het zeg: deze spullen zijn gestolen. Uit mijn winkel!'

'Hoe komt u erbij?' roept Mandy. 'Het zijn onze eigen ontwerpen!'

'Met een echt eigen label, weet u', voegt Zora toe.

'Dit label', zegt mijn moeder giftig, 'is een Black Basicslabel dat jullie veranderd hebben. En dit', ze houdt de kleren omhoog, 'zijn mijn rokje en truitje dat jullie bewerkt hebben! Walgelijk!'

De andere deelnemers komen om ons heen staan, ze fluisteren met elkaar.

Ik hoor Anna zeggen: 'Ik ga mevrouw Lucas wel even halen.'

'Kiki, wist jij hiervan?' vraagt Alice aan mij. Ik kan me vergissen maar volgens mij zijn haar ogen vochtig. Tranen? Ik voel me voor de zoveelste keer kotsmisselijk deze week. Wat een ellende! Wat moet ik nu weer zeggen?!

Mandy en Zora kijken me priemend aan.

Ik moet iets zeggen, maar wat?! Hilde komt de lerarenkamer weer binnenlopen, kijkt verbaasd naar mijn moeder en de omstanders en vraagt: 'Is er iets aan het handje?'

'Kiki's moeder beschuldigt ons van diefstal!' valt Mandy uit en ze begint te snikken.

'Zo gemeen', zegt Zora.

Mijn moeder staart me nog steeds strak aan. Ik weet het niet meer. Niet wat ik moet doen, voelen, denken… chaos in mijn hoofd, paniek in mijn buik. De wolven zijn klaar voor de aanval. Ik schop de hoge hakken uit, grijp mijn tasje, schiet mijn slippers aan die onder een stoel staan, duw leerlingen aan de kant en ren de lerarenkamer uit. Weg van hier, weg!

'Kiki, wacht!' herken ik de stem van Domien. Nee, ik moet weg!

De wind lijkt me te willen troosten, mijn haren te strelen. Ik fiets zo hard ik kan. Alice is woest: ze denkt dat mijn vriendinnen stelen en zal het mij kwalijk nemen. Ik heb ze meegenomen naar haar winkel! En hoe kan ik met Mandy, Hilde en Zora blijven omgaan als ik weet dat ze stelen? En liegen? En wie zal zeggen wat ze nog meer uitvreten? Hoe kan ik naar school blijven gaan als zij in mijn klas zitten? Domien is de enige die ik kan vertrouwen. Maar wat helpt dat?

'Kiki, wacht nou!' hoor ik Domiens stem weer. Is het mijn verbeelding of is hij het echt?

Ik voel een hand op mijn schouder en kijk hijgend om. Domien! Hij komt naast me fietsen en zegt: 'Stop nou, Kiki. Je bent helemaal overstuur. Wat is er gebeurd?'

Ik schud mijn hoofd en trap door. Wat heeft het voor zin hem uit te leggen wat er aan de hand is, hij kan het toch niet oplossen. Ik ben mijn vriendinnen kwijt.

'Schatje, rustig nou', zegt hij sussend, 'fiets eens wat langzamer.'

Hij pakt mijn arm beet, remt af en dwingt me tot stoppen.
'En nu zeg je wat er aan de hand is!' beveelt hij.
Ik sta met mijn fiets tussen mijn benen en een windvlaag tilt mijn jurk op. Ik heb het koud, ril, heb zin om keihard te schreeuwen: Laat me met rust, allemaal! Maar ik zeg niks, ik weet niets te zeggen. Ik kan Domien alleen maar aankijken terwijl mijn hele huid lijkt te sidderen. Ik voel tranen over mijn wangen rollen.
'Ach liefje, je hebt het ijskoud, ik breng je naar huis. Dan praten we daar verder', zegt Domien en hij geeft me een zacht kusje op mijn wang. Warm.
'We zetten je fiets bij die bushalte daar,' wijst hij naar de overkant, 'en dan ga jij bij mij achterop.' Als ik op zijn bagagedrager zit, pakt hij mijn armen een voor een en vouwt ze om zijn middel. Hij houdt een hand aan het stuur en zijn andere hand legt hij op de mijne. O zo warm. Ik leun mijn hoofd tegen zijn rug en voel me eventjes veilig.
Als we de Maliesingel in fietsen, rijden drie scooters ons scheurend tegemoet. Domien zegt: 'Heb ik je al verteld over die broer van Zora? Ja toch? Volgens mij is dat hem', en hij knikt met zijn hoofd naar de jongen die ons als laatste van de drie ronkend passeert, 'die met die zwarte helm met die gouden vogel erop. Nogal geflipt, die vent.'
Domien remt bij de oprit. Samen lopen we het pad op en hij zet zijn fiets naast de voordeur.
'Heb je een sleutel?' vraagt hij. Ik dwing mijn stem om te antwoorden, al wil hij liever zwijgen.
'Ja, de sleutel van de serre', antwoord ik hees.
'Geef maar hier.' Ik vis de sleutel uit mijn tasje en volg Domien. We blijven allebei stokstijf staan als we de serre naderen. De deur staat open.
'Blijf hier, ik kijk even', zegt Domien kortaf.

Hij sluipt naar de serre toe en kijkt voorzichtig naar binnen. Dan wenkt hij me.

Ik kom naast hem staan en hij wijst op de vloer. Die is bezaaid met voetstappen.

'Inbrekers?' oppert Domien.

Ik moet ondanks alles giechelen: 'Mijn vader had de vloer vanavond net voor de vierde en laatste keer gelakt… wat zal hij balen!'

'Ja, lach jij maar. Je moeder krijgt nu vast een diefstaltrauma. Ik bel de politie', zegt Domien met een flauwe grijns.

'En ik mijn vader.'

Zora – De finale

Mevrouw Lucas komt de lerarenkamer binnen, klapt in haar handen en zegt luid: 'Wil iedereen alsjeblieft zo vriendelijk zijn te vertrekken? De eerste rij in de aula is voor jullie gereserveerd. Ik wil even praten met het team van de Linke Ladies en mevrouw Vermaten.'

De leerlingen bewegen zich mompelend naar de deur en werpen schuine blikken op de achterblijvers. Mandy, Zora en Hilde staan bij elkaar. Alice zit op een stoel met het zwarte rokje en truitje op haar schoot. Ze praat venijnig in haar mobiel: 'Ja, Kiki is weggerend, ze zal naar huis zijn. Ga jij haar vast achterna?' Alice zal het wel tegen Kiki's vader hebben. Zora voelt hete woede in haar maag opkomen terwijl ze naar Alice kijkt. Rotmens!

'We zeggen niks', sist Mandy.

'Die bitch is gek', fluistert Hilde, 'ze kan toch niks bewijzen.'

'Lekker ding, die Kiki, dat ze hem peert', moppert Zora.

'Ze heeft ons in ieder geval niet verraden', fluistert Mandy.

'Nee, nog niet. Maar houdt ze dat vol?' reageert Zora kortaf.

'Ssssht', sist Mandy 'Daar heb je Lucas.'

'Wat is hier aan de hand? Ik begreep van Anna dat mevrouw

Vermaten problemen heeft met jullie collectie?' vraagt mevrouw Lucas. Ze kijkt Mandy, Hilde en Zora een voor een aan.

Kiki's moeder springt op van haar stoel en zegt schel: 'Ze hebben een rokje en truitje gestolen uit mijn zaak en die vermaakt voor de modeshow! Het zijn míjn kleren!'

'Weet u dat wel zeker? Het is nogal een beschuldiging...' begint mevrouw Lucas.

'Absoluut zeker! Ik ken mijn kleren. Deze meiden waren verleden week zaterdag in mijn winkel en aan het einde van de dag miste ik een rokje en truitje. Dit zijn ze!'

Ze houdt de zwarte kledingstukken omhoog en drukt ze bijna onder de neus van Hilde.

'Ik snap niet waar u het over heeft, hoor. We waren in uw winkel om inspiratie op te doen. Kiki weet dat ook', zegt Mandy. Zora ziet dat Hilde moeite moet doen om zich te beheersen en ze geeft Hilde een por.

'Ja, Kiki zou op jullie letten, maar dat heeft ze blijkbaar niet goed genoeg gedaan! Die is nog niet klaar met me. En jullie ook niet. Doe maar niet net of jullie van niks weten!' foetert Alice. Ze loopt rood aan.

'Maar we weten van niks! We hebben onze collectie zelf ontworpen en gemaakt! Echt waar, mevrouw Lucas!' roept Mandy. Haar stem hapert en ze snikt een keer.

'Mevrouw Vermaten, wat stelt u voor dat we doen?' vraagt mevrouw Lucas.

'Ik zou die meiden uit de modeshow gooien! Wat denken ze wel niet? Pronken met andermans veren! Als ik de juryvoorzitter was, zou ik ze diskwalificeren!'

'No way, dat zou zo gemeen zijn', valt Zora uit.

'Als het klopt wat mevrouw Vermaten zegt, is wat jullie doen minstens zo gemeen, Zora. Iedereen heeft zijn best gedaan iets moois te maken en dan zouden jullie je er makkelijk met bedrog van afmaken. Dat kunnen we natuurlijk niet toestaan', zegt mevrouw Lucas streng.

'Kiki's moeder liegt!' roept Hilde.

Alice knijpt haar ogen samen en zegt afgemeten: 'Dom kind, ik kan bewijzen dat ik gelijk heb. Er zitten standaard chipjes in de zoom van alle Black Basickledingstukken. Ik heb een scanner, die kan ik zo ophalen.'

Mandy stopt met snikken en schreeuwt: 'U bent gestoord!'

'Volgens mij zijn jullie gestoord! Ik verbied mijn dochter nog langer met jullie om te gaan', reageert Alice fel.

Hilde roept: 'Bitch, ik heb genoeg van je gezeik! Ik zal jullie krijgen!' Ze grist de zwarte kleren uit de handen van Alice en sprint de lerarenkamer uit.

'Hilde, blijf hier!!!' brult mevrouw Lucas.

'Niet te geloven, de brutaliteit', zegt Alice verbijsterd.

Zora kijkt Mandy aan. Mandy legt haar vinger tegen haar lippen: hou je gedeisd. Mevrouw Lucas schudt haar hoofd, richt zich tot Mandy en Zora en zegt bars: 'Nu Hilde ervandoor is met de kleding, heb ik geen keuze meer. Jullie zijn gediskwalificeerd. Het lijkt me het beste dat jullie onmiddellijk naar huis gaan. Morgen verwacht ik jullie om half 9 op het kantoor van de rector. Ook Kiki en Hilde. Mét de kleren. Geven jullie dat aan hen door?'

Mandy en Zora knikken.

'Mevrouw Vermaten, we zullen dit uitzoeken en u hoort nog van me', zegt mevrouw Lucas, 'maar nu moet ik terug naar de zaal. De jury zal hoe dan ook een winnaar bekend moeten maken.'

'Ik ga naar huis, ik heb er schoon genoeg van hier', snauwt Alice.

'Ik baal zo, ik heb nog nooit zo gebaald, weet je', zegt Zora als ze de fietsen uit de stalling halen.

'Wat denk je van mij? Zal je mijn moeder straks horen: mijn dochter gediskwalificeerd, schandáaalig!' antwoordt Mandy zuur.

'Wat een actie van Hilde zeg, zo wild! Ze was totally door het lint, weet je.'

'Het is wel een geweldige actie van Hilde. Nu ze de kleren heeft meegenomen, kan die bitch nooit meer iets bewijzen.'

'Waar zou Hilde zijn?' vraagt Zora.

'Ik heb haar net ge-sms't, ik hoop dat ze zo antwoordt. Ik heb wel een idee waar ze kan zijn... ze wil wraak, haar kennende. Ik denk dat ze achter Kiki aan zit.'

'Laat haar maar lekker haar gang gaan met Kiki, ik heb zo genoeg van die trut. Zij en haar idiote moeder hebben alles voor ons verpest, weet je. Laat Hilde ze maar te grazen nemen.'

'Nee, als Hilde te ver gaat, zijn wij ook de pineut. Als de politie er nu bij wordt gehaald, gaan ze allerlei vragen stellen. Nee, we hebben al genoeg shit, met Lucas en die modeshow. We rekenen later wel met Kiki af. We moeten Hilde kalmeren.'

'Laten we haar dan maar gaan zoeken. Beginnen bij Kiki's huis?' stelt Zora voor.

'Ja, laten we opschieten. Je kent Hilde... het kan totaal uit de hand lopen.'

Terwijl ze wegfietsen van het schoolplein vraagt Mandy: 'En waar is jouw broer dan? Die zou jou toch ophalen?'

'Nee, dat is oké. Hij stuurde me een berichtje dat hij met vrienden op pad is. Ik moet net doen alsof hij me heeft thuisgebracht, zei hij, hij zal me dekken.'

'Dat is nog eens een broer waar je wat aan hebt, hè?'

Zora zwijgt.

Mandy voelt plots in haar broekzak en roept: 'Yes, berichtje van Hilde!'

'Wat zegt ze?'

'Dat ze de kleren verbrand en begraven heeft in het park. En dat ze nu bij het huis van Kiki is en zin heeft om overal de fik in te steken.'

'Ja, zo voel ik me ook, weet je', zegt Zora.

'Super dat Hilde het bewijs heeft vernietigd maar laat ze alsjeblieft niet op tilt slaan. We moeten voortmaken', zegt Mandy en ze gaat harder trappen.

Als ze de Maliesingel in fietsen, remmen ze tegelijkertijd af. In de verte, voor het huis van Kiki, staat een politieauto.

'Shit, zouden we te laat zijn?' hijgt Mandy.

'Wat doen we?' vraagt Zora buiten adem.

'Geen idee… laat me even denken… we kunnen Hilde niet zomaar in de steek laten.'

Zora knikt.

'Kom op, we gaan kijken, anders weten we niks. Misschien kunnen we Hilde nog helpen', beslist Mandy. Ze fietsen verder over de stille singel en stoppen bij de politieauto. Er zit niemand in. Vanaf de oprit klinkt gepraat. Zora herkent de stemmen van Kiki's vader en Domien. O Domien!

'We gaan met ze babbelen', zegt Mandy. Ze zetten de fietsen op de standaard en lopen samen naar het huis toe. Zora voelt haar hartslag toenemen. Domien staat met een agent te praten. Kiki en haar vader praten met een tweede agent.

'Wat nu?' vraagt Zora zacht.

'Met Kiki praten. Laat mij het woord maar doen.'

Kiki kijkt hen schichtig aan als ze hen ziet naderen, en loopt op hen toe. Stomme verwaande trut, denkt Zora.

'Hoi', zegt Kiki, 'wat doen jullie hier?'

'Kijken hoe het met jou is, natuurlijk! We balen gigantisch van wat er gebeurd is!' zegt Mandy opgewonden.

'Ja, dat snap ik… hoe is het afgelopen?' vraagt Kiki mat.

'We zijn gediskwalificeerd en we moeten morgenvroeg bij de rector komen. Jij ook', antwoordt Mandy. Zora zwijgt en luistert. Ze kan het niet helpen dat ze steeds naar Domien moet kijken. Hij steekt kort zijn hand op en haar hart juicht eventjes.

'Jullie hebben die kleren gestolen', fluistert Kiki terwijl ze dichter bij hen komt staan, 'hoe moet het nu verder?'

'We hebben die kleren zelf gemaakt, echt waar, al zegt jouw moeder van niet. We moeten elkaar blijven steunen, Kiki, als een team. Wij zijn de linke ladies. Je moet je moeder niet geloven, we hebben haar kleren niet gestolen! Maar we zullen het nooit meer kunnen bewijzen, want Hilde is er met het rokje en truitje vandoor gegaan. Ze heeft ze verbrand omdat ze zo woest is. Je weet hoe ze kan zijn. Heb jij Hilde misschien gezien?' vraagt Mandy.

Kiki schudt haar hoofd en kijkt hen weifelend aan.

'Wat doet de politie eigenlijk hier?' vraagt Mandy.

'Er is vanavond ingebroken toen we op school waren', legt Kiki uit, 'maar de dieven hebben per ongeluk een hele vloer vol voetsporen achtergelaten. Mijn vader had net het parket gelakt. Het is zo een makkie om de daders te pakken, zei de politie.'

'Sjee, wat een sukkels van inbrekers, zeg', reageert Mandy spottend.

Zora ziet hoe Domien op hen af komt, nee, hij komt recht op haar af en zegt: 'Ik moet je even wat vertellen, Zora. Kom je mee?'

'Waarom?' vraagt Zora verbaasd. Hij geeft geen antwoord, neemt haar bij haar arm en trekt haar zacht mee, zodat ze apart komen te staan. Hij legt zijn hand op haar schouder. Zora's hart hamert. Zou hij verliefd op haar zijn... eindelijk...

'Het gaat over je broer. Kiki en ik zagen hem hier wegrijden, met twee anderen, net toen we de Maliesingel in fietsten. We herkenden hem aan zijn helm. Het kan zijn dat hij bij de inbraak betrokken is, maar dat hoeft natuurlijk helemaal niet zo te zijn.'

De agent met wie Domien sprak, komt bij hen staan, terwijl Domien verder vertelt: 'Ik heb de politie gezegd dat we je broer zagen. Dus als jullie thuis misschien bezoek krijgen van de politie, dan weet je waarom', legt Domien uit. De agent knikt bevestigend. Zora heeft het gevoel dat ze in een gat wordt geduwd en op de bodem te pletter zal slaan. Wat kan er nog meer misgaan? Alles was al zo shit, maar het kan dus nog shitter. Domien en de agenten lijken te wachten op een reactie van haar. O shit!

'Nee, dat kan Kamal niet geweest zijn', hoort Zora zichzelf zeggen, 'hij was vanavond bij de modeshow, weet je. Hij heeft me gebracht, hij is nu even naar de snackbar en brengt me zo naar huis.'

'O', reageert Domien verrast, 'dat is goed nieuws. Ik ben blij dat hij er niet bij was, zou rot voor je geweest zijn.' Hij knijpt even in haar schouder. De agent vraagt: 'Mag ik voor de volledigheid toch even je naam en adres noteren? Dan zijn we hier klaar.'

'Ja, tuurlijk', zegt Zora, en geeft geduldig haar gegevens. De agent bedankt haar en slaat zijn blocnootje dicht. Hij loopt naar zijn collega toe en samen nemen ze afscheid.

'Kom, we gaan naar de anderen', zegt Domien tegen Zora. Kiki's vader staat bij Mandy en Kiki en zegt met een grimas: 'De technische recherche komt morgen de voetsporen onderzoeken. En dan kan arme ik de vloer weer gaan lakken, voor de zoveelste keer.'

Zora schrikt. O shit, de sporen op de vloer! Dan denkt ze verder: als Hilde nou doet wat ze van plan is te doen, zijn ze in één klap van een heleboel shit af. Als Kiki's huis vannacht afbrandt, zijn ze van de voetsporen, van Kiki en van haar moeder af. Jammer dat die rothond uit logeren is.

'Nee, natuurlijk kan dat niet!' roept Mandy uit als ze van Kiki's huis wegfietsen. 'Doe normaal zeg, je kunt toch niet zomaar een huis in de fik steken! Je begint gevaarlijk veel op Hilde te lijken. Ik heb haar allang ge-sms't dat ze het niet moet wagen zoiets idioots te doen.'

'Was maar een grapje, weet je', zegt Zora snel.

Ze fietsen de Maliesingel uit.

'Er zijn andere manieren om met Kiki af te rekenen', zegt Mandy.

Ze horen opeens een snerpend fluiten achter zich en kijken om.

'Hilde!' roepen Mandy en Zora tegelijkertijd.

'Wat een avond, hè?' grijnst Hilde als ze naast hen komt fietsen.

'Kan je wel zeggen, ja. Parijs zit er niet in maar wel een bezoekje aan de rector. Morgenvroeg half 9', brengt Mandy Hilde op de hoogte.

'Mij best. Ze kunnen toch niks bewijzen, die Alicebitch gaat het in ieder geval niet van ons winnen', lacht Hilde.

'Ben blij dat je het huis van Kiki niet afgefikt hebt, Hil. Ik wil niet dat je in de gevangenis terechtkomt', zegt Mandy dan.

'Ik had er anders wel zin in, hoor! Maar ik dacht dat we misschien beter iets anders kunnen verzinnen. Want om nou voor die bitches de bak in te gaan, nee, dat lijkt me echt niks!

Zullen we bij jou gaan overleggen, Mandy, met een cocktail-
tje?'
'Nee, mijn ouders zijn thuis. En mijn moeder zal wel enorm
lopen zeuren over de modeshow. Morgen na school, oké?
Dan maken we een plan.'
'Dan zorgen we dat Kiki zo onderuit gaat', zegt Zora.

Kiki – Blijven liefhebben

'Wat vinden jullie ervan?' vraag ik, terwijl ik ga zitten. Mandy en Zora ploffen achter me neer. We komen net bij de rector vandaan.

Hilde is vandaag en morgen geschorst omdat ze de kleren verbrand heeft, dat vond de rector 'buitengewoon onbeschoft'. Zora, Mandy en ik moeten dit weekend de aula schoonmaken. Dan leren we wat zelf werken is, in plaats van andermans werk te imiteren, zei de rector. Of zoiets. 'Viel best wel mee, toch?' vindt Mandy.

Ik knik en zeg: 'Mijn moeder is nog steeds woest maar als ik haar vertel dat we straf hebben, zal ze wel kalmeren.'

'Ja, de mijne ook', reageert Mandy.

'En wat ik ook zeg, mijn moeder denkt nog steeds dat jullie gestolen hebben. Ik mag van Alice niet meer met jullie omgaan', zeg ik.

'Wij ook niet met jou. Want jouw moeder is een liegbitch', reageert Mandy fel.

'Ja, ze ziet ons zeker zo niet meer zitten na gisteravond. En jij bent zo'n braaf meisje, je luistert vast goed naar je moeder, hè?' reageert Zora met een glimlach.

'Niks ervan! Je bent een linke lady. Of wou je dat niet meer zijn?' vraagt Mandy uitdagend.

De biologieleraar begint met zijn les dus ik hoef niet te antwoorden.

Wil ik nog een linke lady zijn? vraag ik me af. Als het is om Alice dwars te zitten: ja!

'Hebben ze de sporen op de vloer in jullie huis al onderzocht?' vraagt Zora me in de middagpauze.

'Ja, maar ze werden er niks wijzer van. Te veel verschillende schoenzolen door elkaar', verklaar ik.

'Wat is er eigenlijk gestolen?' informeert Mandy.

'Sieraden van mijn moeder, twee laptops en geld', som ik op.

'Mooi', zegt Zora.

'Hoezo, mooi?' vraag ik.

'Nou gewoon, mooi, ik vind sieraden mooi, bedoel ik, weet je', zegt ze.

De voordeurbel gaat. Mijn vader kijkt me verbaasd aan over zijn krant.

'Wie kan dat zijn, zo vroeg? Toch niet mijn uitgever al? Die zou pas om 9 uur komen.'

Ik sta op van de ontbijttafel en zeg: 'Ik moet toch naar school, ik kijk wel even.'

Ik loop naar de hal, pak mijn schooltas van de vloer en doe de voordeur open. Ik knipper met mijn ogen. Het zijn twee politieagenten. Een ervan herken ik van eergisteravond. De andere is een blonde vrouw met bolle wangen. Ze stellen zich voor als meneer Peters en mevrouw Donjan.

'Jij bent Kiki Vermaten, hè?' vraagt de vrouw.

Ik knik.

'Dan moeten we je meenemen naar het bureau. Er is een aanklacht tegen je ingediend. Collecteren zonder vergunning.'

'Wat?!' roep ik. Dat kan niet waar zijn! De marmeren vloer voelt opeens als een ijsbaan onder mijn voeten, ik wankel. Ik hoor achter me mijn vader de hal binnenlopen. Hij komt naast me staan en slaat zijn arm om mijn schouders.

'Wat is er aan de hand?' vraagt hij en zijn stem klinkt bezorgd. Mijn stem doet het niet.

'Uw dochter heeft gecollecteerd zonder vergunning. Er is aangifte gedaan door een bewoner van de wijk Witteveen. We moeten Kiki meenemen om proces-verbaal op te maken', verklaart de agent.

'Kiki toch! Wist je niet dat je niet zomaar mag collecteren? Het was toch voor Afrika bestemd, zei je? Hoe kon dat nou gebeuren? Wie heeft aangifte gedaan?' vuurt mijn vader een serie vragen af.

'Ene Kamal Al Zeer.'

'Maar… maar dat is volgens mij de broer van Zora', reageer ik geschokt. Hij heeft me inderdaad gezien toen ik collecteerde in die wijk, hij woont er ook. Maar ik heb hem niet om geld gevraagd. Langzaam begint het me te dagen. Een holle maagpijn komt opzetten. Hol, het hol van de wolven. Is dit misschien wraak? Wraak van een broer? Een flits verlicht mijn hersenen. Of is het wraak van Mandy, van Zora, van mijn vriendinnen? Wat?! Als ik zeg dat de collecte het idee was van Hilde, Mandy en Zora, dan verraad ik ze. Dan ben ik mijn vriendinnen voorgoed kwijt. Maar als ik mijn mond houd, ben ikzelf zwaar de klos. Dan krijg ik misschien wel een strafblad, word ik van school gestuurd… o, wat nu weer?!

'Hoe heeft dit nou kunnen gebeuren, schat?' vraagt mijn vader weer.

Ik haal hulpeloos mijn schouders op. Wat moet ik zeggen? De waarheid, leugens?

'Ik heb het niet met opzet gedaan. Ik ben stom geweest, denk ik', antwoord ik zacht.

'Er zal vast een goede verklaring voor haar gedrag zijn', zegt mijn vader tegen de agenten.

'Op het bureau mag je alles uitleggen', zegt de blonde agente, 'dan maken we het verbaal op en brengen we je daarna naar school.'

'Dat hoeft niet, ik breng haar wel naar school. Ik ga mee, ik rijd achter u aan', beslist mijn vader.

'U kunt niet bij het verhoor zijn, meneer Vermaten, maar u mag wachten', zegt agent Peters.

Mijn vader knikt en haalt zijn autosleutels uit zijn zak.

'Nee, pap, ik kan het heus wel alleen', zeg ik, 'jij hebt zo een afspraak met je uitgever.'

Mijn vader schudt zijn hoofd en zegt: 'Ik laat je niet alleen. En Kiki, vertel de waarheid. Dat is het beste, dat weet je. Tot zo op het bureau.' Hij geeft me op iedere wang een zoen.

Dat zei Ella ook altijd. De waarheid is het beste. Niets is beter dan de waarheid. En soms is niets moeilijker.

Onderweg in de politieauto gaat mijn mobiel. Zou ik mogen aannemen? Ik kijk naar de agenten en voel me opeens hun gevangene. De vrouw lijkt mijn gedachten te kunnen raden, ze draait zich even naar me om en knikt: 'Beantwoord je mobiel maar, hoor.'

'Met Kiki.'

'Hoi, met Domien', klinkt zijn stem. Hij noemt me geen schatje. Hij wacht niet op mijn reactie en zegt toonloos: 'Ik kreeg gisteravond laat een mailtje. Van Zora. Ik heb er de hele nacht van wakker gelegen, ik ben in de war. Het gaat over jou.' Ik sluit mijn ogen en kreun zacht. Zora mailt Domien over mij?! Wat nu weer?

'Wat stond erin?' vraag ik en mijn stem trilt.

'Dat jij op je vorige school iets had met een gymleraar. En dat je daarom verhuisd bent. En dat je hier hetzelfde doet. Flirten met Ravas. Die foto, weet je nog? Die jij een nepfoto noemde? Was die wel nep?' vraagt hij en zijn stem is onvast, alsof hij elk moment kan gaan huilen. Ik voel me opeens wagenziek. Hoe kan Zora dat weten? Hoe... mijn dagboek! Ze was twee keer alleen op mijn kamer. Ja... het kan niet anders...

'Oooo, Domien. Er zijn zoveel dingen gebeurd, er is zoveel dat ik je nog moet vertellen. Maar dat lukt nu niet. Ik zit achter in een politieauto, ze gaan me zo verhoren. Ze beschuldigen me van collecteren zonder vergunning. De broer van Zora heeft me aangegeven', zeg ik zacht.

'Wat?!' roept Domien.

'Ik kan het nu niet uitleggen. Vertrouw me, oké? Ik bel je zo snel mogelijk', zeg ik. Dat klinkt veel kalmer dan ik me vanbinnen voel. Maar het rare is dat ik, wat Domien betreft, geen twijfels of angst heb. Hij zal me geloven. Ik hoef tegen hem niet meer te liegen. En dat zal ik ook niet meer doen. Wat iedereen nu ook over me beweert of nog zal beweren – en wie het ook zijn mogen: zogenaamde vriendinnen uit Utrecht of zogenaamde vriendinnen hier – ik weet wat er gebeurd is, ik ken de waarheid. Ergens uit mijn maag vandaan, het hol van de wolven, verspreidt zich een krachtige warmte, die me als een deken vanbinnen bedekt, troostend. Girlpower from within!

'Tot gauw, hou je sterk, schatje', zegt Domien lief.

Als we parkeren voor het politiebureau, zie ik hoe een man en een meisje door de glazen schuifdeuren het gebouw verlaten. Langzaam dalen ze de trap af. Het meisje is van mijn leeftijd. Ze schuifelt en tast steeds met haar voeten langs de treden alsof ze niet kan zien, ze houdt zich stevig vast aan de arm van haar vader. De agent blijft nog even achter het stuur zitten als hij de motor heeft uitgezet en wijst naar het stel op de trap.

'Merel, is dat niet het meisje dat we verleden week bezocht hebben in het ziekenhuis? Iris heet ze, dacht ik, weet je nog? Hersenschudding, nietwaar?'

'Ja, ze zal wel aangifte hebben gedaan', antwoordt ze.

De agent knikt.

'Het meisje is er niet goed van afgekomen, zo te zien', voegt ze toe en opent haar deur.

De agent stapt ook uit en hij houdt het portier voor me open. Als we naar het bureau lopen, passeren we het meisje met de man.

'Wacht even', zegt de agent tegen de vrouw. Hij houdt het stel staande en stelt zich voor.

'Dag Iris, ik ben agent Peters. We zijn verleden week bij je in het ziekenhuis geweest maar toen was je buiten kennis. Hoe gaat het met je?'

'Oh, dag meneer. Het gaat nog niet zo goed. Ik ben nog steeds duizelig en zie bijna niks. Ik hoop dat het wel weer over gaat', zegt het meisje.

'Een drama is het! Mijn dochter mishandeld, haar mooie leren jas gestolen. Ik hoop dat ze die twee meiden snel oppakken zodat ze hun verdiende straf krijgen', valt de man uit. Ik voel een schok, het is of ik onder stroom wordt gezet. Het is het meisje uit de fietsenstalling! Ik zie dat haar linkerwang blauw en gezwollen is, o vreselijk, ik kan wel huilen.

'Als je een goede beschrijving van de daders hebt kunnen geven, Iris, komen we vast een heel eind', zegt de agent, 'we zullen ons uiterste best voor je doen. Beterschap.' Hij schudt haar en haar vader bemoedigend de hand. Ze lopen voorzichtig verder de treden af. Agent Peters komt weer naar ons toe.

'Hier ben ik!' hoor ik mijn vaders stem. Hij komt achter ons de trap oprennen en passeert rakelings Iris en haar vader. Geflankeerd door de agenten en mijn vader ga ik het bureau binnen.

'Zo, Kiki, we zijn klaar. Je vader zit in de wachtruimte', zegt agent Peters. Hij loopt met me mee de verhoorkamer uit.
'Is alles opgelost?' vraagt mijn vader aan de agent.
'Zelfs meer dan waar we op gerekend hadden, meneer Vermaten. U heeft een bijzondere dochter, het is een dappere meid.'
'Ja, dat weet ik. Mogen we gaan, agent? Dan trakteer ik mijn dappere dochter op een bijzondere sorbet en dan kan ze me alles vertellen.'
'Zeker. Goed weekend en Kiki, nogmaals bedankt. We houden je op de hoogte', zegt agent Peters.
'Wij gaan een dagje spijbelen, lieverd, van school en van je moeder', grinnikt mijn vader als we de trap aflopen, 'ze heeft al genoeg aan haar pijnlijke hoofd.'
Ik haak mijn arm in die van mijn vader en denk aan Iris.

Ik heb mijn vader alles verteld. Hij schudt zijn hoofd steeds weer en laat de helft van zijn sorbet smelten. Hij kan maar niet bevatten dat er in een paar weken tijd zoveel kan gebeuren. En dat meisjes zo door en door slecht kunnen zijn.
'Heus niet allemaal en echt niet steeds', zeg ik snel, 'ze vielen af en toe best mee.'
'We praten maandag met de rector, lieverd. We gaan zorgen dat de rest van dit schooljaar voor jou helemaal toffie wordt.'
'Toppie, pap', verbeter ik hem.
Mijn mobiel trilt en ik haal hem uit mijn zak. Het is Domien.
'Hoe gaat het, liefje?' vraagt hij.
'Ik ben klaar op het politiebureau en mijn vader en ik eten nu een sorbet op een terrasje.'

'Dat klinkt goed. Hoe was het op het bureau?'

'Mijn vader en ik gaan zo naar huis. Als je zin hebt, kom dan theedrinken. Dan vertel ik je alles', zeg ik.

'Echt alles?' vraagt hij met een serieuze ondertoon.

'Ja, alles', beloof ik.

Als we thuiskomen, ligt er een briefje van Alice op de tafel in de eetkamer.

Ben shoppen, tot straks.

'Dat helpt geheid tegen haar hoofdpijn', zegt mijn vader. 'Ik ga thee zetten.'

Even later gaat de bel. Domien! Ik open de voordeur. Domien slaat direct zijn armen om me heen en drukt me dicht tegen zich aan. Zo blijven we staan, zwijgend en gelukkig. Ik hoor voetstappen. Mijn vader kucht even en zegt: 'De thee is klaar.'

We gaan in de keuken zitten. Ik vertel Domien over Mandy, Zora en Hilde. Over Kamal en de collecte. Over de fietsen-stalling. Ik schaam me en sla mijn ogen neer. Mijn vader redt me en zegt vrolijk: 'Eind goed, al goed, lieverd.'

De voordeur gaat open en Alice komt de keuken binnen, haar handen vol kledingtassen.

'Hoi, darlings', zegt ze, 'en wie ben jij?' Ze kijkt Domien doordringend aan.

'Domien is een vriend van school, hij is op bezoek', antwoord ik kort.

Ik heb nu geen zin in Alice, sein ik met mijn ogen naar mijn vader.

'Alice, laat eens kijken wat je gekocht hebt', zegt mijn vader.

'Dan gaan wij even naar mijn kamer, die heeft Domien nog niet gezien', zeg ik.

Mijn vader knikt, hij begrijpt me zonder woorden. Alice kijkt ons scherp aan maar mijn vader leidt haar af: 'Alice, schat, wat een chique tas heb je daar, wat zit er in? Gaan jullie maar naar boven, jongelui.'

Domien en ik lopen mijn kamer binnen en ik zeg: 'Ga maar ergens zitten. Ik wil je iets laten horen.' Ik loop naar mijn bureau en open de lade. Ik pak mijn dagboek en sla het open, ga bij Domien staan – die op de bank zit – en lees staande voor.

Hij was mijn gymleraar, mijn lievelingsleraar, iedereens lievelingsleraar. Het leek onschuldig. Maar hij ging steeds verder. Verleden week ging het te ver. Ik heb aan zijn haar getrokken, keihard. Maar hij was sterker. Ik zal het vertellen, schreeuwde ik, huilde ik. Niemand zal je geloven, zei hij. Ik heb hem gekrabd en gestompt. Hij kneep mijn keel dicht zodat ik niet zou schreeuwen. En hij raakte me aan waar hij kon. Toen heb ik hem van me afgeduwd en hij viel. Ik hoopte dat hij dood was, maar dat was hij niet. Ik liet hem bloedend achter, dat hebben ze me verweten, hij had wel dood kunnen gaan, zeiden ze, was hij maar dood geweest. Nu ben ik zo goed als dood. Ze zwijgen me dood op school. Iedereen. Niemand gelooft me. Ze haten me. Ze zeggen dat het mijn eigen schuld is. Ik heb mijn nagels afgeknipt tot er niets meer te knippen viel. Mijn nagels die zijn vel krasten. Daarna heb ik ze afgekloven tot op het vel, tot bloedens toe, iedere dag weer. De nagels heb ik bewaard: er zitten vast huidvezels onder van hem. Als ze me niet willen geloven, heb ik dat als bewijs.

Mijn stem trilt. Ik stop met lezen, zucht en kijk Domien aan.
Zijn ogen staan vol tranen, de mijne ook.
'Wil je nog meer horen?' vraag ik zacht.
Hij schudt zijn hoofd, pakt mijn hand en vraagt: 'Geloofden ze je?'

'Ja, uiteindelijk wel. Maar toen had ik geen vrienden meer en was ik al een half jaar ziek thuis. Ik was doodsbang en had paniekaanvallen. Ik kreeg therapie. Van Ella. De leraar werd net voor de zomer ontslagen en wij zijn verhuisd.'

'Ach, liefje, wat moet het zwaar voor je zijn geweest', zegt hij. Domien kust mijn vingers een voor een en bekijkt mijn nagels. Ik trek mijn hand terug.

'Ik was gestopt met nagelbijten toen ik hier kwam wonen, maar ik ben weer begonnen', zeg ik terwijl ik het dagboek weer opberg in mijn lade.

'Ja, dat snap ik best', zegt Domien.

'Morgen ga ik ermee stoppen', zeg ik vastberaden.

'Moet je dit lezen!' roept mijn vader zaterdagochtend van achter zijn krant, 'dit is het beste nieuws aller tijden!' We zitten te ontbijten in onze badjassen. Zijn wijde mouw sleept door de botervloot als hij de geopende pagina voor me neerlegt op tafel. Hij wijst met zijn wijsvinger een artikel aan en tikt er een paar keer op:

Meidengang opgepakt

Drie meisjes van 15 zijn gisteren in de loop van de avond aangehouden. Ze zijn beschuldigd van onder andere diefstal en oplichting en afpersing van leeftijdsgenoten. De drie klasgenoten zijn meegenomen naar het bureau voor nader verhoor. Het drietal is mogelijk ook betrokken geweest bij de mishandeling en beroving van het meisje in de fietsenstalling bij de bioscoop, waarover deze krant twee weken geleden berichtte. Het onderzoek loopt. Getuigen worden dringend opgeroepen zich te melden bij het plaatselijke bureau van politie.

'Ja, dat is heel goed nieuws, pap.'

Ik haal diep adem. Het is of ik de zon voel stralen in mijn maag, in het wolvenhol. Als ik mijn croissantje op heb, ga ik naar boven, naar mijn kamer. Ik haal mijn vaders mes tevoorschijn uit de broekzak van de jeans die ik gister droeg. Dan klim ik de trap op naar mijn vaders werkkamer. Ik loop naar de vitrinekast. Mijn gezicht wordt weerspiegeld in het glas en ik glimlach naar mezelf. Ik open de deur en leg het mes in de vitrine. Daarna loop ik terug naar mijn kamer en ga achter mijn bureau zitten. Ik sla mijn dagboek open, pak een pen en schrijf:

Hoe oud moet je zijn voordat een eerste keer niet meer eng is? De eerste keer zoenen met Domien? Nieuwe vrienden maken? Iedere dag opnieuw is er een eerste keer van alles, geen enkele dag is hetzelfde. Dat is soms eng, ja. Maar ik ga niets meer uit de weg, vooral de waarheid niet. Ik ren gewoon mee met mijn wolven, huil met ze als ik verdriet heb, lach met ze als ik blij ben. Dan zijn de wolven tevreden en ik ook. En jij ook, hè Ella? Ik ben wat ik denk en wat ik voel. Girlpower within.

www.lannoo.com

Registreer u op onze website en we sturen u regelmatig een nieuwsbrief met informatie over nieuwe boeken en met interessante, exclusieve aanbiedingen.

Omslagfoto Corbis
Omslagontwerp Studio Lannoo
© Uitgeverij Lannoo nv, Tielt, 2010
D/2010/45/158
NUR 284
ISBN 978 90 209 8603 7

In dezelfde reeks:

Een overdosis liefs
978 90 8568 271 4

Een overdosis ik
978 90 8568 033 8

Een overdosis drama
978 90 209 7799 8